A LA MITAD DEL CAMINO

ANDRÉS MANUEL LÓPEZ OBRADOR

A LA MITAD DEL CAMINO

Planeta

Diseño de portada: Planeta Arte & Diseño
Fotografías de portada y contraportada: Cortesía del autor
Diseño de interiores: Eliud Hernández
Formación de interiores: Carolina Orozco
Material gráfico de interiores: Cortesía del autor
Cuidado editorial del material gráfico: Sandra Ferrer

Bajo el sello editorial PLANETA M.R.
Avenida Presidente Masarik núm. 111,
Piso 2, Polanco V Sección, Miguel Hidalgo
C.P. 11560, Ciudad de México
www.planetadelibros.com.mx

Primera edición en formato epub: septiembre de 2021
ISBN: 978-607-07-8130-8

Primera edición impresa en México: septiembre de 2021
Quinta reimpresión en México: septiembre de 2021
ISBN: 978-607-07-8095-0

Impreso en los talleres de Impregráfica Digital, S.A. de C.V.
Av. Coyoacán 100-D, Valle Norte, Benito Juárez
Ciudad De Mexico, C.P. 03103
Impreso y hecho en México – *Printed and made in Mexico*

ÍNDICE

A Beatriz

INTRODUCCIÓN

A finales de marzo del año próximo, se celebrará la consulta ciudadana de revocación del mandato para preguntar a las y los mexicanos si quieren que yo continúe en la Presidencia o que renuncie. Este procedimiento de democracia participativa lo elevamos a rango constitucional con la idea de que el pueblo es el soberano, que él pone y él quita y que siempre debe mantener en sus manos las riendas del poder.

En lo sucesivo, nadie podrá confiar en que fue electo por seis años y que, aunque se porte mal y el pueblo lo rechace, se le tiene que soportar hasta el fin de su periodo, con todo y el daño que pueda causar a la vida pública. Nadie, en ningún nivel de la escala social, económica o política, se podrá sentir todopoderoso y dueño de un poder absoluto.

Esta reforma y la de quitar el fuero al presidente, que antes solo podía ser juzgado por traición a la patria y ahora se le puede enjuiciar por cualquier delito como a cualquier otro ciudadano, bastarían para mostrar lo satisfecho que estoy por los cambios tan profundos que se han hecho realidad.

Hemos avanzado y considero que a la mitad del camino, a pesar de la pandemia, se han establecido las bases para la transformación de México y, reitero, el logro más importante ha sido el cambio de mentalidad con la puesta en práctica de un proceso de pedagogía política o concientización continuo, manifestado en conferencias, en discursos en las distintas plazas, pueblos y regiones del país y en mensajes por las redes sociales pero, sobre todo, predicando con el ejemplo, como recomendaba mi admirado general Francisco J. Múgica: «Hechos, no palabras».

Es tan importante lo logrado en este periodo que hasta podría dejar la Presidencia sin sentirme mal con mi conciencia. Solo lamentaría dejar inconclusas obras como la renovación de las hidroeléctricas, los sistemas de riego, el proyecto del istmo o el Tren Maya, las cuales, de no ser atendidas con dedicación, tardarían más en terminarse o de plano se abandonarían. Confieso que soy muy obsesivo en este aspecto y sostengo aquello de que «orden dada no supervisada no sirve para nada».

Reitero, es mucho lo realizado y sería muy difícil dar marcha atrás a decisiones o acciones que se han tomado en bien del pueblo y de la nación; cómo se podrían, por ejemplo, quitar las pensiones a los adultos mayores, cómo podrían suprimirse las becas a los estudiantes pobres; cómo volver al lujo y al boato en el ejercicio del gobierno; cómo regresar a la condonación de impuestos a las grandes corporaciones económicas o financieras; cómo retornar a la privatización depredadora de los bienes públicos. En fin, el retroceso no será fácil.

Vamos bien y estoy seguro de que la gente va a votar por que continúe mi periodo constitucional hasta finales de septiembre de 2024. Desde luego, no solo es esto lo único que necesito para concluir mi misión: falta lo que diga la ciencia y el Creador, pero, si tengo suerte y termino mi mandato, creo que vamos a consumar la obra de transformación y no dejaremos ningún pendiente. Cuando esté entregando la banda presidencial podré exclamar a los cuatro vientos la expresión: ¡misión cumplida!

Este libro es un testimonio de lo alcanzado hasta ahora, de los desafíos pendientes y de cómo imagino que estará el país en 2024. Agradezco como siempre a Pedro Miguel, quien me ayudó en la revisión del texto, a la imprescindible Laura G. Nieto y expreso mi eterna gratitud a mujeres y hombres que nos acompañan por convicción y han sido actores principales de esta Cuarta Transformación.

Andrés Manuel López Obrador

Capítulo I

EL PRESENTE

Desde antes de asumir por mandato popular la Presidencia de la República, fuimos elaborando un plan de desarrollo que surgió de muchos años de brega, recorriendo a ras de tierra el territorio nacional, valorando las potencialidades y los vastos recursos naturales, reflexionando sobre los obstáculos para el desarrollo y el bienestar de la población, aquilatando la grandeza cultural de México y recogiendo los sentimientos de la gente en todos los pueblos y regiones del país.

Así llegamos a la conclusión de que eran mayores las posibilidades de cambio que las de estancamiento o decadencia, y que hacer realidad la transformación dependía, en primer lugar, de enfrentar el grave problema de la corrupción y de contraponerle la virtud de la honestidad que es la mayor riqueza de nuestro pueblo.

Ya sabíamos que estábamos en decadencia por la aplicación, durante 36 años, de la política de pillaje llamada neoliberal y conocida por nosotros como *neoporfirismo*, pero lo que descubrimos al llegar al Gobierno no solo reafirmó nuestras convicciones, sino que superó por mucho lo que imaginábamos.

En efecto, el Gobierno estaba consagrado a facilitar la corrupción, y no se preocupaba ni por asomo del bienestar del pueblo. Toda su actividad consistía en privatizar y en hacer jugosos negocios al amparo del poder público.

Ya en varias ocasiones hemos explicado cómo se llevó a cabo el gran saqueo neoliberal, sin precedente en la historia de México, y la forma como se adulteró el marco jurídico con una serie de reformas a la Constitución y a las leyes para transferir bienes de la nación a particulares. En los últimos tiempos se comprobó que legisladores de los partidos de supuesta oposición recibieron sobornos para aprobar la denominada reforma energética: el anterior director de Petróleos Mexicanos (Pemex), Emilio Lozoya, quien está sujeto a proceso en calidad de testigo colaborador, ha confesado a la Fiscalía General de la República (FGR) que «el grupo o persona jurídica Odebrecht no solo tuvo contratos y beneficios por parte del Estado mexicano, sino que además participó activamente junto con otras grandes empresas, influenciando la política energética del país mediante la reforma energética. Facilitando, por instrucciones de Enrique Peña

Nieto y de Luis Videgaray Caso, importantes sumas de dinero a los grupos parlamentarios, utilizando a Pemex como instrumento para dichos fines ilícitos...».[1]

Pero, en vez de seguir analizando o relatando sobre toda esa inmundicia política, en esta ocasión dedicaré más tiempo a exponer de manera sencilla y práctica cómo funcionaban los gobiernos neoliberales y cómo estamos actuando nosotros. Los contrastes son evidentes; nuestra política es del todo nueva y aunque es obvio, no está de más decir que no tiene absolutamente nada que ver con la llamada alternancia panista de 2000 y su pretendido cambio que fue en realidad una burda continuación del régimen corrupto.

Lo nuestro no es *gatopardismo*, eso que consiste en que las cosas en apariencia cambian para seguir igual o peor. Nuestro quehacer político va al fondo y por eso hemos tenido que enfrentar muchos obstáculos y resistencias; sobre todo, las relacionadas con la forma de pensar, pues durante un largo periodo, con el apoyo de una educación mercantilista y doctrinaria, y con la manipulación de casi la totalidad de los medios de información, se introdujo en la mente de muchos la creencia en las supuestas bondades del modelo neoliberal; recordemos que el Porfiriato se impuso por 34 años y que el régimen neoliberal duró 36 años; es decir, la influencia de la propaganda individualista, egoísta, utilitarista y pragmática afectó a más de una generación. Si el país no sucumbió por completo y logró subsistir fue por la innata y excepcional inteligencia del pueblo mexicano; pero, aun así, ha costado mucho trabajo persuadir y convencer a quienes fueron formados en la escuela del afán de lucro y del aspiracionismo, y no con las enseñanzas del amor al prójimo y del rechazo a triunfar a toda costa y sin escrúpulos morales de ninguna índole.

A pesar de todo, la transformación está en marcha y aunque la apuesta es a seguir poniendo al descubierto la gran farsa neoliberal y auspiciando el cambio de mentalidad del pueblo —porque eso es lo más cercano a lo esencial y a lo irreversible—, también estamos desterrando vicios y prácticas deshonestas en el manejo del Gobierno. Tengamos presente que, durante el periodo neoliberal, el propósito central de la administración pública era facilitar la entrega de bienes nacionales a particulares y que para eso se fue creando una estructura administrativa acorde a la política del pillaje (a la transa y al influyentismo), con la excusa de evitar el monopolio del Estado y garantizar la libertad empresarial. Por ejemplo, se decidió que el trato a Pemex y a la CFE debería ser igual que el otorgado a Shell o a Iberdrola y se creó la Comisión Federal de Competencia Económica (Cofece), un organismo «autónomo», manejado por tecnócratas al servicio de las grandes corporaciones privadas. En pocas palabras, se buscó desaparecer el espíritu y la letra de los artículos de la Constitución que desde la Revolución mexicana colocaban el interés público por encima del particular.

Obviamente, el Poder Judicial también estaba alineado al propósito privatizador. Baste decir que apenas llevaba unas horas de aprobada la nueva ley eléctrica que promovimos, cuando los jueces empezaron a otorgar amparos a grandes empresas y corporaciones beneficiarias de la llamada reforma energética, las cuales pagan una tarifa eléctrica menor que el hogar de una familia de nivel popular o de clase media.

Por esta razón estamos llevando a cabo una reforma administrativa que elimine todo este andamiaje dedicado a proteger negocios privados en detrimento de los negocios públicos. Un ejemplo claro fue la eliminación de 187 fideicomisos, instrumentos que se fueron constituyendo para otorgar concesiones a grupos de intereses creados, tanto empresariales como académicos y del ámbito de los intelectuales defensores del régimen de corrupción y privilegios. Es un hecho demostrable que con becas, financiamiento para estudios y otros mecanismos se cooptaba a quienes defendían el pensamiento oficial. El Consejo Nacional de Ciencia y Tecnología (Conacyt), por ejemplo, entregaba dinero a investigadores deshonestos, a empresas (que en el sexenio anterior recibieron casi 30 000 millones de pesos) y a organizaciones de la llamada sociedad civil que nunca han creado algo en beneficio del interés general. Una buena cantidad de los recursos públicos manejados por Conacyt durante el neoliberalismo (casi 1 000 millones de pesos durante la administración pasada) terminó siendo utilizada para realizar construcciones faraónicas sin función económica o social alguna, solo para beneficio de funcionarios, seudocientíficos y contratistas que edificaron estos elefantes blancos que han quedado como símbolos de corrupción de la época de la llevada y traída «innovación tecnológica».

Ahora el Conacyt ha hecho muchas cosas en favor del desarrollo de México y enumeraré solo dos muy concretas: una vez iniciada la pandemia por COVID-19 y en medio de las dificultades para conseguir ventiladores para atender a pacientes graves, Conacyt, con la empresa Dydetec, diseñó y desarrolló un ventilador denominado Gätsi («suspiro» en lengua otomí) y otro con uno de sus Centros Públicos de Investigación, denominado Ehécatl 4T («dios del viento» en náhuatl); se fabricaron 1 000 que han atendido a más de 6 300 pacientes mexicanos en riesgo por COVID-19 en 81 hospitales públicos del país. Este logro nos ha permitido dejar de depender del exterior para contar con este importante equipo médico. Lo mismo sucede en el caso de la vacuna Patria en desarrollo, en colaboración con Avimex, que está terminando su primera fase de pruebas clínicas en personas y con buenas perspectivas de eficacia.

Por otra parte, solo con la eliminación de los 187 fideicomisos, entre el año pasado y el actual nos ahorraremos alrededor de 126 000 millones de pesos, dinero que se ha destinado directamente al desarrollo y al bienestar de los más pobres del país.

México es nuestro

En lo estructural, estamos empujando para hacer a un lado lo individual o particular y que predomine el interés general. Ello ha requerido contrarrestar mitos neoliberales y desmontar aparatos burocráticos sin dimensión social o pública. Una medida decisiva fue parar en seco la tendencia privatizadora; se dejó de entregar concesiones a particulares en petróleo, electricidad, minas, agua, hospitales, puertos, vías férreas, playas, reclusorios y obras públicas. Nuestra política petrolera ha respetado los contratos otorgados por la llamada reforma energética del sexenio anterior, pero de ninguna manera hemos entregado nuevas concesiones para la explotación del petróleo; concretamos así nuestra determinación de proteger a Pemex con el fin de que mantenga su participación rectora en el mercado de gasolinas, diésel y otros combustibles. Esta política energética busca producir en México las gasolinas que el país consume y dejar de importarlas; con este fin se continúa destinando recursos para la modernización de las seis refinerías existentes; en tres años la inversión pública correspondiente ha sido de 33 581 millones de pesos. Cuando llegamos al Gobierno estas refinerías estaban en el abandono y la administración anterior había comenzado a vender plantas (como las de hidrógeno) al interior de sus instalaciones; al inicio de nuestra administración las refinerías transformaban 511 000 barriles por día y ahora procesan 706 000 barriles; es decir, casi 38% más. El reinicio de la construcción de la coquizadora de Tula, Hidalgo, es una buena noticia, aunque también está precedida de una de tantas historias de corrupción e irresponsabilidad de los gobiernos neoliberales. Estas plantas comenzaron a fabricarse en el extranjero; se trajeron al país en barcos y se trasladaron en tráileres de grandes tanques que obligaron a cerrar las carreteras en su trayecto y a quitar puentes peatonales desde el puerto de Tuxpan hasta Tula; sin embargo, la obra quedó inconclusa porque una de las empresas contratistas era ni más ni menos que Odebrecht; y cuando estalla el escándalo de los sobornos a funcionarios de Pemex, se para todo; es hasta este año, luego de desenmarañar el desastre administrativo y legal, cuando se ha podido reiniciar esta obra. Si la hubiéramos dejado como la encontramos, los equipos adquiridos se habrían convertido en chatarra y 1 500 millones de dólares ejercidos por Pemex se habrían ido a la basura. Ahora, aunque se invertirán 2 500 millones de dólares más, terminaremos todo este complejo para procesar combustóleo y otros remanentes y para aumentar la fabricación de gasolinas, con la posibilidad de ampliar la producción de la refinería de Tula en 70 000 barriles diarios de combustibles. En julio del año próximo se terminará también la nueva refinería de Dos Bocas, en Paraíso, Tabasco, con capacidad para procesar 340 000 barriles diarios. Cabe recordar que, desde hace cuarenta años, significativamente desde el inicio del periodo neoliberal, no se había construido una nueva refinería en nuestro país, la última fue la de Salina Cruz, Oaxaca, que empezó a operar en 1983.

Durante el gobierno de Carlos Salinas de Gortari, en 1993, en vez de hacer aquí una nueva refinería se optó por que Pemex se asociara con Shell para compartir la refinería Deer Park en Houston, Texas. Luego de muchos años de poseer Pemex el 49.995% de las acciones y de recibir utilidades marginales de menos de 9 000 000 de dólares en los últimos 12 años, porque el 50.005% de las acciones estaba en manos de Shell y a ellos les correspondía la dirección de la empresa y siempre decidían reinvertir las utilidades, se hizo la oferta para comprar la parte de la petrolera extranjera y se cerró la operación con un costo de 596 000 000 de dólares; ahora la refinería es totalmente de Pemex y su producción de gasolinas y diésel y otros combustibles, 150 000 barriles diarios, se destinará al abasto del mercado interno de nuestro país. Recuerdo aquí la carta al pueblo de México que se atribuye al presidente Adolfo López Mateos, quien la habría escrito en 1960, con motivo de la nacionalización de la industria eléctrica. Real o imaginario, el documento es una joya y vale la pena citar aquí uno de sus pasajes.

> Una cosa obvia es que México requiere de varios años de evolución tecnológica y una eficiencia administrativa para lograr nuestra independencia energética; sería necio afirmar que México no requiere de la capacitación tecnológica en materia eléctrica y petrolera. Pero para ello ningún

> extranjero necesita convertirse en accionista de las empresas públicas para apoyarnos.
>
> Solo un traidor entrega su país a los extranjeros; los mexicanos podemos hacer todo mejor que cualquier otro país. Cuando un gobernante extranjero me pregunta si hay posibilidad de entrar al negocio de los energéticos o a la electricidad, le respondo que apenas estamos independizándonos de las invasiones extranjeras que nos vaciaron el país. Pero que en tanto los mexicanos sí queremos invertir en el petróleo americano o en su producción de energía eléctrica, por si quieren un socio extranjero.

En la actualidad, la política petrolera ya cambió y ahora el propósito fundamental de nuestra industria no es extraer petróleo crudo y venderlo en el extranjero, sino destinarlo a la refinación. Así se acabará con la práctica de exportar crudo y comprar gasolinas; toda la materia prima será procesada en nuestro país.

Esta nueva política significa no extraer más petróleo que el indispensable para cubrir la demanda de combustibles del mercado interno. En términos cuantitativos, durante todo nuestro mandato no sacaremos del subsuelo más de 2 000 000 de barriles diarios. Para ejemplificar, en este gobierno extraeremos aproximadamente la mitad del petróleo que se explotó en el sexenio de Vicente Fox. Con esta producción moderada cumpliremos el compromiso de reponer como norma el 100% de las reservas probadas y ayudaremos así a reducir el uso excesivo de combustibles fósiles. En suma, actuaremos de manera responsable y no se afectará la herencia de las nuevas generaciones.

También estamos destinando más presupuesto para la exploración y extracción de gas; con la inversión en equipos e instalaciones evitaremos la quema irracional de este energético. Cabe recordar que a lo largo del periodo neoliberal se optó por desaprovechar este insumo extraído de los yacimientos nacionales y por comprarlo en el extranjero, todo ello con el propósito de alimentar los negocios que estas compras representaban para políticos y directivos influyentes de empresas particulares nacionales y extranjeras.

La Secretaría de Hacienda y Crédito Público ha seguido reduciendo los impuestos a Pemex a fin de garantizar la ejecución de su programa de inversión, mantenimiento y operación. Pemex es una empresa de la nación y siempre contará con el apoyo del Gobierno de la República. Cuando llegamos al Gobierno, este pagaba por el derecho de utilidad compartida el 65%; ahora su contribución en esta materia a la Hacienda Pública se redujo a 54%; sin embargo, no debe olvidarse que en este 2021 los hidrocarburos significan, por impuestos y derechos, una aportación de 765 000 millones de pesos anuales que representan el 15% del presupuesto público.

Agrego que hemos mantenido el compromiso de no aumentar en términos reales los precios de las gasolinas, del diésel y de otros combustibles; en pocas palabras, se acabaron los gasolinazos. También hemos terminado de limpiar de corrupción a Pemex. Nunca más se permitirán casos como los de Odebrecht, o el de la compra a precios inflados de las plantas de fertilizantes o la entrega de *moches* o sobornos a funcionarios y legisladores.

Asimismo, se ha respetado el compromiso con los trabajadores y técnicos de Pemex de no despedir a nadie y de mejorar sus condiciones salariales y prestaciones laborales, y se garantiza su derecho a elegir libremente a sus representantes sindicales. El antiguo líder Carlos Romero Deschamps, que llevaba más de treinta años como secretario general del sindicato petrolero, entendió que ya eran nuevos tiempos y optó por jubilarse.

En fin, con los obreros de esta industria y con los obreros de todo México, estamos rescatando a Pemex y a la nación. El 23 de marzo de 1938, cinco días después de la Expropiación Petrolera, el presidente Lázaro Cárdenas recordaba en sus apuntes que en el año de 1926, cuando era comandante militar en la zona petrolera en las costas del norte de Veracruz, lo visitó el general Heriberto Jara, gobernador de ese estado, quien le habló de los problemas que con frecuencia ocasionaban las empresas petroleras extranjeras: despojos, asesinatos, sobreexplotación de los recursos naturales y mucha prepotencia, pues según escribió el presidente Cárdenas, hacían «alarde de contar con apoyos poderosos sintiéndose en tierras de conquista». Por eso, la Expropiación Petrolera es uno de los actos de independencia económica y política más importantes de nuestra historia. Y aun con el paso del tiempo esa decisión serena y firme seguirá siendo un ejemplo de cómo actuar para enaltecer la dignidad nacional y perseverar en la construcción de una patria más libre, más justa, más democrática y más soberana.

En cuanto a la industria eléctrica, la reforma que acaba de aprobar el Congreso permitirá reparar el grave daño que causó la privatización al sector público y a la economía popular, pues mientras que el mercado de esta industria se abrió para dar preferencia a empresas particulares nacionales y extranjeras, sobre todo con la entrega de subsidios, las plantas de la CFE fueron completamente abandonadas. Por ese motivo se continuará fortaleciendo a la CFE, que no debe ser ninguneada, como lo hicieron los gobiernos neoliberales al darle trato de segunda, mientras se otorgaban privilegios a empresas particulares. Ahora, estamos modernizando las plantas hidroeléctricas para reducir el uso de combustóleo o carbón en la producción de electricidad. La energía que se produce con agua es limpia y barata. De ahí que hayamos decidido cambiar turbinas antiguas por equipos modernos, lo cual nos permitirá aprovechar la infraestructura existente y el agua de los embalses para producir más energía sin construir nuevas presas, sin causar afectaciones y reduciendo la emisión de gases de efecto invernadero. En pocas palabras, la meta es que tengamos abasto público suficiente de energía eléctrica, que no haya apagones y evitar, en los hechos, que los consumidores domésticos paguen la luz con tarifas más elevadas que las corporaciones empresariales o las grandes cadenas comerciales.

Enderezando entuertos

Hemos revisado y renegociado contratos abusivos y se han hecho a un lado los Pidiregas o las llamadas asociaciones público-privadas, las cuales resultaron onerosas y perjudiciales para el erario. Es extensa y fraudulenta a simple vista la lista de operaciones de compra y contratos de servicios manchados de corrupción, así como los convenios leoninos otorgados en el periodo neoliberal. Para no extenderme mucho, solo expondré qué sucedía y cómo hemos procurado resolver, en la medida de lo posible, esta nefasta herencia, explicando tres de estos bochornosos casos: el de la compra de medicamentos, el de la adquisición de gas en Estados Unidos y el concerniente a la privatización de los reclusorios.

• • •

Empiezo, pues, con el tema de las medicinas. En la actualidad, todos los días 1 232 000 mexicanos y mexicanas reciben por parte del Gobierno los medicamentos recetados por el médico. Esto no siempre fue así. Antes la salud se veía como una mercancía y las medicinas como un medio para enriquecer a unos cuantos. Por ejemplo, en un evento público realizado el 10 enero de 2018 se dieron cita los más altos funcionarios del sector salud del anterior Gobierno. Invitaron a funcionarios de otras dependencias y personalidades para dar a conocer los resultados de cinco años de compras consolidadas de medicamentos, modelo que consistía en que todas las medicinas del sector salud las compraba una sola institución: el Instituto Mexicano del Seguro Social (IMSS). Ahí estuvo la Función Pública, Hacienda, la Cofece —órgano autónomo de reciente creación, supuestamente encargado de alentar la competencia económica—, organismos internacionales como la Organización para la Cooperación y el Desarrollo Económicos (OCDE) y las cámaras empresariales.

En ese acto, se dio a conocer que entre 2012 y 2018 se había ejercido un total de 303 076 millones de pesos para la adquisición de medicamentos y se dijo que se habían logrado ahorros, pero no se dio un solo dato que pudiera demostrarlo. Lo interesante de esa reunión no fueron los discursos, sino lo que no se dijo: se omitió el hecho demostrable de que la compra de medicamentos trajo consigo la concentración de mercado más grande de que se tenga memoria y, lo que es peor, amparada desde el Gobierno. En el periodo mencionado, solo diez empresas acapararon el 79.6% del gasto en medicamentos. Un total de 241 000 millones de pesos, repito, en diez empresas. La cantidad equivalente al presupuesto de la

Universidad Nacional Autónoma de México (UNAM) de cinco años o al presupuesto de un año de los estados de Guerrero, Oaxaca, Chiapas y Tabasco juntos. Tampoco se dijo que, de ese puñado de empresas, tres obtuvieron la mitad de todos los contratos, y que una de ellas, Grupo Fármacos Especializados, S. A. de C. V., se llevó el 35% de las compras de 2013 a 2018 con un monto de 106 803 millones de pesos.

Dicho sea de paso, esa empresa fue inhabilitada el 18 de julio de 2019 por la Secretaría de la Función Pública (SFP) a causa de varias «irregularidades». Tampoco se dijo que la mayoría de esas empresas no producía medicamentos: eran meras distribuidoras, agentes concentradores sin registros sanitarios y que se dedicaban, por sus poderosas influencias, a ser intermediarios predilectos en las compras gubernamentales. Es decir, su infraestructura, por así decirlo, consistía en «conectes», relaciones políticas y la inclusión en su nómina de exfuncionarios que «sabían cómo» lograr grandes contratos. Eran tiempos en que los gobiernos hablaban mucho de competencia económica; incluso, como hemos visto, se crearon organismos autónomos para evitar los monopolios, pero ocurría exactamente lo contrario a la vista de todos.

En esa célebre reunión tampoco se dijo que al cierre de 2018 el gasto de bolsillo en México, es decir, lo que destinan las familias de su propia bolsa para adquirir medicamentos, había escalado hasta convertirse en el segundo más alto de los 38 países que conforman la OCDE, una amarga realidad que enfrentaban muchos mexicanos y que se agravaba en el caso de padecer enfermedades crónico-degenerativas, pues las personas se veían condenadas a vivir por siempre en la pobreza. ¿Por qué ocurría esto? Entre otras cosas, porque el Gobierno no compraba los mejores medicamentos que ofrece el mundo. Para los favoritos de los gobiernos neoliberales, la globalización llegaba hasta donde sus intereses lo permitían y el libre comercio se aplicaba «en los bueyes de mi compadre».

Por eso el primero de diciembre de 2018, en el Zócalo de la Ciudad de México, hicimos el compromiso de garantizar atención médica de calidad y medicamentos gratuitos. ¿Cómo se planteó hacerlo? Obviamente, cambiando el modelo lucrativo por uno de dimensión social. Desde 2019, se inició un nuevo proceso de planeación de la compra que se conoce como triple optimización y consiste en lo siguiente: primero, planear la compra de lo que deciden los expertos de la medicina y no lo que quieren los proveedores; así, en 2019 se realizaron nueve grupos focales sobre las nueve enfermedades que más padecemos en el país con los mejores especialistas de cada institución. Así se definió la lista de medicamentos oncológicos, cardiovasculares, metabólicos, antibióticos, de planificación familiar, hematológicos, vacunas y antirretrovirales, entre otros. Estos especialistas revisan los últimos avances de la ciencia médica en el mundo y acuerdan cuáles son los mejores tratamientos disponibles en función del impacto en la salud de los pacientes.

En segundo lugar, se estandarizan los tratamientos conforme a la política de salud pública para que todo el sector ofrezca los mismos medicamentos para los mismos padecimientos; medicamentos más eficaces y apropiados para las necesidades de la población mexicana en su conjunto.

Por último, se construye un solo Compendio Nacional de Insumos para la Salud, con la demanda agregada de todas las instituciones y una sola política de contrataciones públicas a fin de lograr mejores condiciones de precio y calidad, y generar ahorros, también se invita a participar a laboratorios de todo el mundo. Para lograr lo anterior, había que vencer obstáculos de todo tipo, empezando por adecuar el marco jurídico. México no salía a comprar medicamentos al mundo, entre otras cosas, porque la ley se lo prohibía. Sin un fundamento científico, así hubiera mejores medicamentos afuera, la ley obligaba a agotar la compra con laboratorios nacionales. Eran leyes hechas para las empresas y no para las personas. La ley tampoco permitía que el Gobierno de México buscara mecanismos de colaboración con organismos internacionales, como la Organización de las Naciones Unidas (ONU), para la adquisición de insumos para la salud.

Entonces se cambió la ley. Hace un año se presentó, discutió y aprobó la reforma al artículo primero de la Ley de Adquisiciones, Arrendamientos y Servicios del Sector Público. Hubo un debate intenso, con muchos intentos de que la reforma no llegara a votarse. Quienes se opusieron no pudieron argumentar razones válidas de por qué no salir a comprar al mundo. No argumentaban en contra de la iniciativa, sino que alegaban la supuesta protección a la industria farmacéutica nacional, la defensa de la norma y hasta invocaban tratados internacionales, pero nunca dieron algo a favor de la salud de los mexicanos. Esta reforma de ley se votó en el Senado con 56 votos a favor, 35 en contra y una abstención. Y el 11 de agosto fue publicada en el *Diario Oficial de la Federación*. A partir de esas modificaciones legales se pudo concretar un acuerdo con la ONU a través de sus agencias: la Oficina de las Naciones Unidas de Servicios para Proyectos (UNOPS, por sus siglas en inglés), la Organización Mundial de la Salud (OMS) y la Organización Panamericana de la Salud (OPS). Asimismo, se realizaron de manera expedita convenios entre las instituciones federales, con el acompañamiento de la Secretaría de Relaciones Exteriores (SRE) y el cuerpo diplomático, y el 31 de julio de 2020 se firmó por parte del Instituto de Salud para el Bienestar (Insabi) y la UNOPS el acuerdo para adquirir medicamentos y material de curación a nivel internacional. Paralelamente, la Secretaría de Salud, con el apoyo de la Consejería Jurídica del Ejecutivo Federal, publicó diversos acuerdos con el fin de actualizar, modernizar y dar un mandato claro a una institución clave para la implementación de estos procesos: la Comisión Federal para la Protección contra Riesgos Sanitarios (Cofepris). Al respecto, destaco las siguientes tres acciones:

1. Simplificación para las prórrogas de registro sanitario: se quitó la obligación de presentar los mismos documentos cada cinco años para mantener el registro. Con esto, la farmacovigilancia se fortalece y la salud se cuida de forma proactiva, no por la vía del trámite.
2. Recepción de trámites en inglés: México era el único país que exigía que la documentación estuviera en español para aceptarla a trámite. Ello implicaba largos periodos dedicados a la traducción. La nueva disposición fortalece la posición de México como receptor de medicamentos de otros países.
3. Nuevos criterios internos de evaluación para certificados de buenas prácticas de fabricación: se actualizaron criterios para tomar como válidos los certificados expedidos por agencias sanitarias reconocidas por la OMS y la OPS, incluyendo otras siete agencias con altos estándares. Además, se han agilizado los procesos de dictaminación para medicamentos fabricados en el extranjero y se ha avanzado en la armonización regulatoria con otros países.

Es necesario explicar de dónde partimos, los objetivos que perseguimos y los obstáculos que encontramos y vencimos para dar un reporte de lo que se ha logrado. ¿Qué se ha comprado con el mecanismo de la UNOPS? A la fecha se han adjudicado por este medio un total de 1 038 claves de medicamentos y material de curación.

Se trata de medicamentos de alta especialidad y alto consumo: oncológicos, antibióticos y antivirales, y medicamentos para atender a pacientes de cardiología, VIH, neurología, hematología, endocrinología, neumología, reumatología, gastroenterología y nefrología. Se ha destinado un monto de 45 422 millones de pesos para un volumen de 895 000 000 de piezas ya adquiridas. Es importante mencionar que dicho monto, ya pagado a la UNOPS, representa el 100% de la operación total que haremos con esa organización y que fue cubierto entre agosto de 2020 y mayo de 2021.

A pesar de estos importantes avances, también el organismo de la ONU enfrentó obstáculos. En junio, la UNOPS informó al sector salud que no había tenido éxito en la adquisición de 996 claves de medicamentos y material de curación por distintas razones: proveedores que no cumplían con los requisitos mínimos, ofertas a precios no razonables o las ofertas venían de empresas inhabilitadas en México. Cuando eso ocurrió, la UNOPS planteó una alternativa que implicaba 45 días de compra y 15 días para firmar contratos. En el mejor escenario había que esperar sesenta días. Y no contábamos con ese tiempo.

Giré la instrucción a servidores públicos del sector salud, de la Oficialía Mayor de Hacienda y de la SRE de salir a comprar los medicamentos que faltaban. Tenían que hacerlo rápido, sin que la velocidad significara comprar los medicamentos con sobreprecios. Tenían que lograr precios justos y contratar únicamente a empresas con registro sanitario, sin que eso significara volver a concentrar la compra en pocas manos. Tenían que aumentar la participación de más empresas nacionales y extranjeras sin que eso sacrificara la calidad de los medicamentos. Y tenían que lograr todo lo anterior conforme a la ley, de manera transparente y sin la menor sospecha de abusos o actos de corrupción.

Sin descanso hasta lograrlo. Se trataba de poner a prueba la capacidad y el compromiso de los servidores públicos del sector. Se organizaron y al cabo de 37 días demostraron que sí era posible comprar los medicamentos con cuatro principios: rapidez, buen precio, mayor competencia y la mejor calidad.

1. Comprar de forma rápida y eficiente. En 37 días el Gobierno Federal logró adquirir 950 claves. Esto significa un volumen de 1 729 millones de piezas de medicamentos y material de curación.
2. Comprar sin sobreprecios y con ahorros. El presupuesto de la compra sectorial era de 38 727 millones de pesos y logramos adquirir lo que necesitábamos con 31 547 millones de pesos. Un ahorro de 18.5% que se alcanzó comprando a precios iguales o menores a los identificados en diversas fuentes de referencia: los precios de la compra 2020 de la Oficialía Mayor y las ofertas que recibió la UNOPS.
3. Comprar a más proveedores. En este proceso participaron 244 empresas, de las cuales resultaron adjudicadas 171 empresas de ocho países además de México: Alemania, Argentina, Canadá, Corea del Sur, Cuba, Estados Unidos, Francia y la India.

Un logro importante respecto a la competencia es que, como se mencionó antes, en el régimen corrupto, el 80% de la compra de medicamentos se concentraba en diez empresas. Con esta compra, la empresa que tiene el porcentaje más alto es Gilead Sciences, con 6.78%; le sigue Birmex, una empresa mexicana de participación pública, que obtuvo el 5.11% de la compra; la tercera fue Pfizer, de Estados Unidos, con 4.17%; la cuarta fue Roche, de Francia, con 4.8%, y la quinta fue Novartis, de Suiza, con 3.86 por ciento.

En suma, las diez empresas que más concentraron con este nuevo mecanismo suman 38.2% y no es ninguna de las diez empresas que tradicionalmente concentraban el mercado.

4. Calidad de los medicamentos. Existe plena certeza de esto ya que la Cofepris, en su nueva época al servicio del pueblo y no de las empresas, participó de manera activa en las evaluaciones técnicas. Incluso hubo casos en los que algunas compras no se concretaron por no cumplir con los estándares de control de riesgos sanitarios.

   En este proceso participaron 166 servidores públicos, lo mismo médicos y médicas especialistas y otros profesionales administrativos, técnicos, financieros, jurídicos de todas las instituciones del Sector Salud: IMSS, Instituto de Seguridad y Servicios Sociales de los Trabajadores del Estado (ISSSTE), Insabi, Cofepris, los Institutos Nacionales de Salud, Secretaría de la Defensa Nacional (Sedena) y Secretaría de Marina (Semar), así como de la

> Oficialía Mayor de la Secretaría de Hacienda, la SFP, los órganos internos de control y muchos embajadores e integrantes del Servicio Exterior Mexicano.
>
> Con la compra de la UNOPS y los resultados de esta compra sectorial se logró un resultado global de 1842 claves adquiridas (1186 de medicamentos y 656 de material de curación) que representan un volumen de piezas de 2624768642 (1514 millones de piezas de medicamentos y 1110 millones que son piezas de material de curación). Y un monto total de 76969 millones de pesos.

Tanto los acuerdos que se han firmado como el nuevo procedimiento tienen el propósito del abasto suficiente y oportuno de los medicamentos. En ese sentido, surge la pregunta: ¿cuándo llegarán estos medicamentos y cómo garantizaremos un abasto sin intermitencias? La respuesta es: desde enero empezaron las primeras entregas a algunas instituciones. Al día de hoy ya se encuentran en el país, ya sea entregadas, en tránsito o con orden de entrega, más de 263200 millones de piezas para todo el sector. Este número es dinámico y se actualiza diariamente. El abastecimiento de la UNOPS y la compra sectorial comprenden un periodo de 12 meses, de junio de 2021 a junio de 2022, aunque una parte fundamental del acuerdo firmado en julio de 2020 tiene que ver con el largo plazo: se trata de que este proceso garantice la continuidad, seguridad, transparencia y estabilidad del abasto de medicamentos de manera multianual (hasta 2024) y, como lo señala el artículo 134 de la Constitución: en las mejores condiciones para el Estado mexicano, es decir, para su población.

Los beneficios de este nuevo mecanismo de compra de medicamentos, además de la garantía de abasto suficiente, permiten otorgar medicamentos gratuitos para todos en cumplimiento del artículo cuarto constitucional; se disminuye el gasto de bolsillo y se fortalece la economía popular, pues aminora los compromisos de pago de los hogares, se propicia una mayor igualdad entre regiones y aumenta el ahorro entre los segmentos de población con menores ingresos.

Además, reitero, se garantiza el abasto de medicamentos al tener acceso al mercado internacional, así como la continuidad, la seguridad, la transparencia y la estabilidad en la compra de medicamentos de manera multianual hasta 2024. De igual forma, se logra una mejor calidad de los medicamentos, pues comprar el mejor medicamento disponible en el mundo conlleva un mayor apego terapéutico, menores efectos secundarios y mejor calidad de vida para los pacientes.

En cuanto a lo presupuestal, a los costos, a la fecha existe un ahorro estimado de 18 919 millones de pesos, que representa cerca del 20% del presupuesto programado de este año y hemos logrado en un solo año más del 100% de lo que supuestamente se ahorró en todo el sexenio pasado. En fin, el abasto de medicamentos representa el mayor reto de cualquier sistema de salud en el mundo. Y más cuando la producción se ha visto afectada por la pandemia. Habíamos empezado antes de la COVID-19 esta transformación, durante la pandemia continuamos con este esfuerzo y hoy se empiezan a ver los primeros resultados: las medicinas son gratuitas, de calidad, y se cuenta con ellas en centros de salud, unidades médicas rurales, clínicas y hospitales públicos.

• • •

Otro entuerto que hemos podido enderezar, así sea de manera parcial, es el de los famosos y fraudulentos gasoductos. Cuando recibimos el Gobierno se encontró, como en otros ámbitos, que uno de los principales problemas de la CFE era la terminación de siete gasoductos que habían sido contratados en la administración anterior, pero que por diversos problemas no se habían concluido. Al realizar el análisis de los contratos se descubrió que la decisión y el acuerdo tomados por el Gobierno saliente estaban repletos de elementos ruinosos para la CFE y que se trataba de contratos leoninos, como se fue haciendo costumbre en el periodo neoliberal o neoporfirista. Veamos.

Los siete gasoductos fueron anclados a la CFE con el argumento de que esta requería gas para la construcción de 14 centrales de ciclo combinado. Sin embargo, esas centrales nunca se construyeron, por lo que la CFE debía pagar por gasoductos que no podían ser usados. La contratación de los gasoductos no fue aprobada en su momento por el Consejo de Administración ni por la Junta de Gobierno de la CFE. Las empresas transnacionales propietarias de los gasoductos son: TC Energía (antes TransCanada), Carso Energy, Fermaca y Sempra-IEnova.

La cláusula dos señalaba que el contrato en cuestión tenía como objeto la prestación del servicio de transporte de gas natural. No obstante, tanto en el objeto señalado en la licitación como en el contrato mismo, se estableció además que sería un proyecto de inversión en infraestructura por tratarse de gasoductos no existentes; es decir, los supuestos contratos de servicios de transporte de gas natural encubrían un contrato de inversión que debe ser pagado en su totalidad por la CFE.

La desnaturalización del propio contrato abrió la puerta a la determinación de supuestas tarifas con las que se pagaba su inversión en máximo diez años y en lo sucesivo todo era ganancia. Las tasas de rentabilidad o retorno se encontraban muy por encima de los estándares internacionales; sin precedente alguno en el mundo, la CFE pagaba la totalidad del gasoducto (incluyendo su financiamiento), pero al terminar el contrato el gasoducto se quedaba en manos de los privados y con posibilidades de explotarlo 25 años más (la vida útil de un gasoducto es de al menos cincuenta años). La CFE no tiene participación en la propiedad ni en la rentabilidad, solo en los riesgos, asumía todos los riesgos de una inversión enmascarada en un contrato de servicios. La cláusula 22 del contrato denominada «Caso Fortuito o Fuerza Mayor» permitía que ante la ocurrencia de un suceso que detuviera la construcción del gasoducto, la CFE debía ampliar los plazos para la entrega de la obra, aunque no ocurría lo mismo con el pago, puesto que a la empresa del Gobierno se le obligaba a pagar desde el día en que originalmente estaba planeada la entrega. Es decir, la CFE pagaba los platos rotos por los retrasos del constructor aun cuando este era el responsable de obtener todos los permisos y definir por dónde pasaría el gasoducto; en complicidad con altos exfuncionarios de la CFE, se cedió ante las empresas constructoras en «casos fortuitos» o «fuerzas mayores» sin mayor revisión y sin soporte documental que acreditara el evento. Por esos gasoductos inactivos, la CFE pagó más de 650 000 000 de dólares. En la mayor parte de los casos, los eventos que aludían las empresas no existían o bien las razones por las que la construcción se encontraba detenida eran completa responsabilidad de la contratista. Por ejemplo, los delegados de Bienestar del Gobierno Federal de cada estado ayudaron a identificar las verdaderas causas por las que los gasoductos no eran terminados. Citamos dos casos:

a. Una de las empresas solicitó una fuerza mayor argumentando que los terrenos por donde pasaría el gasoducto estaban catalogados como «terrenos nacionales» y no obtenía los permisos de derecho de vía por parte de la Secretaría de Desarrollo Agrario, Territorial y Urbano (Sedatu), y el alegato le fue aceptado. Sin embargo, en la revisión que realizaron los delegados de Bienestar se identificó que en realidad la construcción no avanzaba debido a que la empresa no les había pagado a los trabajadores de la subcontratista, quienes tomaron las máquinas y realizaron un paro de labores.

b. La empresa encargada de traer el gas desde el gasoducto marino hasta el centro del país realizó un trazo que atravesaba manantiales, cerros sagrados y pasaba cerca de viviendas y escuelas. No obstante, la CFE le aceptó el reclamo de fuerza mayor argumentando que no podía acceder a las zonas debido a que la Secretaría de Energía (Sener) no había realizado la consulta indígena. La concepción no solo era de abuso, sino también de despojo a las comunidades. Por cierto, según el contrato, la responsabilidad del trazo correspondía a la propia empresa que solicitó la fuerza mayor.

Una vez terminado el análisis de estos contratos leoninos (buenos para particulares, malos para el pueblo y la nación), entre febrero y marzo de 2019, me dediqué a informar y a denunciar en las *mañaneras* los abusos que acarreaban los contratos de los gasoductos. En forma paralela, convoqué a las empresas privadas para buscar una renegociación de las condiciones contractuales y llegar a un acuerdo, puesto que el gas es necesario para generar energía y buscábamos siempre el arreglo y recurrir a los procesos legales solo como última instancia, ya que además de tardados, se dirimen en tribunales nacionales o extranjeros de poca o nula honestidad y en ellos la justicia es casi siempre relegada ante el derecho individual o empresarial.

A este llamado acudieron el Consejo Coordinador Empresarial y el Consejo Mexicano de Negocios ofreciendo su mediación con las empresas propietarias de los gasoductos para llegar a un acuerdo, pero solicitaban que el director general de la CFE no estuviera dentro de las negociaciones. Respondimos que era inadmisible prescindir del director general. Así comenzamos a reunirnos en Palacio Nacional con la participación como observadores de Carlos Salazar Lomelín (presidente del Consejo Coordinador Empresarial) y Antonio del Valle Perochena (presidente del Consejo Mexicano de Negocios) y el 8 de julio de 2019 se dio inicio formal a las negociaciones con la participación del director general de la CFE, Manuel Bartlett Díaz, el director general de las filiales CFEnergía y CFE Internacional, Miguel Reyes, y el coordinador de Administración y Servicios de la CFE, Miguel Alejandro López. Por parte de las empresas participaron Gerardo Kuri (Carso Energy), Tania Ortiz Mena y Carlos Ruiz Sacristán (IEnova), Robert Jones (TC Energía) y Fernando y Manuel Calvillo (Fermaca).

En las sesiones con cada una de las empresas, la CFE explicó el daño y los desequilibrios de los contratos y realizó las siguientes solicitudes:

a) La modificación de las tarifas de los gasoductos. La CFE debía pagar una tarifa de servicio de transporte de gas natural (renta del ducto) tal y como se hace en los mercados de transporte de gas internacionales y no una tarifa de inversión, puesto que no seríamos propietarios de los activos. La tarifa que se propuso tomó como metodología las fórmulas de los países de donde provenían las empresas.
b) Tarifas fijas (niveladas) a través del tiempo, pues conservar las tarifas crecientes de transporte imposibilitaba mantener bajas tarifas de electricidad; limitar la competitividad de la CFE para la comercialización de gas natural. Es oportuno mencionar que la tarifa de algunos gasoductos se elevaba hasta diez veces.
c) Acuerdos equilibrados sobre casos fortuitos y fuerzas mayores. La CFE no podía pagar por un servicio que no recibía ni podía asumir los riesgos que le corresponden al desarrollador de las obras. Imaginemos que vamos a rentar una casa para enero del próximo año y que, por problemas con los permisos de construcción, la casa se retrasa hasta julio. No obstante, el constructor nos obliga a pagar desde enero sin posibilidad de habitar la casa, un verdadero absurdo.
d) Desistimiento de las partes de cualquier acción legal. Tanto la CFE como las empresas privadas retirarían las

> demandas y tendrían una sociedad armoniosa por los próximos 25 años.

A excepción de Carso Energy, ninguna empresa realizó propuestas alineadas a la petición de CFE. Todas iban en el sentido de comprarle capacidad de transporte de gas de manera temporal a la CFE y que ellos pudieran venderlo. Por eso, además de representar una competencia desleal a la CFE, no resolvía las cuestiones de fondo. En el caso de Carso Energy, aceptó nivelar la tarifa y realizó un descuento. Sin embargo, este no se acercaba a la tarifa correspondiente a un servicio de transporte. La tarifa promedio original del gasoducto Samalayuca-Sásabe, propiedad de Carso, era de 74 centavos de dólar por gigajoule (GJ) y realizó una oferta de 56 centavos de dólar por gigajoule. CFE contestó con una contrapropuesta ofreciendo pagar 42 centavos de dólar, misma que fue rechazada por Carso Energy.

Ante esta situación, instruí al director general de la CFE para que buscara directamente al ingeniero Carlos Slim y le explicara los argumentos de la empresa del Estado a fin de llegar a un acuerdo. Atendiendo la instrucción, el licenciado Bartlett se reunió con el ingeniero Slim para explicarle que su gasoducto corre de manera paralela a un gasoducto que tienen la CFE contratado en Estados Unidos por el cual paga 44 centavos de dólar por GJ, por lo que era absurdo pagar más por un gasoducto que nos lleva al mismo punto. El empresario aceptó los argumentos de la CFE y ofreció una tarifa de 47 centavos de dólar por GJ y regresar todo lo que se le había pagado sin que el ducto estuviera en funcionamiento de manera inmediata, sujeto a que se le compraran 200 000 000 de pies cúbicos diarios adicionales a partir de 2022. Las CFE aceptó la propuesta y se llegó a un acuerdo.

Una vez aprobado el mecanismo y los parámetros, entre el 19 y el 26 de agosto de 2019, se convocó a TC energía, IEnova y Fermaca para invitarlos a llegar a un acuerdo bajo los mismos términos y parámetros de lo acordado con Carso. Para el gasoducto Guaymas-El Oro, IEnova ofreció un descuento inferior a lo ofrecido por Carso, argumentando que en términos relativos su propuesta era mejor. Ante ello respondimos que estábamos obligados a aceptar la mejor propuesta y que en caso de que la oferta de IEnova fuera mejor que la de Carso, le solicitaría a la empresa que se ajustara. Para determinar cuál era la más conducente, invitamos como tercer experto al ingeniero industrial y doctor en finanzas Edmundo Sánchez Aguilar.

A partir del estudio realizado por el doctor Sánchez Aguilar, se determinó que era mejor propuesta la de Carso, por lo cual solicitamos que IEnova se apegara a esos criterios y llegamos a un acuerdo. Con ese método, se obtuvo una tarifa para el gasoducto Guaymas-El Oro de 22.9 centavos de dólar versus los 31 centavos que originalmente se tenían; el contrato se ampliaría por diez años y los montos pagados por fuerzas mayores se acreditarían en la tarifa del periodo de extensión. Para el caso del gasoducto marino propiedad de IMG (consorcio entre IEnova y TC Energía) se redujo la tarifa de 35 a 29 centavos de dólar por GJ y al igual que el anterior las fuerzas mayores se acreditarían en la tarifa del periodo de diez años de extensión. Fermaca quedaría fuera de los acuerdos debido a que debía obtener la aprobación de los fondos de inversión que lo respaldan.

El 27 de agosto, en la habitual mañanera y en compañía de Carlos Slim, Carlos Salazar, Antonio del Valle, Carlos Ruiz Sacristán, Tania Ortiz Mena, Robert Jones, Gerardo Kuri, Manuel Bartlett, Arturo Herrera, Miguel Reyes y Miguel Alejandro López, se anunció el acuerdo alcanzado con las empresas transportistas. En su participación Carlos Slim dijo:

> Solamente me queda, señor presidente, agradecerle su directa intervención, al director de CFE y muy especialmente a Carlos [Salazar Lomelí] y Antonio [del Valle] que hayan ayudado tanto a que se resuelva y bueno, también a nuestros colegas que hayan accedido a cambiar unas condiciones de pagos que podían tener un atractivo financiero pues eran montos más importantes, pero que la solución de pago plano creo que fue benéfica para todos y nos puede permitir con esos recursos y esos flujos de ingresos hacer más inversiones en condiciones importantes, tanto para el país como para CFE como para los inversionistas.

Por su parte, Carlos Salazar señaló:

> Este es un día memorable, porque creo que refleja la voluntad de nuestro Gobierno en darnos certeza, darnos certidumbre y sobre todo en ayudarnos a que México obtenga una ventaja competitiva básica. [...] Y yo quiero destacar que en este proceso hay un ganar, ganar, todo mundo ha ganado con este tipo de diálogo; hemos privilegiado, como decía el señor presidente, el diálogo, en vez del disenso, en vez de la discusión.

El 6 de septiembre se llegó a un acuerdo con la empresa Fermaca en los mismos términos de la renegociación que con las demás empresas. Las tarifas de los gasoductos La Laguna-Aguascalientes y Villa de Reyes-Aguascalientes-Guadalajara pasaron de 14 y 12 centavos de dólar a 10.5 y 9.8 centavos de dólar, respectivamente. Las fuerzas mayores se acreditaron en la tarifa de la extensión por diez años, lo que fue aceptado por la CFE. En suma, estos fueron los principales resultados de la negociación:

- El ahorro total para la CFE es de 4342 millones de dólares, lo que representa ahorros anuales de 180 000 000 de dólares (3500 millones de pesos). El ahorro total obtenido equivale a la construcción de cinco centrales de generación de más de novecientos megawatts con tecnología de punta.

- La tarifa promedio se redujo en 27%, al pasar de 33 a 24 centavos de dólar por gigajoule (6.5 a 4.7 pesos por GJ). Esto permitirá a la CFE comercializar los excedentes en el mercado.
- Se negoció una reducción tarifaria a cambio de más años de transporte (IEnova, TC Energía y Fermaca) o mayor capacidad (Carso). En cualquiera de los casos, se logró terminar con estructuras tarifarias crecientes de los gasoductos, que ni el mercado eléctrico ni la industria habrían aguantado. Las tarifas niveladas y planas se acordaron por los 25 años del contrato original, con un ajuste por inflación al año 26. Del año 26 al 35 se tendría también una tarifa plana de transporte y, en ningún caso, tendríamos tarifas más elevadas que las tarifas llamadas reguladas por la Comisión Reguladora de Energía (CRE). Así pues, la renegociación de los gasoductos resultó en mayor capacidad de transporte con menor valor presente neto total a pagar por la CFE y más años de servicio a una tarifa nivelada de transporte. El ahorro total en valor presente neto fue de 387 000 000 de dólares.
- Conforme a los acuerdos, los recursos pagados por inexistentes fuerzas mayores fueron reintegrados a la CFE por diversas vías: devolución inmediata (Carso), o acreditación en la tarifa y meses de servicio sin cobro tarifario para la CFE (IEnova, IMG y Fermaca).
- El acuerdo permitirá a CFE comercializar a través de sus filiales CFEnergía y CFE Internacional alrededor de 8 200 millones de pies cúbicos diarios, de los cuales 63% serán para las plantas generadoras de electricidad de la propia CFE. El excedente que resultó, con la finalidad de darle valor, sería

colocado en la industria nacional u otras posibilidades fuera del país.

Finalmente, es importante señalar que aun con este acuerdo, la mala decisión de construir los gasoductos sin tener necesidad, pues no se cuenta con las plantas termoeléctricas que consuman el gas adquirido, la Comisión Federal deberá seguir apuntalada por el Gobierno de México en razón de que el valor de estos contratos implican un costo financiero para esta empresa pública equivalente a un monto a pagar en 25 años de 86 500 millones de dólares; es decir, el daño de la política neoliberal o de pillaje solo en este caso implicó un desfalco, muy cercano a una quiebra financiera de la CFE. Por esto y muchas otras razones, ha sido urgente e indispensable modificar la política y las reformas privatizadoras para rescatar la estratégica industria eléctrica nacional por el bien de consumidores domésticos, de empresarios y del desarrollo nacional.

• • •

Ahora les cuento la historia de las cárceles de lujo y las jugosas ganancias privadas. Pues bien, recién nombrada y recuperada de una convalecencia por COVID-19, la secretaria de Seguridad y Protección Ciudadana, Rosa Icela Rodríguez, se presentó por vez primera a una reunión del Gabinete de Seguridad a las seis de la mañana del

30 de diciembre de 2020 y recibió la primera instrucción de su nuevo encargo: hacer un estudio y meterse a fondo en el tema de los contratos de prestación de servicios (CPS) de ocho centros penitenciarios federales suscritos en 2010 durante el gobierno de Felipe Calderón, cuando Genaro García Luna era titular de Seguridad Pública.

Ese mismo día, la primera mujer que ha estado al frente de la seguridad del país comenzó la búsqueda de información en el órgano desconcentrado de Prevención y Readaptación Social (PyRS), donde se topó con pared. En la siguiente reunión de gabinete, su primer reporte consistió en sostener que tardaría varios días en dar resultados porque el área administrativa del sistema penitenciario se negó a proporcionar los contratos, aduciendo que se trataba de un asunto de «seguridad nacional».

El argumento causó risa a todos los presentes y se repitió la instrucción de que tuviera los resultados de la investigación lo más pronto posible, para lo que habría de hacer valer su autoridad como secretaria de Seguridad y Protección Ciudadana; ella se comprometió a cumplir a la brevedad. Ahí mismo se acordó que la Secretaría de Hacienda suspendiera los pagos establecidos en los contratos hasta que concluyera la revisión.

Tras jalar varias cuerdas y pegar un par de gritos, la secretaria de Seguridad obtuvo la información en PyRS y encabezó un equipo de técnicos y abogados que se consagró al análisis de las más de 56 000 fojas que conformaban los ocho contratos con sus correspondientes anexos.

La investigación interna sobre este negocio millonario duró varios días y noches, hasta que se culminó en un resumen ejecutivo con los antecedentes del caso, el número de personas privadas de la libertad que el Gobierno Federal tiene que mantener en cada penal, el monto de los recursos pagados durante estos años a los contratistas, el costo total pendiente por erogar proyectado a 20 o 22 años y las cláusulas leoninas de los contratos. Tras días de desvelo por la investigación, la mañana del miércoles 13 de enero de 2021, la orden del día del Gabinete de Seguridad consideraba la presentación de los hallazgos en los CPS de los ocho penales. Ahí estaban la secretaria de Gobernación, el consejero jurídico, los titulares de Defensa, Marina, Seguridad y Protección Ciudadana y Relaciones Exteriores, el coordinador de asesores y otros servidores públicos. Ahí, Rosa Icela Rodríguez dio el detalle de lo encontrado.

En resumen, los CPS de los ocho reclusorios privatizados representaban 288 000 millones de pesos que el Gobierno Federal debía pagar en al menos veinte años de prestación de servicios de las empresas particulares, una suma inmensa si se considera que las obras del Aeropuerto Internacional Felipe Ángeles (AIFA) tendrán un costo total de 175 000 millones de pesos, incluyendo los 100 000 millones que costó cancelar el proyecto del lago de Texcoco.

Anualizada, semejante carga representaba 15 562 904 661 pesos, es decir, el 67% del total de los recursos ejercidos por el organismo penitenciario federal en 2020. Además, al finalizar el periodo de vigencia, los empresarios de dichos contratos serían beneficiados con la propiedad de los centros penitenciarios como lo establecía la cláusula novena; repito, al finalizar el periodo de vigencia de los contratos, las edificaciones, en lugar de volverse parte de los bienes del Gobierno, seguirían en manos de los privados. Eran, en definitiva, contratos jugosos para ellos y de grave afectación a las finanzas públicas.

El contrato de los centros penitenciarios de Sonora y Guanajuato fue adjudicado a Pápagos Servicios para la Infraestructura, entonces subsidiaria de ICA. Poco tiempo después Exi Quantum, S. A. de C. V., creada por Quantum, que dirige Andrés Alija Guerrero, adquirió la participación. GIA, S. A. de C. V., de Hipólito Gerard Rivero, excuñado de Carlos Salinas de Gortari, opera el centro penitenciario de Oaxaca; Prodemex, S. A. de C. V., de Olegario Vázquez Aldir, tiene los de Durango y Michoacán, mientras que las empresas Homex y Arendal consiguieron los contratos de Morelos y Chiapas, respectivamente, que pasaron a manos de IDEAL Carso, actualmente Grupo Financiero Inbursa, del cual es presidente Marco Antonio Slim Domit. En el caso del penal de Coahuila, la empresa Tradeco fue la beneficiaria, aunque posteriormente transfirió el contrato a Black Rock, S. A. de C. V., cuyo director general en México es Sergio Méndez.

Durante los primeros años de vigencia de los contratos, se pagaron 86 419 millones de pesos de recursos públicos a empresas vinculadas a políticos para la construcción y operación de los centros penitenciarios ubicados en Sonora, Guanajuato, Oaxaca, Durango, Chiapas, Morelos, Michoacán y Coahuila. El gasto era muy alto debido a que en los contratos no se establecieron pagos conforme a la población penitenciaria real atendida; por ejemplo, cuando llegamos al Gobierno, el primero de diciembre de 2018, solo había 9 062 reclusos en los ocho CPS, el 44.9% de su capacidad, pero el Gobierno Federal erogaba el equivalente al 100% de ocupación. Si se considera que ese año se pagaron 14 145 millones de pesos con impuesto al valor agregado (IVA) por ese concepto, entonces el costo anual de la manutención de cada persona interna era de 1 560 914 pesos, en promedio, lo que significaba pagar por cada una un promedio de 4336 pesos diarios. Como si fuera una renta de un hotel de cinco estrellas por cada recluso.

Cuesta trabajo creer que la manutención de un preso pueda ser en promedio superior al millón y medio de pesos y que esto no incluya el gasto en seguridad de los centros penitenciarios, pero así eran los negocios realizados durante el periodo neoliberal. Agrego que en la actualidad —julio de 2021— los reclusorios están ocupados por 12 805 personas. Y su capacidad total es de 20 176 reclusos. Por si fuese poco, subrayo que los ocho contratos se otorgaron por adjudicación directa.

Ya se había perdido mucho tiempo y el tema debía darse a conocer lo más pronto posible; por eso, en la mañana del 13 de enero se informó sobre este asunto que era, a todas luces, un atraco de recursos a la población mexicana. Después de tener toda la información a la vista, el abuso quedó exhibido y se dio la instrucción de que se hablara con los empresarios para tratar de llegar a un acuerdo en beneficio de la Hacienda Pública o de lo contrario elaborar una denuncia jurídica para cancelar los contratos y dar fin a la afectación de las finanzas gubernamentales. Los siguientes días se llevaron a cabo las pláticas con los representantes de las empresas privadas. Como resultado de ese acercamiento y diálogo, que duró varias semanas, se consiguió un ahorro de 15%, es decir, alrededor de 41 493 millones de pesos, menos de los montos originalmente establecidos en los contratos, y se consiguió además que los centros penitenciarios sean propiedad del Gobierno al término de los 22 años establecidos como vigencia. Solo en esta administración el monto del ahorro será de alrededor de 10 782 millones de pesos.

Las investigaciones del caso continúan, ya que a través de los mismos empresarios fue posible saber que el negocio no solo eran los costos millonarios establecidos en los CPS, sino que hicieron el compromiso —no estipulado por escrito— de comprarle a un solo proveedor todo lo que requirieran, ya fueran alimentos, vestuario, vehículos u otros bienes. El 9 de abril de 2021 la Secretaría de Seguridad y Protección Ciudadana (SSPC) formuló una denuncia ante la FGR en contra de quienes resulten responsables por el delito de uso indebido de atribuciones y facultades en la contratación del servicio integral de capacidad penitenciaria para la construcción y operación de los ocho penales federales.

• • •

De regreso a la inversión pública

En nuestro gobierno, después de un largo periodo de política neoliberal, reiniciamos la ejecución de obras de infraestructura con inversión pública. Con presupuesto federal, sin contratar deuda y sin entregar concesiones estamos construyendo carreteras, presas, hospitales, universidades, escuelas, acueductos, sistemas de drenaje, plantas de tratamiento de aguas residuales, puentes, refinerías, vías férreas, centrales eléctricas, aeropuertos, cuarteles, bibliotecas, parques, mercados, estadios, unidades deportivas y otras obras.

Destacan, desde luego, la construcción del aeropuerto Felipe Ángeles y el programa integral del istmo de Tehuantepec para articular puertos, trenes y crear una vía rápida de comunicación entre países de Asia y la costa este de Estados Unidos. Asimismo, el Tren Maya llevará bienestar a la región de mayor riqueza arqueológica, cultural y turística del país y una de las más importantes de mundo. Tan solo en la ejecución de estos tres grandes proyectos se están generando 143 137 empleos directos y 277 049 indirectos, y para el año 2023 se llegará a 500 000 empleos directos y 350 000 indirectos, aproximadamente.

Aquí considero necesario abundar un poco más sobre estas tres importantes obras. Desde antes de la llegada a la Presidencia convocamos a una consulta popular para decidir si se continuaba con el aeropuerto en el lago de Texcoco o se cancelaba y lo construíamos en la base aérea de Santa Lucía. Con un alto porcentaje de votación, la gente nos mandató para cancelar el proyecto de Texcoco y comenzar la construcción del AIFA. Sabia decisión, pues el 21 de marzo del año próximo inauguraremos este moderno aeropuerto con tres pistas y seguiremos conservando el actual aeropuerto de la Ciudad de México, de dos pistas, el cual, junto con la base aérea de Santa Lucía, habría tenido que ser cancelado, según el proyecto anterior por la «interferencia aérea», léase por jugoso negocio inmobiliario.

En cuanto al proyecto del istmo se incluye también la modernización de las líneas férreas de Palenque a Coatzacoalcos, de ese puerto a Salina Cruz y el tramo hacia la frontera de Ixtepec, Oaxaca a Tapachula, Chiapas, en total 994 kilómetros; estas vías férreas funcionarán tanto para trenes de carga como de pasajeros, algo que no existía desde que fueron privatizados los ferrocarriles en los años noventa del siglo pasado.

A lo largo de la franja del istmo se están creando diez parques industriales que recibirán subsidios fiscales para ensamblar mercancías con autopartes traídas o llevadas del sureste de México a los países de Asia o a la costa este de Estados Unidos. Todo ello, con el propósito de convertir esta angosta pero estratégica franja del istmo de Tehuantepec, en la que solo trescientos kilómetros separan el Pacífico del golfo de México, en una cortina de desarrollo que permita a trabajadores del sureste de México y de Centroamérica encontrar empleos y no verse obligados a emigrar a Estados Unidos.

En cuanto al Tren Maya, está en proceso la construcción de 1500 kilómetros de modernas vías férreas para trenes de carga y de pasajeros, regionales y turísticos. Solo al contrato para la compra de 42 trenes que construirán las empresas Bombardier y Alstom en Ciudad Sahagún, Hidalgo, se han reservado 36 000 millones de pesos de una inversión total estimada en 150 000 millones; se avanza en los tramos de construcción del terraplén, en la colocación de durmientes y de rieles, así como en instalaciones eléctricas, talleres, casetas de control y estaciones. Con el Tren Maya, que correrá a 160 kilómetros por hora, se podrá visitar ciudades prehispánicas, coloniales y modernas como Palenque, Tenosique, El Tigre, Escárcega, Edzná, Campeche, Calkiní, Uxmal, Mérida, Izamal, Chichen Itzá, Cancún, Playa del Carmen, Tulum, Carrillo Puerto, Bacalar, Chetumal, Xpujil, Calakmul y muchos otros pueblos y regiones de costas del golfo de México y el Caribe, con sus aguas color turquesa, las islas, los cenotes, los majestuosos sitios arqueológicos mayas, la hospitalidad y la exquisita comida regional, las excepcionales ciudades coloniales, los baluartes y las fortificaciones de tiempos de la piratería, la flora y la fauna de la selva tropical, la música, las artesanías y una gran variedad de expresiones artísticas y culturales.

Por otra parte, está en marcha la integración económica y comercial con Estados Unidos y Canadá; el acuerdo de cooperación con soberanía entre nuestros países significa producción, empleos, mejores salarios y crecimiento en el norte del continente americano. Solo así, sumando esfuerzos, inversiones, tecnología, talento y mano de obra, podremos salir adelante en el complicado escenario de la economía y del comercio mundial. Como complemento al Tratado para intensificar la actividad productiva y comercial en la franja fronteriza del norte, desde el comienzo del gobierno se puso en práctica una estrategia de estímulos fiscales que consiste en reducir a la mitad el cobro del IVA y del ISR, homologar el precio de las gasolinas y el diésel con el de los estados fronterizos de Estados Unidos y aumentar al doble el salario mínimo. Todo ello aunado a un amplio Programa de Desarrollo Urbano y Vivienda en los municipios de Tijuana, Mexicali, Nogales, San Luis Río Colorado, Ciudad Juárez, Ciudad Acuña, Piedras Negras, Matamoros, Nuevo Laredo y Reynosa.

Resistimos la COVID-19 y nos recuperamos

A pesar del repunte de contagios que se inició desde fines de mayo pasado, en los últimos tiempos se han presentado signos alentadores de recuperación de las crisis sanitaria y económica. Aunque sigue habiendo contagios, se ha reducido considerablemente el número de hospitalizaciones y de fallecimientos por COVID-19.

La pandemia en distintas regiones del mundo presenta tendencias comunes: en muchos países ha vuelto a aumentar el número de infecciones, debido en parte a la impostergable reactivación de las actividades y al surgimiento de nuevas variantes virales; sin embargo, los nuevos contagios afectan principalmente a la población no vacunada; por su parte, los ya inmunizados que llegan a enfermar suelen desarrollar cuadros leves o asintomáticos. Aun en esta circunstancia hay razones para el optimismo, y no debemos dejar de reconocer el esfuerzo conjunto hecho por el pueblo y el Gobierno para ir recuperando poco a poco la normalidad. Que no se olvide la actitud responsable de muchos mexicanos que se han resguardado en sus domicilios y la de quienes, por la necesidad imperiosa de salir a buscar el sustento diario en la calle, lo han hecho guardando las debidas medidas sanitarias; que no se borre de la memoria la forma en que se cuidó en la familia a los adultos mayores y a quienes padecen enfermedades crónicas.

Agradezcamos a los que cerraron un negocio pero no dejaron de pagar a sus trabajadores; expresemos nuestra gratitud a los médicos, enfermeras y trabajadores de la salud que arriesgaron sus vidas para salvar a otros. Todos estos gestos de amor y solidaridad verdadera han ayudado a sobrellevar los sacrificios y el sufrimiento; la fraternidad se ha hecho presente también para aliviar el dolor de quienes perdieron a sus seres queridos a causa de esta terrible pandemia.

En cuanto a nuestra actuación, hemos hecho todo lo humanamente posible para enfrentar la pandemia y salvar vidas. Es público y notorio que informamos y respondimos a tiempo, y que levantamos con oportunidad el sistema de salud pública, que estaba en ruinas. No titubeamos en destinar recursos a la atención de la crisis sanitaria. En 15 meses, el presupuesto de salud se ha incrementado en 70 000 millones de pesos. Se terminaron, reconvirtieron y equiparon hospitales; se contrató y capacitó a más de 70 000 trabajadores de la salud; en fin, se logró que ningún enfermo se quedara sin una cama, equipo de respiración o personal de salud que lo atendiera; aun cuando en estos sensibles y tristes acontecimientos no es correcto hacer comparaciones, me limito a decir que nuestro país no está colocado, ni en América ni en el resto del mundo, en los primeros lugares en mortalidad por COVID-19.

El Programa Nacional de Vacunación ha funcionado con eficacia y ha llegado a todos los pueblos de México.

Cuando estaba por entregar este libro a la imprenta, habíamos recibido 92 111 035 dosis de vacunas Pfizer, Sinovac, Sputnik, AstraZeneca, Johnson & Johnson y Cansino, de farmacéuticas y gobiernos extranjeros que han demostrado con hechos su solidaridad con nuestro país, México, y con su pueblo. Destaco el apoyo de Cuba, Argentina, Estados Unidos, Rusia, China e India.

El 13 de agosto teníamos vacunado al 60% de la población mayor de 18 años. Ya concluimos esta importante labor preventiva en Baja California, es la primera entidad de las 32 donde se cumplió la vacunación casi al 100% de la población con al menos una dosis y reitero el compromiso de que en octubre próximo la totalidad de los habitantes mayores de 18 años tenga cuando menos una dosis, a fin de que lleguemos mejor protegidos al invierno, que es la temporada en la que se presentan con mayor frecuencia las enfermedades respiratorias.

El que tengamos menos hospitalizados y, sobre todo, se haya reducido considerablemente el índice de letalidad; es decir, que se tenga menos fallecimientos, además de lo humano, resulta un buen indicador para la normalización de la actividad productiva, educativa y social del país. En el campo se está produciendo sin limitaciones; el año pasado la producción agropecuaria aumentó 2%, y lo ha hecho otro tanto en lo que va de este año; el sector industrial está en franca recuperación y lo mismo el comercio, el turismo, los restaurantes, la aviación y otros servicios. Casi todos los pronósticos para este año coinciden en que la economía crecerá alrededor de 6%; no hemos contratado deuda pública adicional; como no sucedía en tres décadas, el peso no se ha devaluado durante los primeros dos años y ocho meses del sexenio, y el salario mínimo ha aumentado en términos reales, algo que no había ocurrido en los 36 años anteriores, y lo ha hecho en 44%. Cuando llegamos al Gobierno, un salario mínimo alcanzaba para comprar 5.8 kilogramos de tortilla y ahora permite adquirir 7.7, es decir, casi dos kilos más; no hemos aumentado en términos reales los precios de las gasolinas, el diésel y la electricidad; el gas ha aumentado un poco por encima de la inflación, pero pronto vamos a corregir ese aumento, pues iniciaremos en breve en el país la venta a precios justos de cilindros de Gas Bienestar. Desde que llegamos al Gobierno hasta la fecha, el índice de la Bolsa de Valores ha crecido en 22%, la inflación se mantiene estable, se ha reducido 3.5% la tasa de interés que fija el Banco de México y, si esa institución tenía a fines de la administración pasada reservas por 173 775 millones de dólares, actualmente ascienden a 193 278 millones de dólares, casi 20 000 millones de dólares más, lo que significa un aumento de 11%; también es satisfactorio informar que hemos recuperado 1 073 791 registros de trabajadores en el IMSS, por lo que solo nos faltan 321 613 para recuperar a los asegurados que había antes de la crisis sanitaria y que sumaban 20 613 000 trabajadores, un objetivo que alcanzaremos en los próximos tres meses.

Lo más importante es que la pandemia no desembocó en una crisis de consumo; gracias a las remesas y a los apoyos de los Programas de Bienestar que llegan y se aplican de abajo hacia arriba, de los más pobres hacia la cúpula de la pirámide poblacional, se ha podido evitar la falta de alimentos y otros bienes de primera necesidad. Las tiendas de autoservicio han incrementado sus ventas desde que llegamos al Gobierno hasta la fecha en 16.8% en términos reales. No se han registrado saqueos a comercios ni actos de vandalismo o desesperación por hambre o desatención a las necesidades básicas de la gente. Hay gobernabilidad en nuestro país.

La nueva estrategia económica

Ahora bien, a diferencia del sofisma neoliberal, según el cual «si llueve fuerte arriba, gotea abajo» —como si la riqueza fuera permeable y contagiosa—, ahora nosotros destinamos los apoyos para el bienestar empezando por la base de la pirámide social y de allí hacia su cúspide. En consecuencia, creo importante dar a conocer la estrategia de atención preferente a la población mayoritaria que, al mismo tiempo, nos permitió sacar a flote la economía y superar la crisis en beneficio de todos.

Para empezar, en esta nueva política económica los de abajo, los de la base de la pirámide, reciben más beneficios porque se trata de los pobres y no puede haber trato igual entre desiguales. A ellos les puede corresponder más de un apoyo y se atiende a casi el 100% de las familias, en particular a las comunidades indígenas; en segundo lugar, en el 70% de la población preferente se contempla a los trabajadores al servicio del Estado, maestros, médicos, enfermeras, soldados, marinos, oficinistas, administradores, técnicos, obreros y empleados de Pemex, la CFE y otras empresas públicas. En fin, este segmento de 25 000 000 de hogares, equivalente al 70% de la población, va desde los muy pobres hasta la clase media-media. Para ellos están dirigidos casi todos los programas para el bienestar, incluida la pensión para adultos mayores, la salud, la educación y otros que son derechos universales. Cabe mencionar que la mayoría de los apoyos dirigidos a la gente se entrega sin intermediarios; la dispersión de recursos está personalizada mediante tarjetas electrónicas y el dinero llega a cada beneficiario a través de los bancos desde la Tesorería de la Federación.

A partir de la pandemia decidimos reforzar los apoyos sociales, ampliando el presupuesto destinado a la gente, se entregaron más de 3 000 000 de créditos a pequeñas empresas del sector formal e informal, de vivienda e individuales, y se decidió ampliar el programa de mejoramiento urbano (introducción de agua potable, drenaje y pavimentación) en 77 municipios de varios estados, y se han entregado en todo el país 111 000 apoyos para construcción, mejoramiento y ampliación de vivienda, con una inversión adicional de 280 000 millones de pesos. Todo ello se unió a un hecho excepcional: en estos últimos tiempos han crecido como nunca las aportaciones que realizan nuestros paisanos migrantes a sus familiares en México. El año pasado las remesas se elevaron a 40 600 millones de dólares y en este año estimamos, de acuerdo con el comportamiento hasta junio, superarán los 48 000 millones de dólares, es decir, 18% más. Agrego algo profundo y fundamental: este dinero llega hasta abajo, a las familias y comunidades más pobres del país; estamos hablando de más de 10 000 000 de envíos mensuales de 380 dólares (7 600 pesos) en promedio por familia. Esta derrama de recursos, aunada a otra cantidad similar que se destina del presupuesto público a los distintos Programas de Bienestar, es la esencia de nuestra estrategia para enfrentar la crisis. En otras palabras, con esta inyección de recursos, rápida y directa a las familias, se ha fortalecido la capacidad de compra o de consumo de la gente y con ello se ha podido reactivar pronto la economía.

También estamos persuadidos de que un gobierno democrático, aun cuando por justicia debe darle preferencia a los más necesitados, tiene la obligación de procurar el bienestar de todas las personas; de modo que es necesario aclarar lo que estamos haciendo por el restante 30% de las familias que se ubican en la clase media y media alta, hasta las personas de mayores ingresos en el país.

El principal beneficio que estamos dando con respeto y responsabilidad a este sector de la población es el de construir la paz y la tranquilidad en México. Como todos sabemos, no hay peor mal que la violencia y nada es más valioso que vivir en paz. Todos los días desde las seis de la mañana, de lunes a viernes, realizamos en Palacio Nacional reuniones del gabinete integrado por las secretarías de Gobernación, Defensa, Marina y Seguridad, para recibir reportes del país sobre esta materia y tomar decisiones que permitan enfrentar los distintos delitos: homicidios, feminicidios, secuestros, asaltos, robos y otros agravios, así como violaciones a los derechos humanos.

Pero lo más efectivo es precisamente lo que hacemos en el tema de atender las demandas de los más pobres y marginados, en el entendido de que la paz es fruto de la justicia. Se debe comprender que el país no será viable si persisten la pobreza y la desigualdad. Lo anterior no solo es un imperativo ético sino también una garantía de seguridad, tranquilidad y paz social. Para tener una sociedad segura no hay nada mejor que combatir la desigualdad y evitar la frustración y las trágicas tensiones que esta provoca. Por ello sostenemos que la solución de fondo, la más eficaz para vivir libres de temor y de riesgo, es acabar con el desempleo y la pobreza, evitar la desintegración familiar y la pérdida de valores, y favorecer la incorporación de los jóvenes al trabajo y al estudio.

Pero nuestro modelo no solo significa bienestar para la paz y la tranquilidad de todos los mexicanos; también ofrece al 30% de la población con mejores condiciones económicas la posibilidad de hacer negocios, obtener ganancias lícitas y progresar sin trabas o ataduras. Señalo, de paso, que en el Gobierno Federal no se permite la corrupción ni la impunidad y que alentamos la consolidación de un auténtico Estado de derecho. Además, no hemos aumentado impuestos ni incrementado el precio de las gasolinas, el diésel, el gas y la electricidad. En los proyectos de extracción de petróleo, generación de energía eléctrica y construcción de vías férreas, puertos, carreteras y otras obras y servicios públicos participan compañías cuyos dueños son empresarios de alto nivel económico que contratan a profesionales y obreros.

Con el fortalecimiento de la capacidad de consumo de las clases populares, los sectores de mayores ingresos obtienen beneficios perceptibles en la medida en que se fortalece y agranda el mercado para sus productos, servicios y actividades. Atendemos a los pobres por convicción y por humanismo, pero también lo hacemos porque creemos que si destinamos recursos a los menos favorecidos habremos de lograr una más rápida reactivación de la economía para salir de la crisis. Posiblemente quienes lean este libro podrán encontrar un eco de su propia experiencia en lo que señalaban Ricardo Flores Magón, Juan Sarabia y otros revolucionarios en el Plan Liberal de 1906:

> Cuando el pueblo es demasiado pobre, cuando sus recursos apenas le alcanzan para mal comer, consume solo artículos de primera necesidad, y aun estos en pequeña escala... Cuando los millones de parias que hoy vegetan en el hambre

> y la desnudez coman menos mal, usen ropa y calzado y dejen de tener petate por todo ajuar, la demanda de mil géneros que hoy es insignificante aumentará en proporciones colosales y la industria, la agricultura, el comercio, todo será materialmente empujado a desarrollarse en una escala que jamás se alcanzaría mientras subsistieran las actuales condiciones de miseria general.[2]

Ahondando sobre los beneficios que reciben y que podrán acrecentar las familias de mejores ingresos en el país, destaca el enorme campo de negocios que abre la ratificación del Tratado comercial entre México, Estados Unidos y Canadá (T-MEC). Ya sabemos que este acuerdo se firmó hace 28 años y que su aprobación en esta nueva etapa comenzó en el gobierno anterior, pero a nosotros nos correspondió terminar el proceso de negociación, mejorar su contenido y nos ha tocado comenzar su aplicación, en un momento oportuno, por cierto, pues la vecindad con la economía más fuerte del mundo en las circunstancias actuales de recesión global nos ayudará a impulsar nuestras actividades productivas y a crear nuevos empleos.

Es un hecho que el Tratado atrae más inversión extranjera para la industria de exportación. La secretaria de Economía, Tatiana Clouthier Carrillo, me ha informado que a pesar del coronavirus, en el semestre enero-junio la inversión foránea fue de 18 433 millones de dólares; es decir, 2.6% superior a la registrada en el mismo periodo del año pasado, de manera que el T-MEC representa crear más oportunidades de negocios para empresarios y comerciantes, así como puestos de trabajo mejor pagados en beneficio de técnicos y profesionales con altos niveles académicos. Ello además de la generación de empleos para mujeres y hombres del Bajío y del norte del país; debe tenerse en cuenta que actualmente trabajan en las plantas maquiladoras 3 000 000 de obreros y que, de ellos, 1 000 000 laboran en empresas de la industria automotriz. Así pues, estamos convirtiendo a México en un país con pleno derecho al trabajo, pero también en una nación con abundantes oportunidades de negocio, para que sus habitantes de todas las clases sociales tengan la posibilidad de gozar de bienestar, paz y felicidad.

La fórmula honestidad, austeridad y bienestar

Los tecnócratas nunca consideraron —para usar su propio término— la «variable» de la corrupción como un obstáculo para el funcionamiento del propio modelo neoliberal. La materia de probidad y honestidad nunca se impartió en las universidades donde se formaron quienes, al paso del tiempo, llegaron a ocupar las secretarías o los ministerios de Hacienda o Economía en la mayor parte de los países del mundo. Puede ser que este asunto no resultara importante en otras naciones, pero en México era y sigue siendo una asignatura indispensable.

No se trata de un asunto retórico o propagandístico: es un hecho demostrable que la crisis de México se originó no solo por el fracaso del modelo económico neoliberal aplicado en los últimos 36 años sino también por el predominio en ese periodo de la más inmunda corrupción pública y privada. En otras palabras, como lo hemos repetido durante años: nada ha dañado más a México que la deshonestidad de los gobernantes y la pequeña minoría que ha lucrado con el influyentismo; esa es la causa principal de la desigualdad económica y social, y, por extensión, de la inseguridad y de la violencia que padecemos. Por eso, cuando me piden que exprese en una frase cuál es el plan de nuevo Gobierno, respondo: acabar con la corrupción y con la impunidad.

Además, la corrupción no solo se debe combatir por razones morales sino también por la gran cantidad de recursos que se ahorran y liberan para el desarrollo y el bienestar del pueblo. En vez de conseguir líneas de crédito para endeudar al país, como era la práctica neoliberal durante los periodos de crisis, nosotros optamos por intensificar el combate a la corrupción. En el primer año de gobierno logramos, entre otras medidas, eliminar la condonación de impuestos a grandes contribuyentes beneficiarios del influyentismo, reducir el robo de combustibles en 95% y establecer en la Constitución la tipificación de la corrupción como delito grave (pues no lo era), sin conceder al inculpado la posibilidad de obtener libertad bajo fianza.

Ahora estamos mejorando nuestra recaudación de impuestos, procurando cobrar a grandes corporaciones nacionales y extranjeras que se las ingeniaban para no pagar sus contribuciones —lo que es lo mismo: para delinquir— y gozar de impunidad. Hoy, la Hacienda Pública se está fortaleciendo mediante la fórmula de no permitir los fraudes fiscales. Un dato: aun con la crisis por la pandemia de COVID-19, los ingresos del Gobierno Federal al primer semestre de este año sumaron un billón 856 mil 246 millones de pesos, es decir, fueron 1.1% superiores en términos reales al mismo periodo del año pasado y 0.3% más en términos reales que lo estimado en la Ley de Ingresos de la Federación para este año. Estoy obligado a informar, por ética y honestidad, que en los dos últimos sexenios los grandes contribuyentes se beneficiaron con condonaciones por 366 174 millones de pesos y que solo 58 de ellos, de 1 000 millones a más, dejaron de pagar 189 018 millones de pesos. La lista de las corporaciones y los montos no cobrados es la siguiente:

CONDONACIONES INICIATIVA PRIVADA, 2007-2018 MILLONES DE PESOS					
N°	CONTRIBUYENTE	TOTAL	FCH (07-12)	EPN (13-18)	% DEL TOTAL
TOTAL		366 174	121 891	244 283	100
CONDONACIONES SUPERIORES A 1 000 MILLONES DE PESOS		189 018	45 402	143 615	52
1	GRUPO TELEVISA	20 488	4 042	16 446	6
2	GRUPO BANAMEX	15 848	5 024	10 824	4

CONDONACIONES INICIATIVA PRIVADA, 2007-2018 MILLONES DE PESOS					
N°	CONTRIBUYENTE	TOTAL	FCH (07-12)	EPN (13-18)	% DEL TOTAL
TOTAL		366 174	121 891	244 283	100
CONDONACIONES SUPERIORES A 1 000 MILLONES DE PESOS		189 018	45 402	143 615	52
3	CEMEX	12 775	6 156	6 619	3
4	GRUPO CARSO	10 292	311	9 982	3
5	ICA	7 827	1 438	6 389	2
6	GRUPO SALINAS	7 775	3	7 772	2
7	GRUPO INBURSA	7 344	931	6 413	2
8	GENERAL MOTORS	6 230	1 286	4 944	2
9	GRUPO BANCOMER	5 279	5	5 274	1
10	ALFA, S. A. B. DE C. V.	4 090	0	4 090	1
11	VOLKSWAGEN	4 058	2 895	1 164	1
12	PRODUCTOS ROCHE, S. A. DE C. V.	4 005	0	4 005	1
13	GRUPO LALA	3 813	0	3 813	1
14	CORPORACIÓN GEO, S. A. B. DE C. V.	3 788	16	3 772	1
15	SERVICIOS Y ASESORÍA PARA PROYECTOS, S. A. DE C. V.	3 640	3 640	0	1
16	GRUPO TERNIUM	3 181	0	3 181	1
17	PROCTER & GAMBLE MÉXICO, S. DE R. L. DE C. V.	3 161	3 161	0	1
18	PROTEXA	3 129	3 087	42	1
19	MEXCEMENT HOLDINGS, S. A. DE C. V.	2 717	45	2 672	1
20	GRUPO NOBLE	2 591	0	2 591	1
21	TRADEMARKS EUROPA, S. A. DE C. V.	2 575	2 575	0	1

CONDONACIONES INICIATIVA PRIVADA, 2007-2018 MILLONES DE PESOS					
N°	CONTRIBUYENTE	TOTAL	FCH (07-12)	EPN (13-18)	% DEL TOTAL
TOTAL		366 174	121 891	244 283	100
CONDONACIONES SUPERIORES A 1 000 MILLONES DE PESOS		189 018	45 402	143 615	52
22	HSBC	2 302	956	1 346	1
23	COPAMEX	2 152	0	2 152	1
24	ACERUS, S. A. DE C. V.	2 118	0	2 118	1
25	GES TECHNOLOGIES, S. DE R. L. DE C. V.	2 116	2 116	0	1
26	HEWLETT-PACKARD MÉXICO, S. DE R. L. DE C. V.	2 071	4	2 068	1
27	SABRITAS, S. DE R. L. DE C. V.	2 032	0	2 032	1
28	DEACERO	1 993	0	1 993	1
29	GRUPO FÁRMACOS ESPECIALIZADOS	1 953	50	1 903	1
30	LPM, S. A. DE C. V.	1 876	0	1 876	1
31	RED AZTECA INTERNACIONAL, S. A. DE C. V.	1 649	0	1 649	0
32	GEMALTO MÉXICO, S. A. DE C. V.	1 638	0	1 638	0
33	ADMINISTRADORA DE VALORES INTEGRALES, S. DE R. L. DE C. V.	1 604	0	1 604	0
34	NOBLE MÉXICO LIMITED	1 561	0	1 561	0
35	ARCELORMITTAL	1 539	1 279	260	0
36	HALLIBURTON	1 534	1	1 533	0
37	AERO CALIFORNIA, S. A. DE C. V.	1 457	1 457	0	0
38	BANCO MERCANTIL DEL NORTE, S. A. INSTITUCIÓN DE BANCA MÚLTIPLE GRUPO FINANCIERO BANORTE	1 436	0	1 436	0

CONDONACIONES INICIATIVA PRIVADA, 2007-2018 MILLONES DE PESOS					
N°	**CONTRIBUYENTE**	**TOTAL**	**FCH (07-12)**	**EPN (13-18)**	**% DEL TOTAL**
TOTAL		**366 174**	**121 891**	**244 283**	**100**
CONDONACIONES SUPERIORES A 1 000 MILLONES DE PESOS		**189 018**	**45 402**	**143 615**	**52**
39	CHOCOLATES TURÍN	1 421	0	1 421	0
40	GRUPO MEXICANO DE DESARROLLO, S. A. B.	1 365	109	1 256	0
41	GRUPO IBM MÉXICO, S. DE R. L. DE C. V.	1 322	0	1 322	0
42	GRUPO COMETRA	1 316	415	901	0
43	CONTROLADORA COMERCIAL MEXICANA, S. A. B. DE C. V.	1 229	855	374	0
44	AHMSA	1 213	1 164	48	0
45	CORPORACIÓN GOUDA, S. A. DE C. V.	1 206	15	1 191	0
46	GRUPO COMERCIAL CHEDRAUI, S. A. B. DE C V	1 191	622	569	0
47	CENTRAL AMERICA DRILLING, L. L. C.	1 190	0	1 190	0
48	GRUPO CASA SABA, S. A. B. DE C. V.	1 179	89	1 090	0
49	FÁBRICA DE JABÓN LA CORONA, S. A. DE C. V.	1 125	1 125	0	0
50	TELECOMUNICACIONES CONTROLADORA DE SERVICIOS, S. A. DE C. V.	1 119	0	1 119	0
51	CONSERVAS LA COSTEÑA, S. A. DE C. V.	1 119	0	1 119	0
52	GRUPO PALACIO DE HIERRO, S. A. B. DE C V	1 098	0	1 098	0
53	GRUPO FORD	1 080	526	554	0

CONDONACIONES INICIATIVA PRIVADA, 2007-2018 MILLONES DE PESOS					
N°	CONTRIBUYENTE	TOTAL	FCH (07-12)	EPN (13-18)	% DEL TOTAL
TOTAL		366 174	121 891	244 283	100
CONDONACIONES SUPERIORES A 1 000 MILLONES DE PESOS		189 018	45 402	143 615	52
54	GRUPO GNP	1 077	4	1 073	0
55	GRUPO POSADAS, S. A. B. DE C. V.	1 043	0	1 043	0
56	PENINSULA DRILLING, L. L. C.	1 040	0	1 040	0
57	NABORS DRILLING INTERNATIONAL LIMITED	1 027	0	1 027	0
58	MERCK SHARP & DOHME DE MÉXICO, S. A. DE C. V.	1 020	0	1 020	0

Fuente: Servicio de Administración Tributaria.

Ahora, por el contrario, no existe el ofensivo privilegio de la condonación, estamos cobrando deudas vencidas y no se tolera el fraude fiscal. Esto es posible cuando se actúa con integridad. Es imprescindible no permitir la corrupción al interior del Gobierno para contar con autoridad moral y política. Por ejemplo, debemos seguirnos esforzando en ahorrar en los costos de construcción de obras públicas y en la contratación de servicios. La mejor demostración de las ventajas de esta estrategia se advierte con claridad en el comparativo de costos, calidad y tiempo, entre la construcción que realizan los ingenieros militares del aeropuerto civil de Santa Lucía, General Felipe Ángeles, y el fallido proyecto del aeropuerto de Texcoco. Esa obra, cancelada por decisión del pueblo, tenía un costo estimado, sin considerar otras pérdidas, de más de 300 000 millones de pesos; en contraste, el aeropuerto General Felipe Ángeles se construirá con menos de 80 000 millones de pesos, y aun sumando los 100 000 millones de costo por la liquidación a empresas que mantenían contratos en el proyecto de Texcoco, obtendremos un ahorro de alrededor de 125 000 millones de pesos. Por añadidura, la nueva terminal aeroportuaria será inaugurada antes de lo que los impulsores de la obra en Texcoco tenían programado terminar la suya: el aeropuerto General Felipe Ángeles comenzará a operar el 21 de marzo del próximo año y el proyecto de Texcoco, de acuerdo al programa, no iba a entrar en funciones sino hasta 2025, siempre y cuando alcanzara el presupuesto y se cumpliera con el tiempo estimado de construcción.

Asimismo, es necesario seguir ahorrando en adquisición de los bienes e insumos que el Gobierno compra a proveedores, como es el caso de medicinas, materiales de curación, equipos médicos, gas, gasolinas, diésel, carbón y papelería. Para ello es preciso mantener las prácticas de compras consolidadas y de la centralización de todas las adquisiciones, antes en la Oficialía Mayor de la Secretaría de Hacienda y Crédito Público y, de acuerdo con la nueva reforma administrativa, en la SFP.

Se trata, pues, de convertir la honestidad en forma de vida y de gobierno: al contrario de lo que sostenían los políticos del neoliberalismo en el sentido de que la corrupción era parte de la cultura del pueblo mexicano, nosotros postulamos que la mayor riqueza de México es la honestidad de su pueblo. Esa honestidad es un gran tesoro, la virtud que nos está permitiendo disponer de recursos económicos para el desarrollo y combatir la infelicidad que por décadas ha sido impuesta a los pobres y desposeídos mediante las medidas «amargas pero necesarias» que fueron aplicadas con el verdadero propósito de favorecer a unos cuantos.

En fin, es demostrable que no permitir la corrupción y la impunidad ayuda a liberar fondos para el desarrollo. Esta decisión fundamental del Gobierno es moralmente indispensable y constituye una fuente adicional de ingresos para fortalecer la Hacienda Pública. Cuando entregó el Gobierno del estado en Tabasco, el general revolucionario Francisco J. Múgica informó que a pesar de haber recibido vacías las arcas públicas, construyó en apenas un año escuelas, caminos y otras obras, y hasta dejó dinero en caja; señaló que lo había logrado por «la simple moralidad» y gracias a «algunas pequeñas reformas».

• • •

Es público y notorio que desde mi toma de posesión se puso en práctica una política diferente: el primer día me trasladé al Palacio Legislativo de San Lázaro, en compañía de mi esposa, en un automóvil austero y sin el aparato del Estado Mayor Presidencial ni la hasta entonces habitual parafernalia del poder; posteriormente, en Palacio Nacional, atendí a los jefes de Estado e invitados especiales y en el Zócalo capitalino me dirigí al pueblo para prometerle no mentir, no robar, no traicionar y dar cumplimiento a cien compromisos básicos.

Sabíamos, como ya he dicho, qué cambios debían hacerse y comenzamos la obra de transformación. Entre otras reformas constitucionales y legales de gran importancia, se tipificó la corrupción, el robo de hidrocarburos y el fraude electoral como delitos graves; se creó la Guardia Nacional; se canceló la condonación de impuestos; se garantizó la posibilidad de realizar consultas populares; se aprobó el procedimiento de la revocación del mandato; se eliminó el fuero presidencial para que quien ocupe el cargo pueda ser juzgado por cualquier delito como un ciudadano común.

De inmediato comenzamos a combatir la corrupción y a poner en práctica una política de austeridad republicana. Hemos ahorrado, en dos años ocho meses, un billón 400 mil millones de pesos en compras y contratos, reduciendo al mínimo el robo de combustible —el llamado huachicol—, disminuyendo drásticamente la defraudación fiscal y otras malas prácticas dañinas que proliferaban en la Hacienda Pública en el antiguo régimen. La austeridad y la cancelación de fideicomisos y fondos que se manejaban de manera discrecional, deshonesta y en beneficio de minorías también nos ha permitido liberar más presupuesto en beneficio del pueblo.

Con esta fórmula de combatir la corrupción y gobernar sin lujo ni frivolidad, hemos podido cumplir los compromisos de no endeudar al país, no aumentar impuestos, no subir los precios de los combustibles y, lo más importante, esta nueva política económica, fincada en la moralidad, nos ha permitido financiar programas sociales para el bienestar de nuestro pueblo, en especial para los más pobres y marginados.

Ya es realidad la pensión universal para los adultos mayores, el apoyo a niñas y niños con discapacidad, la entrega de becas a estudiantes de familias pobres y la atención médica y los medicamentos gratuitos, programas que, por cierto, ya se elevaron a rango constitucional y están establecidos como derechos de observación obligatoria para quien esté en el Gobierno.

Además de estas acciones, desde el principio emprendimos el apoyo al campo; se ayuda de manera directa con recursos económicos a productores y pescadores, se restablecieron los precios de garantía, se están sembrando árboles frutales y maderables en un millón de hectáreas, se entregan fertilizantes a todos los productores de Guerrero (340 460), Puebla, Tlaxcala y Morelos (62 536); 1 800 000 jóvenes han trabajado como aprendices con una percepción de un salario mínimo; no hemos dejado de pagar a médicos, enfermeras, soldados, marinos y otros servidores públicos. En dos años ocho meses ha aumentado el salario mínimo en 44%, en términos reales, como no sucedió en los últimos 36 años del periodo neoliberal ni en épocas anteriores; se canceló la mal llamada reforma educativa, y 56 000 comités escolares formados por maestros, alumnos y madres y padres de familia ya reciben de manera directa el presupuesto para el mantenimiento de las escuelas.

No han faltado los libros de texto para el nivel básico y la educación media superior y se trabaja en mejorar sus contenidos; están terminadas o en proceso de construcción o instalación 140 universidades públicas; hemos aumentado en 9 370 las becas de posgrado e investigadores para llegar a un total de 125 816 y recientemente se amplió al doble el número de médicos que recibirán una beca para cursar una especialidad en el país o en el extranjero; 83 779 comunidades ya cuentan con conexión a internet, el año próximo serán 122 000 y en 2023 la red cubrirá todo el territorio nacional; sigue en expansión el Banco del Bienestar, para el cual se han construido, hasta ahora, 1 029 sucursales, hay 403 más en proceso y en los próximos dos años tendrá cobertura hasta en las regiones menos comunicadas del país, con 2 700 nuevas sucursales; en materia de promoción cultural, hemos publicado 57 títulos de grandes autores, con 2 280 000 ejemplares gratuitos o a precios módicos; están en construcción los parques culturales y ecológicos del Bosque de Chapultepec y del lago de Texcoco.

En estos dos años y ocho meses de gobierno, hemos tomado decisiones trascendentes y consideramos que se ha trabajado con intensidad y en bien del pueblo. Por ejemplo, de los cien compromisos que hice en el Zócalo el primero de diciembre de 2018 al tomar posesión, hemos cumplido 98, solo están pendientes o en proceso dos: descentralizar el Gobierno Federal y conocer toda la verdad acerca de la desaparición de los jóvenes de Ayotzinapa, y en eso estamos. Pero también hemos hecho muchas otras cosas que no estaban incluidas en ese listado de compromisos. Por ejemplo, terminamos el Tren Suburbano de Guadalajara y continuamos con el de Toluca a la Ciudad de México; rehabilitamos los aeropuertos de Tuxtla Gutiérrez, Chetumal y el aeropuerto capitalino; hemos invertido 34 000 millones de pesos en el mantenimiento de 40 000 kilómetros de carreteras del país, y del 35% que estaba en mal estado solo nos falta por reparar el 14%; desde enero de este año se aplica en la frontera sur la misma política de estímulos fiscales que iniciamos en 2019 en la frontera norte; Chetumal ha vuelto a ser zona libre; se está limpiando la corrupción en la Comisión Nacional del Agua (Conagua), Caminos y Puentes Federales (Capufe), el Instituto Nacional de Migración (INM), las aduanas, las administraciones portuarias integrales (API) y el Servicio de Administración Tributaria (SAT).

Las islas Marías dejaron de ser penal y se convirtieron en el Centro de Educación Ambiental y Cultural Muros de Agua-José Revueltas; no hemos otorgado ninguna concesión minera; se implementó el Programa Nacional de Búsqueda y Localización de Personas Desaparecidas por la violencia; se reinstaló a todos los maestros despedidos por la imposición de la llamada reforma educativa y se están reparando los daños cometidos a personas o familiares afectados por la corrupción neoliberal o por la violencia de Estado, como los casos de la Guardería ABC en Hermosillo, Sonora, y Pasta de Conchos en Coahuila; se mantiene el programa de protección a periodistas; se creó el Instituto para Devolver al Pueblo lo Robado; en la rifa del avión presidencial se entregaron a particulares, escuelas y hospitales cien premios de 20 000 000 de pesos, cuya suma es equivalente al precio de esa aeronave; se ayuda a los damnificados por inundaciones; el gabinete está integrado en un 50% por mujeres y, por primera vez en la historia nacional, hay mujeres al frente de las secretarías de Gobernación (la licenciada Olga Sánchez Cordero) y de Seguridad y Protección Ciudadana (Rosa Icela Rodríguez Velázquez); al 13 de agosto de este año habíamos ofrecido 702 conferencias de prensa de siete a nueve de la mañana, de lunes a viernes; he visitado como presidente todos los estados del país; unos, cuatro veces, y otros hasta en 28 ocasiones.

Entró en vigor el nuevo tratado comercial con Estados Unidos y Canadá; se aprobó la nueva ley laboral para garantizar el voto directo y la democratización de los sindicatos; no hemos tenido ningún conflicto con el magisterio nacional; se ha basificado a 400 000 trabajadores de la educación; se han entregado puntualmente las participaciones federales y los recursos del presupuesto que por ley corresponden a estados y municipios; la independencia de los poderes Legislativo y Judicial y de la FGR es una realidad; no se fabrican delitos ni se espía a opositores; no existe escasez de alimentos, materias primas o combustibles; el sistema financiero funciona normalmente; solo ha habido veinte huelgas de trabajadores; las manifestaciones de protesta se han reducido al mínimo; los créditos del Instituto del Fondo Nacional de la Vivienda para los Trabajadores (Infonavit) y del Fondo de la Vivienda del ISSSTE (Fovissste) se entregan de manera directa a los trabajadores y no hay desalojos por causas injustas o deudas contraídas con estos organismos; ofrecimos asilo al expresidente Evo Morales y a sus colaboradores; no tenemos conflictos con ningún gobierno en el mundo; no se han violado los derechos humanos de migrantes; se permitió la entrada a organismos internacionales para vigilar a nuestro país en materia de cumplimiento de los derechos humanos.

En estos 31 meses solo ha ocurrido un apagón importante y no se ha presentado una crisis por desabasto de agua; se resolvió el problema de la escasez de gasolina que se originó por el combate al robo de combustible y se adquirieron 612 pipas o carros-tanque que opera la Sedena; hay información permanentemente sobre quién es quién en los precios; están en curso dos campañas de información para no consumir drogas ni productos chatarra. Se inauguró el Túnel Emisor Oriente para evitar inundaciones en el valle de México; nuestro país fue elegido, casi por unanimidad, para integrar el Consejo de Seguridad de la ONU; de igual manera, se aprobó la resolución que presentamos en esa organización para garantizar la equidad en el comercio de medicinas y vacunas; se estableció el sistema de educación por internet, radio y televisión; se montaron 1530 exposiciones artísticas y arqueológicas en México y el extranjero; se celebraron los actos cívicos del Grito y el desfile de Independencia, así como la conmemoración del inicio de la Revolución mexicana; 925 deportistas y entrenadores de alto rendimiento han recibido de manera directa apoyos para su preparación por un monto global de 500 000 000 de pesos. En los Juegos Olímpicos de Tokio 2020, los deportistas mexicanos compitieron con profesionalismo y dignidad, y obtuvieron cuatro medallas de bronce.

Como indicador alternativo y complementario del producto interno bruto, se está elaborando el Índice de Bienestar; se lleva a cabo el proyecto Agua Saludable para La Laguna de Coahuila y Durango; se ha consolidado el Servicio de Protección Federal para prestar seguridad a las secretarías y los organismos de la administración pública federal; se ha iniciado el proyecto de construcción del nuevo Aeropuerto de Tulum, Quintana Roo; se están creando escuelas para la formación de deportistas y maestros de Educación Física; se aplica un nuevo etiquetado en alimentos para evitar el consumo de productos chatarra; se incorporó a la enseñanza pública la nueva materia Vida Saludable y se instaló una comisión para impulsar el Plan de Justicia para el Pueblo Yaqui de Sonora, entre otras acciones.

Las bases de la transformación

Pero lo más importante es que ya están sentadas las bases de la transformación: a solo dos años ocho meses de ocupar la Presidencia, puedo afirmar que ya logramos ese objetivo; repito, sentar las bases para la transformación de México: ahora se respeta la Constitución, hay legalidad y democracia, y se garantizan las libertades y el derecho a disentir; hay transparencia plena y derecho a la información, no se censura a nadie; no se violan los derechos humanos, no se reprime al pueblo y no se organizan fraudes electorales desde el Poder Federal; el Gobierno ya no representa a una minoría sino a todos los mexicanos de todas las clases, culturas y creencias; se gobierna con austeridad y autoridad moral, no se tolera la corrupción ni se permite la impunidad; en la práctica, no hay fueros ni privilegios; se atiende a todos, se respeta a todos, pero se le da preferencia a los pobres; se protege la naturaleza; se auspicia la igualdad de género; se repudia la discriminación, el racismo y el clasismo; se fortalecen valores morales, culturales y espirituales; se cuida y se promueve el patrimonio cultural e histórico de México.

México, nuestro gran país, es una nación libre y soberana, respetada y respetable para el resto del mundo; se lucha por la paz y nos encaminamos a vivir en una república justa, igualitaria, libre, democrática, soberana y fraterna.

Es un timbre de orgullo el que, a pesar de las crisis sanitaria y económica que provocó la pandemia, y con todo y el sufrimiento que nos causó, no dejamos de trabajar para consumar la Cuarta Transformación de la vida pública de México y es evidente que si avanzamos y resistimos es porque nos decidimos a enfrentar, en primer término, la peste de la corrupción que tanto daño ha causado a México y a su gente.

Esto siempre lo ha sabido el pueblo, lo ha sabido la gente, desde hace mucho tiempo, pero es ahora que se comprende mejor y se asienta como una realidad, porque el dinero que antes se robaban ahora llega a los de abajo, a los olvidados, a los vecinos, a los marginados de nuestro país. Puedo afirmar, a este respecto, que el 70% de los hogares de México recibe cuando menos un programa de bienestar o se beneficia de alguna manera del presupuesto nacional, y que al resto, el 30% de los mexicanos con mejores condiciones económicas y de trabajo, tampoco lo hemos dejado en el desamparo; ellos obtienen condiciones para seguir progresando y vivir en paz, sin miedos ni temores, con la dicha enorme que produce a cualquier ser humano de buenos sentimientos el llevar a la práctica el principio fundamental del amor al prójimo y el servicio a los semejantes.

No todo es perfecto y no aspiramos al pensamiento único ni al consenso; estamos conscientes de que existe oposición a nuestro Gobierno y eso es legítimo y normal en una auténtica democracia, máxime cuando se está llevando a cabo una transformación impulsada por nuevas ideas liberales que buscan acabar con privilegios de minorías conservadoras, acostumbradas a medrar al amparo del poder económico o del poder político. Sin embargo, la mayoría de los mexicanos está respaldando a nuestro Gobierno; en la última encuesta, porque «yo tengo otro dato», el 72% de los mexicanos desea que sigamos gobernando y con eso nos basta. Eso es lo fundamental: el apoyo de la mayoría del pueblo. Como decía el presidente Juárez: «Con el pueblo todo, sin el pueblo nada».

La memoria histórica

Termino este capítulo destacando que en este 2021 estamos conmemorando los setecientos años de la fundación de nuestra ciudad capital. También recordamos la caída o toma de Tenochtitlan, hace quinientos años, por la invasión española, así como los doscientos años de nuestra Independencia, alcanzada el 27 de septiembre de 1821. Para nosotros, la historia, como diría Cicerón, es la maestra de la vida; las culturas heredadas de nuestras grandes civilizaciones han sido siempre nuestra salvación ante agresiones, huracanes, temblores, inundaciones, incendios, sequías, epidemias, malos gobiernos, saqueos y otras desgracias. Por eso no debemos olvidar nuestro pasado: sus enseñanzas son la base para edificar un mejor porvenir.

En este contexto hemos celebrado ya diez actos conmemorativos. Uno, dedicado a Vicente Guerrero, líder popular e independentista; otro, para recordar la promulgación del Plan de Iguala y la creación de nuestra bandera; el 25 de marzo, en Champotón, Campeche, honramos la resistencia indígena y condenamos el racismo; el 3 de mayo, en Felipe Carillo Puerto, antes Chan Santa Cruz, Quintana Roo, pedimos perdón a las comunidades mayas por la guerra de exterminio que padecieron desde la Conquista hasta el Porfiriato; el 13 de mayo celebramos los setecientos años de la fundación lunar de la Ciudad de México; el 17 de mayo, en Torreón, Coahuila, también pedimos perdón a la comunidad china por la matanza de muchos migrantes de esa nacionalidad, que fueron asesinados durante la Revolución; el 19 de junio celebramos en Jerez, Zacatecas, su tierra natal, los cien años del fallecimiento del poeta Ramón López Velarde; el 24 de julio rendimos homenaje al libertador Simón Bolívar; el 13 de agosto recordamos los quinientos años de la resistencia indígena y la toma de México-Tenochtitlan, y el 24 de agosto, los doscientos años de la firma de los Tratados de Córdoba, Veracruz, en los que España reconoció la independencia que el pueblo mexicano se había dado. Vienen otras conmemoraciones en septiembre, mes de la patria. En estos encuentros de reflexión y diálogo nos acompañaron Martin Luther King, hijo del gran luchador de los derechos civiles; Alberto Fernández, presidente de Argentina, y Luis Arce Catacora, presidente del Estado Plurinacional de Bolivia; Alejandro Giammattei, presidente de Guatemala; Dilma Rousseff, expresidenta de Brasil; Zhu Qingqiao, embajador de China en México; Luis García Montero, director del Instituto Cervantes de España; la escritora Isabel Allende; Kahsennenhawe Sky-Deer, jefa del Consejo Mohawk en la Comunidad Kahnawake de Canadá y Jamescita Mae Peshlakai, senadora de Arizona. Se tienen programados para los próximos días y meses otros eventos, la exhibición de piezas arqueológicas y códices, así como la participación de delegaciones artísticas de varios países, con la asistencia de mandatarios o líderes sociales o sectoriales de diversas expresiones políticas, étnicas, sociales y culturales del mundo.

Entre otras cosas, destaco la impresión de 2 100 000 libros, que se están distribuyendo de manera gratuita, de 21 destacados autores que han dejado con sus obras constancia de la grandeza cultural de México. Cito los títulos y los autores: *El laberinto de la soledad,* de Octavio Paz; *Tomóchic,* de Heriberto Frías; *Crónicas de amor, de historia y de guerra,* de Guillermo Prieto; *Balún Canán,* de Rosario Castellanos; *El libro vacío,* de Josefina Vicens; *Canek,* de Ermilo Abreu Gómez; *Noticias biográficas de insurgentes apodados,* de Elías Amador; *Paseo de la Reforma,* de Elena Poniatowska; *Los de abajo,* de Mariano Azuela; *La sombra del caudillo,* de Martín Luis Guzmán;

Río subterráneo, de Inés Arredondo; *El libro rojo,* de Vicente Riva Palacio y Manuel Payno; *Breve historia de la guerra con los Estados Unidos,* de José C. Valadés; *Apocalipstick,* de Carlos Monsiváis; *Tiempo de ladrones,* de Emilio Carballido; *Muerte en el bosque,* de Amparo Dávila; *Antología de la poesía del siglo XIX,* de varios autores, mujeres y hombres; *Y Matarazo no llamó…,* de Elena Garro; *Tiene la noche un árbol,* de Guadalupe Dueñas; *Pueblo en vilo, de* Luis González y González, y *La revolución de Independencia,* del maestro Luis Villoro.

Es oportuno mencionar aquí que están por aparecer dos libros: uno, *La grandeza y la diversidad de México,* elaborado por treinta especialistas de diversas disciplinas y coordinado por Diego Prieto Hernández, director general del Instituto Nacional de Antropología e Historia (INAH) y editado por el Fondo de Cultura Económica; el otro se titula *Historia del pueblo mexicano* y la autoría comprende a 26 escritores o especialistas de las ciencias sociales. La idea central sobre la grandeza de México no tiene que ver única ni principalmente con el tamaño de su territorio, su población o su economía, sino sobre todo con su diversidad cultural y natural, con la fuerza de las civilizaciones que nutren su larga historia, con la inmensa riqueza de sus territorios, con la determinación de sus pueblos que, aun en las peores adversidades, han sabido resistir, con valor, creatividad e ingenio, y forjar esta nación, capaz de mantenerse unida y vital en su pluralidad, y con la profundidad de los valores que a lo largo de los siglos han nutrido los empeños y las luchas de las mujeres y los hombres de México: la justicia, la libertad, la soberanía, la comunalidad, la lealtad, la equidad, la fraternidad, la paz y el respeto por la tierra y por la vida. Se trata de un libro integral, que nos ofrece un amplio panorama de lo que es y ha sido nuestro país, que tiene como fundamentos ese México profundo del que hablara Guillermo Bonfil, así como su diversidad y su enorme densidad histórica y cultural. En cuanto al libro *Historia del pueblo mexicano*, su enfoque está dirigido al análisis de las transformaciones sociales de la Independencia, la Reforma, la Revolución y los movimientos del siglo XX. En ambos casos, se imprimirán 130 000 ejemplares que serán distribuidos en escuelas, bibliotecas y círculos de estudio. Concluyo este apartado sobre la memoria histórica recordando al caricaturista Antonio Helguera, recientemente fallecido, gran artista, defensor de causas justas y ser humano excepcional.

Capítulo II

EL RESPETO AL DERECHO AJENO ES LA PAZ

En política exterior hemos aplicado al pie de la letra el artículo 89 de la Constitución que establece: «el titular del Poder Ejecutivo observará los siguientes principios normativos: la autodeterminación de los pueblos; la no intervención; la solución pacífica de controversias; la proscripción de la amenaza o el uso de la fuerza en las relaciones internacionales; la igualdad jurídica de los Estados; la cooperación internacional para el desarrollo; el respeto, la protección y promoción de los derechos humanos y la lucha por la paz y la seguridad internacionales...».[3]

El gran prestigio de la política exterior de México lo heredamos del presidente Benito Juárez, se refrendó con el presidente Lázaro Cárdenas —sobre todo con la protección y el asilo a perseguidos del mundo de diversas culturas e ideologías— y esa política consecuente se manifestó en importantes decisiones de los gobiernos posrevolucionarios que distinguieron a nuestro país en el concierto de las naciones, en especial por sus actos humanitarios y de solidaridad. Es un timbre de orgullo el poder decir que fuimos los únicos que votamos en contra de la expulsión de Cuba de la Organización de Estados Americanos (OEA). En 1973, mostramos con palabras y con hechos nuestro apoyo a los defensores de la democracia en Chile, víctimas de un golpe de Estado que causó la muerte del estadista presidente Salvador Allende; no deben olvidarse, entre otras acciones dignas y memorables de nuestra política exterior, la Declaración Franco-Mexicana sobre El Salvador, que desde 1981 buscó conducir hacia cauces pacíficos el conflicto armado en ese país, la política de refugio a más de 46 000 campesinos guatemaltecos —indígenas, en su gran mayoría— que huían del genocidio realizado por dictaduras militares de la nación vecina, o el papel central de México en la creación del Grupo Contadora para hacer valer la soberanía de Nicaragua y contrarrestar la intervención extranjera en ese país. A esos y otros capítulos de gran trascendencia en la historia de nuestra prestigiada diplomacia debe sumarse la actuación de distinguidos miembros del servicio exterior como Matías Romero Avendaño, Genaro Estrada Félix, Gilberto Bosques Saldívar, Alfonso García Robles, Gonzalo Martínez Corbalá, Jorge Castañeda y Álvarez de la Rosa, Bernardo Sepúlveda y la actual embajadora en Bolivia, María Teresa Mercado Pérez, entre otros.

Ha sido tan destacada la labor de México en el terreno del internacionalismo solidario que parecen insignificantes los desfiguros como el «comes y te vas», la vergonzosa violación de nuestra soberanía que fue la obsecuencia ante el operativo Rápido y Furioso o la precipitada expulsión de nuestro país del embajador de Corea del Norte solo para congraciarnos con el Gobierno de Estados Unidos, y otras pifias cometidas sobre todo en el periodo neoliberal, en el cual la economía cuantitativa se elevó a rango supremo y se le supeditó todo lo demás: la política, lo social, la cultura y la diplomacia. En nuestro tiempo, sin apartarnos de los principios constitucionales y de la tradición de independencia de la política exterior de México, hemos logrado mantener buenas relaciones con todos los pueblos y Gobiernos del mundo.

Me limitaré por ahora a referir dos ejemplos significativos de la política exterior que ha seguido nuestro Gobierno: la relación respetuosa y fructífera que pudimos establecer con el expresidente Donald Trump durante dos años y la operación de rescate y protección del expresidente Evo Morales tras el golpe de Estado de 2019 en Bolivia.

La sorprendente relación con el expresidente Donald Trump

Aunque muchas voces pronosticaron que el expresidente Donald Trump y yo íbamos a enfrentarnos, en los hechos la relación fue respetuosa y constructiva para nuestros pueblos y naciones. A Trump lo he visto en persona una única vez y conversamos por teléfono solo en diez ocasiones; pero, a pesar de lo escaso de esos contactos directos, los resultados hablan de lo importante que fue nuestro trato y entendimiento.

Independientemente de agravios que no se olvidan, en los tiempos actuales, la cooperación y el mutuo respeto entre nuestros Gobiernos es indispensable porque sencillamente nos necesitamos; creo que al principio él no entendía esto porque hablaba solo de «América para los americanos»; se percibía que quería cerrar a Estados Unidos por completo al resto del mundo y que a los mexicanos nos veía como una amenaza; sin embargo, con el paso del tiempo, esa actitud fue cambiando y se logró una abierta y fructífera cooperación entre nuestros Gobiernos, respetuosa de nuestra soberanía y, en lo personal, una relación caracterizada por la simpatía y la amistad.

En términos cronológicos expondré cuáles fueron los temas en las conversaciones telefónicas y cómo los abordamos. La primera de esas llamadas fue de rigor, formal pero importante: el 2 de julio de 2018, a pocas horas de mi triunfo como presidente, me habló para felicitarme y expuso su deseo de estrechar nuestras relaciones bilaterales; poco después, en mi carácter de presidente electo, empezamos a establecer contactos con su equipo por el asunto del tratado comercial que se estaba negociando entre México, Estados Unidos y Canadá, el T-MEC. Nuestra representación la encabezaba Jesús Seade y participaban Marcelo Ebrard, Alfonso Romo y Héctor Vasconcelos. Sin entrar en detalles, que hubo muchos, diré que lo más difícil fue el tema del petróleo. El Gobierno del presidente Enrique Peña Nieto y sus representantes en la negociación habían aceptado un extenso capítulo en esta materia que considerábamos contrario a nuestros ideales y postulados, de modo que aun cuando solo éramos observadores, expusimos con respeto que no aceptaríamos nada que implicara comprometer nuestra soberanía en materia de política energética.

La relación entre los negociadores se tensó y se descompuso; no hubo acuerdo en este asunto y se suspendió la comunicación. En esos momentos el presidente Peña, con mucho respeto, me pidió que aceptáramos el texto original, expresando su preocupación por una ruptura que diera al traste con todo y produjera una crisis financiera. Mi postura fue la misma, en el sentido de no someter nuestra política petrolera a ningún tratado internacional. Del lado estadounidense también había nerviosismo y cerrazón, aunque ayudaba mucho que el jefe del grupo negociador de parte de ellos, Robert Lighthizer, es todo un profesional en negociaciones comerciales y mantenía de tiempo atrás una buena relación con nuestro representante Jesús Seade. A ello atribuyo que, aunque formalmente estuviera suspendido el diálogo en las mesas de trabajo, seguía la comunicación entre estas dos personas. En ese ambiente surgió nuestra propuesta de que el capítulo ocho del tratado solo dijera lo siguiente:

> Artículo 8.1: Reconocimiento del Dominio Directo y la Propiedad Inalienable e Imprescriptible de los Estados Unidos Mexicanos de los Hidrocarburos.
>
> 1. Según lo dispone este Tratado, las Partes confirman su pleno respeto por la soberanía y su derecho soberano a regular con respecto a asuntos abordados en este Capítulo de conformidad con sus respectivas Constituciones y derecho interno, en pleno ejercicio de sus procesos democráticos.
> 2. En el caso de México, y sin perjuicio de sus derechos y remedios disponibles conforme a este Tratado, Estados Unidos y Canadá reconocen que:
>   a) México se reserva su derecho soberano de reformar su Constitución y su legislación interna; y
>   b) México tiene el dominio directo y la propiedad inalienable e imprescriptible de todos los hidrocarburos en el subsuelo del territorio nacional, incluida la plataforma continental y la zona económica exclusiva situada fuera del mar territorial y adyacente a este, en mantos o yacimientos, cualquiera que sea su estado físico, de conformidad con la Constitución Política de los Estados Unidos Mexicanos.

Como era de esperarse, al principio nuestro texto fue rechazado, con un sinnúmero de argumentos, sobre todo el de que México ya había aceptado en tratados con otros países la incorporación del tema petrolero y los estadounidenses reclamaban que nuestra postura los excluía y carecía de equidad. Al final, como había transcurrido una semana sin acuerdo, los negociadores de Estados Unidos tuvieron que informarle al presidente Trump y él aceptó nuestra propuesta, lo cual permitió seguir adelante hasta la aprobación definitiva del nuevo tratado.

A mi toma de posesión asistió el vicepresidente de Estados Unidos, Michael Pence, quien también mantuvo una actitud respetuosa con nosotros; a esa ceremonia, como muestra de amistad, el presidente Trump envió a su hija Ivanka, una mujer agradable e inteligente, como lo terminé de constatar cuando retuiteó una foto de mi visita al Memorial de Abraham Lincoln y escribió: «nuestras naciones están unidas por valores comunes, amor compartido por la libertad y profunda devoción por la fe y la familia. Esta visita profundiza aún más nuestra fuerte amistad».

El esposo de Ivanka, Jared Kushner, también ayudó mucho en su papel de intermediario para mantener hasta en los momentos más difíciles las buenas relaciones entre nuestros Gobiernos. Apenas 12 días después de las elecciones presidenciales, el 13 de julio de 2018, nos visitó una delegación de altos funcionarios del Gobierno de Estados Unidos. Vinieron Mike Pompeo, secretario de

Estado; Kirstjen Nielsen, secretaria de Seguridad Interior; Steven Mnuchin, secretario del Tesoro, y Jared Kushner, asesor del presidente. Hablamos de varios asuntos, pero destacadamente del Tratado y de la migración. En esa ocasión le envié a Trump una extensa carta que trataba asuntos de comercio, desarrollo y seguridad, de modo que solo transcribo aquí algunos de sus párrafos:

> Sr. Donald J. Trump, presidente de los Estados Unidos de América:
>
> Deseo, en primer término, agradecerle la buena disposición y el trato respetuoso recibido por parte de usted a partir del pasado 2 de julio cuando sostuvimos una amplia conversación telefónica. Aprecio también la asistencia de una delegación de secretarios de su gabinete y otros altos funcionarios a mi oficina para iniciar conversaciones sobre el futuro de la relación de nuestros países.
>
> [...]
>
> El propósito más esencial de [mi] Gobierno será lograr que los mexicanos no tengan que migrar por pobreza o violencia. Procuraremos que la emigración sea optativa y no necesaria. Nos esforzaremos en lograr que las personas encuentren trabajo y bienestar en sus lugares de origen, donde están sus familiares, sus costumbres y sus culturas. Para lograr este propósito fundamental, el Gobierno entrante llevará a cabo el más grande esfuerzo que se haya realizado nunca en México.

Le comparto que mi Gobierno está dispuesto a presentar a nuestro Congreso de la Unión la iniciativa y propuesta presupuestal para contribuir con recursos económicos y experiencia propias en este esfuerzo en conjunto. Si en este plan participamos Estados Unidos y México e incluimos a los países centroamericanos, aportando cada uno de acuerdo a la dimensión de su economía, podríamos reunir una considerable cantidad de recursos para el desarrollo de la región, los cuales se destinarán en un 75% a financiar proyectos para crear empleos y combatir la pobreza, y el restante 25%, al control fronterizo y a la seguridad.

De esta manera, reitero, estaríamos atendiendo las causas que originan el fenómeno migratorio. Al mismo tiempo, cada Gobierno, desde Panamá hasta el río Bravo, trabajaría para hacer económicamente innecesaria la migración de sus ciudadanos y cuidar sus fronteras para evitar el tránsito ilegal de mercancías, armas y tráficos de drogas, lo cual, consideramos, sería la forma más humana y eficaz de garantizar la paz, la tranquilidad y la seguridad de nuestros pueblos y naciones.

Señor presidente Trump, espero sus comentarios a mi planteamiento que busca alcanzar un entendimiento amistoso y de respeto mutuo con usted, con su pueblo y con la gran nación que representa.

El 3 de octubre, todavía como presidente electo, y el 12 de diciembre, ya como presidente constitucional, volví a sostener conversaciones con motivo de la negociación del Tratado y del asunto migratorio. El 20 de julio recibí respuesta del presidente Trump a mi carta anterior; en ella me expuso lo siguiente:[4]

THE WHITE HOUSE
WASHINGTON
July 20, 2018

Mr. Andres Manuel Lopez Obrador
President-elect of the United Mexican States

Dear Mr. President-elect:

Thank you for your kind letter and congratulations again on your election. We both achieved electoral success by providing a clear vision for making our countries stronger and better. I look forward to working closely with you to build a great relationship between our two nations.

I agree with the four priorities you have identified: trade, migration, development, and security. My team has worked hard over the past 18 months to increase cooperation with Mexico in these areas. I have directed them to redouble those efforts with your incoming team.

Both of our countries benefit from an economically prosperous North America. After a year of our economic reforms, the United States economy has never been stronger. This economic renewal has benefitted the citizens of both the United States and Mexico. But we can do even better. I believe a successful renegotiation of the North American Free Trade Agreement will lead to even more jobs and higher wages for hard-working American and Mexican workers – but only if it can go quickly, because otherwise I must go a much different route. It would not be my preference, but would be far more profitable for the United States and its taxpayers.

America welcomes legal immigrants from around the world, but we cannot accept illegal immigration. Like you, I believe that meeting the challenge of illegal immigration involves more than just strong border security. We are prepared to further address the economic development and security issues that drive migration from Central America, but we must also increase cooperation to protect the rule of law and the sovereignty of both our countries, as well as vulnerable migrants who are victimized by violent criminal organizations.

We also appreciate your focus on fighting corruption. My Administration stands ready to assist you in these important efforts.

I understand some of your advisors will meet with their counterparts in the coming months. I welcome these meetings, which will help establish mutual understanding on many critical issues.

A strong relationship will lead to a much stronger and more prosperous Mexico, which frankly would make me very happy!

Sincerely,

Como se observa, es quizá la primera vez que el presidente Trump reconocía que no basta con medidas coercitivas para atender el fenómeno migratorio. Pero en el primer semestre de 2019 fue creciendo la afluencia de migrantes centroamericanos que atraviesan nuestro país para llegar a Estados Unidos, y las cosas se empezaron a poner difíciles. Él veía a diario el número de migrantes que intentaban cruzar la frontera o, más bien, el dato de cuántos eran deportados al día, y el crecimiento de esta cifra lo alteraba más de lo que uno podía imaginar. Por mi parte, insistía en que lo más importante era comenzar de inmediato con acciones de ayuda a los pueblos de los países centroamericanos. El asunto se complicó porque en el mes de mayo de 2019 el número de migrantes deportados se elevó a 144 116.

Cabe recordar aquí que el flujo migratorio hacia el norte ha tenido posteriormente momentos de mucha mayor intensidad; por ejemplo, en mayo de este año, 2021, la sempiterna crisis económica, la pandemia, los temblores y las inundaciones (llovió sobre mojado) en las naciones centroamericanas, más el aliento por la llegada del presidente Joseph Biden, que ofreció una política migratoria más tolerante, llevaron el número de quienes buscaron cruzar la frontera norte a un nivel sin precedentes, y se tradujo en 188 829 deportados.

Pero, regresando a los tiempos del primer semestre de 2019, el tránsito masivo en la frontera complicó tanto la situación que el 30 de mayo Trump declaró que, a partir del siguiente lunes 10 de junio, Estados Unidos aplicaría aranceles (impuestos) a las mercancías exportadas por México. Esa noche estaba en mi casa de Tlalpan y le pedí a mi esposa, Beatriz, que me ayudara en su computadora y con sus comentarios, porque le dictaría un texto como respuesta al posicionamiento presidencial estadounidense. Media hora más tarde di a conocer el siguiente documento:

Ciudad de México, 30 de mayo de 2019

Presidente Donald Trump:

Estoy enterado de su última postura con relación a México. De antemano, le expreso que no quiero la confrontación. Los pueblos y las naciones que representamos merecen que, ante cualquier conflicto en nuestras relaciones, por graves que sean, se recurra al diálogo y actuemos con prudencia y responsabilidad.

El mejor presidente de México, Benito Juárez, mantuvo excelentes relaciones con el prócer republicano Abraham Lincoln. Posteriormente, cuando la Expropiación Petrolera, el presidente demócrata Franklin D. Roosevelt entendió las profundas razones que llevaron al presidente patriota Lázaro Cárdenas a actuar en favor de nuestra soberanía. Por cierto, el presidente Roosevelt fue un titán de las libertades. Antes que nadie proclamó los cuatro derechos fundamentales del hombre: el derecho a la libertad de palabra; el derecho a la libertad de cultos; el derecho a vivir libres de temores; y el derecho a vivir libres de miserias.

En este pensamiento fincamos nuestra política sobre el asunto migratorio. Los seres humanos no abandonan sus pueblos por gusto sino por necesidad. Es por ello que, desde el principio de mi gobierno, le propuse optar por la cooperación para el desarrollo y ayudar a los países centroamericanos con inversiones productivas para crear empleos y resolver de fondo este penoso asunto.

Usted sabe también que nosotros estamos cumpliendo con nuestra responsabilidad de evitar, en la medida de lo posible y sin violentar los derechos humanos, el paso por nuestro país. No está de más recordarle que, en poco tiempo, los mexicanos no tendrán necesidad de acudir a Estados Unidos y que la migración será opcional, no forzosa. Esto, porque estamos combatiendo la corrupción, el principal problema de México ¡como nunca! Y, de esta manera, nuestro país se convertirá en una potencia con dimensión social. Nuestros paisanos podrán trabajar y ser felices donde nacieron, donde están sus familiares, sus costumbres y sus culturas.

Presidente Trump: los problemas sociales no se resuelven con impuestos o medidas coercitivas. ¿Cómo convertir de la noche a la mañana al país de la fraternidad para con los migrantes del mundo en un gueto, en un espacio cerrado, donde se estigmatiza, se maltrata, se persigue, se expulsa y se le cancela el derecho a la justicia a quienes buscan con esfuerzo y trabajo vivir libres de miseria? La Estatua de la Libertad no es un símbolo vacío.

Con todo respeto, aunque tiene el derecho soberano de expresarlo, el lema «Estados Unidos primero» es una falacia porque hasta el fin de los tiempos, incluso, por encima de las fronteras nacionales, prevalecerán la justicia y la fraternidad universales.

De manera específica, ciudadano presidente: le propongo profundizar en el diálogo, buscar alternativas de fondo al problema migratorio y, por favor, recuerde que no me falta valor, que no soy cobarde ni timorato sino que actúo por principios: creo en la política que, entre otras cosas, se inventó para evitar la confrontación y la guerra. No creo en la Ley del Talión, en el «diente por diente» ni el «ojo por ojo» porque, si a esas vamos, todos nos quedaríamos chimuelos o tuertos. Creo que los hombres de Estado y aún más los de Nación, estamos obligados a buscar soluciones pacíficas a las controversias y a llevar a la práctica, por siempre, el bello ideal de la no-violencia.

Por último, le propongo que instruya a sus funcionarios, si para ello no tiene inconveniente, que atiendan a representantes de nuestro Gobierno, encabezados por el secretario de Relaciones Exteriores de México, quienes a partir de mañana se trasladarán a Washington para llegar a un acuerdo en beneficio de las dos naciones.

¡Nada por la fuerza, todo por la razón y el Derecho!

Su amigo,
Andrés Manuel López Obrador
Presidente de México

Marcelo Ebrard salió de inmediato a Washington, D. C., y acompañado por la embajadora Martha Bárcena comenzó la negociación con los funcionarios de Estados Unidos. La primera reunión la presidió el vicepresidente Mike Pence y el tono fue hostil y amenazante. Nuestros representantes actuaron con firmeza y prudencia, argumentando siempre que no estábamos de acuerdo con la decisión unilateral de aumentar aranceles a las mercancías mexicanas de exportación y sostener esa arbitrariedad en tanto no se redujera el flujo migratorio. Como no todo lo íbamos a dejar a la diplomacia, decidimos prepararnos para enfrentar la embestida sin romper relaciones ni elevar el tono de nuestra protesta, pero con aplomo y determinación.

El primer paso fue convocar a un acto de unidad nacional (acto en defensa de la dignidad de México y por la amistad con el pueblo de EE. UU.) en Tijuana, para el domingo 9 de junio de 2019, dos días antes de la anunciada entrada en vigor de los impuestos o aranceles a los productos mexicanos. Asimismo, un grupo de funcionarios de nuestro país y de empresarios, tanto mexicanos como estadounidenses, comenzó a convencer a inversionistas, industriales y comerciantes de aquel país de que la medida no solo era injusta sino que afectaría la economía de las dos naciones. Al mismo tiempo, solicité a la secretaria de Economía, Graciela Márquez Colín, y a los subsecretarios Ernesto Acevedo Fernández y Luz María de la Mora Sánchez que prepararan una respuesta equivalente, eficaz y dura para gravar productos estadounidenses. La recomendación era excluir de la lista los productos de consumo básico, los que no pudiéramos adquirir en otros países y centrarnos en aquellos que estuvieran más directamente vinculados al mayor número de productores estadounidenses.

Esta medida la anunciaría en Tijuana y entraría en vigor al mismo tiempo que la de nuestros vecinos. Por ahí debe estar, en los archivos de la Secretaría de Economía, el estudio completo y el listado de productos. Afortunadamente se evitó el conflicto y para bien de todos, triunfaron la diplomacia y la política. El sábado 8 de junio, en Washington, luego de muchas fatigas y tensiones, se llegó al acuerdo de no aplicar la medida unilateral de imponer aranceles a mercancías de México a cambio de que hiciéramos un mayor esfuerzo para ayudar a Estados Unidos a contener el flujo migratorio, sin violar derechos humanos, sin sellar por completo nuestra frontera y sin convertirnos en lo que llaman un tercer país, que no es más que convertirse en un gran campamento de emigrantes en espera de que les otorguen asilo en Estados Unidos.

El acuerdo estaba sujeto a obtener resultados en cuanto a la disminución del flujo migratorio en un plazo de tres meses que vencía el martes 10 de septiembre de 2019. Ese sábado Marcelo Ebrard me informó y me pidió mi opinión y acepté el acuerdo. Ese día estaba en Los Cabos, Baja California Sur, donde pasé a una reunión con empresarios mexicanos y estadounidenses, rumbo al mitin convocado para el día siguiente en Tijuana. Allí tuve que cambiar el texto original de mi discurso, que, siendo respetuoso, obviamente era firme. Ese mismo sábado por la tarde, apenas aterrizó el avión en Tijuana, me volvió a llamar Marcelo para decirme que el presidente Trump quería hablar conmigo con el propósito de ratificar el acuerdo. Nos comunicamos y nos comprometimos a cumplir; al día siguiente, con la participación de diversos representantes de los sectores público, social y privado, se llevó a cabo el acto de unidad nacional que se convirtió en una celebración. Habíamos evadido el acoso, pero no dejamos de atender el problema migratorio; casi de inmediato se integró un equipo interinstitucional que se puso en comunicación con los Gobiernos centroamericanos a fin de ayudar a sus pueblos con programas sociales; asimismo, se reforzó la frontera sur con elementos de la Guardia Nacional, se crearon nuevos albergues con alimentación y atención médica, y nos propusimos mantener en el sureste a los migrantes para evitar que llegaran a los estados del norte y corrieran el riesgo de ser explotados por traficantes de personas o polleros y, en el peor de los casos, masacrados por las organizaciones criminales de la frontera, como sucedía en el pasado y desgraciadamente, aunque de manera esporádica, sigue sucediendo, principalmente en Tamaulipas.

El caso es que nuestro plan funcionó y al cumplirse los tres meses el flujo migratorio había disminuido en

75%. A partir de entonces nuestras relaciones con el Gobierno de Estados Unidos mejoraron mucho. El 11 de septiembre de 2019, al cumplirse tres meses de la crisis de los aranceles, y luego de un encuentro que sostuvieron en Washington los secretarios Marcelo Ebrard y Michael Pompeo, me volví a comunicar con el presidente Trump y coincidimos en continuar manteniendo buenas relaciones bilaterales.

El 19 de octubre y el 5 de noviembre de 2019 volvimos a comunicarnos por teléfono. En ambas llamadas me ofreció ayuda estratégica militar ante los casos de la detención y liberación de Ovidio Guzmán en Culiacán, Sinaloa, y ante los abominables asesinatos de tres mujeres y seis niños de las familias Miller, Langford y LeBarón en Bavispe, Sonora; mi respuesta consistió en agradecer la ayuda y expresar nuestra decisión de resolver esos casos con nuestras corporaciones de seguridad, como se ha venido haciendo, sin que prevalezca la impunidad para nadie.

También por ese entonces el presidente Trump me consultó sobre el propósito de calificar a los narcotraficantes mexicanos como terroristas, a lo que respondí que no estaba de acuerdo, fundamentalmente por considerar que ese estatus o calificativo daba pie a la intervención de naciones extranjeras en asuntos de nuestra exclusiva competencia como país libre, independiente y soberano. Días después de esa consulta, él mismo dio a conocer que había tomado en cuenta mi punto de vista y que tal iniciativa quedaba sin efecto.

El 10 de diciembre de 2019, hablé por teléfono con Trump y con el primer ministro de Canadá, Justin Trudeau, para agradecerles su decisión de aceptar que fuera en México donde se firmara el Tratado, el T-MEC. A este acto asistieron, por parte de Estados Unidos, el representante comercial Robert Lighthizer y por Canadá, la viceprimera ministra Chrystia Freeland.

El 21 de marzo de 2020 volví a sostener una conversación con el presidente estadounidense; ese día estaba en Oaxaca, adonde asisto cada año a conmemorar el nacimiento del patricio Benito Juárez en Guelatao, su pueblo. En ese intercambio me habló de la pandemia de COVID-19 y de su decisión de no cerrar por completo la frontera, dejándola abierta para viajes esenciales, de educación y salud, así como de su determinación de afectar lo menos posible las cadenas productivas y comerciales entre los dos países. En esa ocasión sucedió algo muy peculiar: yo conocía de antemano, porque me había informado, como debe hacerse ante esa clase de conversaciones, sobre el tema a tratar, y pensé que podía pedirle al presidente Trump algo en beneficio de nuestro pueblo, de modo que me decidí a plantearle que los mexicanos, en especial los paisanos migrantes, verían con buenos ojos y agradecerían el que, en razón de la crisis sanitaria, se eliminaran temporalmente las comisiones cobradas por los envíos de dinero a sus familiares en México; recuerdo que todavía no terminaba de redondear mi propuesta cuando ya estaba él casi gritando: «No, no, no». Aclaro que hasta entonces jamás había pronunciado ante mí la palabra *muro*, pues era un asunto implícitamente vetado en nuestras conversaciones. Sin embargo, en esa ocasión me dijo que lo que estaba pensando era en lo contrario, es decir, en aumentar las comisiones por remesas para pagar el muro.

Por suerte, sin mi lentitud acostumbrada —porque, como se sabe, no hablo de corrido—, recordé rápidamente algo que había sucedido días antes y le contesté, con mucho respeto y cuidado que, en realidad, «hablando en plata», el muro no servía de nada; le mencioné que el Ejército mexicano acababa de descubrir un túnel bien construido desde Tijuana a San Diego, California, que pasaba frente, casi por debajo, de la aduana estadounidense. Inclusive le ofrecí enviarle con un propio el material audiovisual. La verdad es que no aguantó la risa y me replicó que no podía conmigo. Ni él ni yo continuamos con el tema de las comisiones y del muro y se acabó en buen plan la comunicación, quedando vigente el pacto del silencio sobre el famoso muro.

Vaya de pasada el siguiente dato: en dos años y ocho meses de nuestra administración, las Fuerzas Armadas de México han localizado ocho túneles en la frontera norte del país, en los estados de Baja California, Sonora y Tamaulipas.

El 9 de abril de 2020 nos volvimos a comunicar, ahora con el tema de la reducción de la producción petrolera de los países de la Organización de Países Exportadores de Petróleo (OPEP) y de los no OPEP. Se anticipaba una crisis por la caída en el precio del crudo porque la demanda había decrecido estrepitosamente a raíz de la pandemia y cientos de buque-tanques con capacidad de 1 000 000 de barriles andaban por los mares sin atracar en los puertos, como almas en pena. Por videoconferencias, jefes de Estado y ministros de energía del mundo decidieron reducir la producción en una determinada cantidad por país; a nosotros nos asignaron una disminución de 350 000 barriles diarios, algo imposible de cumplir por la situación que heredamos de muchos años consecutivos de disminución en la producción de petróleo; tengamos en cuenta que en 2004, cuando la producción petrolera estuvo en su máximo, se extrajeron 3 400 000 barriles diarios y que a partir de entonces empezó la caída hasta finales de 2018. Cuando llegamos al Gobierno, la producción era de 1 700 000 barriles diarios, es decir, la mitad de lo extraído 14 años antes.

De manera que Rocío Nahle, secretaria de Energía, notificó a la Organización de Países Exportadores de Petróleo que nosotros no podíamos aceptar dicho acuerdo, pues, como decía Juárez, nadie está obligado a lo imposible. Sin embargo, Rusia, Arabia Saudita y Estados Unidos, las principales potencias productoras, se entendieron entre ellas, y uno a uno, los otros países petroleros fueron aceptando y al final nos quedamos solos. Por eso Trump comenzó la llamada exclamando: «¡México, México, México!», para luego decirme que se escuchaba el nombre de nuestro país por todas partes porque éramos los únicos en no aceptar la cuota de reducción de petróleo. También me explicó que, si no se anunciaba, entre todos, la disminución de la producción de petróleo, el precio caería a cero. Debo reconocer que tenía razón, porque aun anunciando que 23 países iban a disminuir la producción petrolera en 9 700 000 barriles diarios, de todas formas, a la semana, se registró un hecho inédito: el petróleo llegó a cotizarse a menos de cero. En dicha conversación telefónica le expuse las razones por las cuales no podíamos dejar de extraer 350 000 barriles diarios y que solo podíamos, haciendo un gran esfuerzo, reducir la extracción en 100 000 barriles. En respuesta me pidió que México se manifestara lo antes posible en favor del acuerdo y que Estados Unidos nos ayudaría, asumiendo un recorte adicional de 250 000 barriles en su producción de crudo, de modo que México la redujera únicamente en 100 000. Minutos después de esa llamada, la secretaria de Energía de México dio a conocer a la OPEP nuestro compromiso en los términos acordados con el presidente Trump. Al día siguiente, él expresó: «Agradezco a quien se ha vuelto mi amigo, el presidente de México, Andrés Manuel López Obrador, quien mostró gran flexibilidad y tremenda inteligencia».

Aproveché esa conversación para solicitarle que nos ayudara a adquirir en Estados Unidos ventiladores que necesitábamos con urgencia por la pandemia. Me dijo que buscaría la forma de ayudarnos y que tendríamos respuesta pronto. En efecto, el 17 de abril me confirmó que nos enviarían gradualmente 1 000 unidades de esos equipos médicos, indispensables para atender a enfermos graves de COVID-19. Y cumplió.

Quizá la decisión más importante para mantener hasta el final buenas relaciones con el Gobierno del presidente Trump fue el viaje que realicé a Washington el 8 de julio de 2020. Muchos me recomendaban no hacerlo, alegando que estaban muy cerca las elecciones presidenciales en Estados Unidos y no iba a gustarle a los demócratas; otros temían un escarnio mundial, una vapuleada, por alguna actitud, postura o comentario irrespetuoso del presidente Trump contra mi persona o contra México. Finalmente consideré que valía la pena correr todos los riesgos; la agenda versaría sobre algo que ahora se percibe como lo más importante: el garantizar con el Tratado que llegara más inversión a México y con ello, empleo y bienestar. Sin embargo, el propósito político era, ante todo, mantener hasta el último día buenas relaciones con el presidente Trump. No debe olvidarse que esté quien esté en la Presidencia de Estados Unidos, sea del partido que sea, si no hay entendimiento y peor aún, si hay confrontación, nadie gana y pierden los pueblos de nuestras dos naciones: es mucho y muy importante lo que nos ata y obliga a buscar siempre una política de buena voluntad. Ya no es el tiempo de aquella frase atribuida a Porfirio Díaz, según la cual, «pobre México, tan lejos de Dios y tan cerca de Estados Unidos». Ahora aplica más el «bendito México, tan cerca de Dios y no tan lejos de Estados Unidos». De todas formas, a través de Marcelo Ebrard hice llegar a los funcionarios más cercanos a Trump la petición de que se procurara no tratar asuntos espinosos como algún señalamiento que afectara a los mexicanos, y que se mantuviera nuestro acuerdo tácito de no hablar del famoso muro que, dicho sea de paso, era como una manda o una promesa de los mandatarios estadounidenses fueran demócratas o republicanos, pues unos y otros han construido tramos de poca o mucha distancia del mítico y publicitado muro, una tradición que el presidente Biden parece dispuesto a abandonar.

Nuestra frontera se extiende a lo largo de 3 180 kilómetros, de los cuales los presidentes Bush padre, Clinton, Bush hijo, Obama y Trump han amurallado en total 1 488 kilómetros, de modo que todavía les falta mucho, más de la mitad, y ojalá que los futuros presidentes de nuestro país vecino sigan el ejemplo del actual y piensen más en construir puentes de cooperación para el desarrollo y el bienestar con nosotros y con los otros países.

Salí a Washington el 7 de julio, un día antes del encuentro con el presidente Trump en la Casa Blanca; me acompañaron Marcelo Ebrard, secretario de Relaciones Exteriores; Alfonso Romo, entonces jefe de la Oficina de Presidencia de la República; Graciela Márquez, exsecretaria de Economía, y Daniel Asaf Manjarrez, coordinador general de Ayudantía. Luego de transbordar en Atlanta, llegamos a Washington por la noche; llamó la atención que nuestra comitiva fuera tan reducida, que nos trasladamos en avión de línea comercial y que nuestra estancia en la capital de Estados Unidos se limitara a realizar cinco actos en un solo día.

En efecto, amanecimos en la casa de la embajadora de México en Washington, allí desayunamos y empezamos visitando los memoriales de Abraham Lincoln y Benito Juárez; luego nos recibió el presidente Trump e intercambiamos regalos, platicamos con su equipo y a las 13:00 horas se inició la ceremonia de firma del acuerdo por la entrada en vigor del Tratado económico comercial entre México, Estados Unidos y Canadá, el T-MEC. Posteriormente nos dio la bienvenida el presidente Trump y, con sincera emotividad, sostuvo algo que seguramente llenó de orgullo a muchos paisanos mexicanos. Dijo: «Nos une el comercio, la historia, la familia, la fe; Estados Unidos alberga a 36 000 000 de ciudadanos mexicanoamericanos que fortalecen nuestras iglesias, nuestras comunidades y colorean todos los trazos de la vida de nuestra nación; además, son grandes hombres y mujeres comerciantes, ellos conforman un gran porcentaje de los negocios, son sumamente exitosos, son, como usted, grandes negociantes, grandes personas y seres honorables».

Por mi parte leí el discurso que considero importante transcribir completo:

Celebro este encuentro con usted, presidente Donald Trump. Mi visita obedece, en buena medida, a la importancia que tiene, sobre todo, en estos tiempos de crisis económica mundial, la entrada en vigor del Tratado entre México, Estados Unidos y Canadá.

El haber conseguido este acuerdo representa un gran logro en beneficio de las tres naciones y de nuestros pueblos.

Como es sabido, América del Norte es de las regiones económicas más importantes del planeta. No obstante, nuestra región es inexplicablemente deficitaria en términos comerciales; exportamos al resto del mundo tres mil 579 billones de dólares, pero importamos cuatro mil 190 billones de dólares; es decir, mantenemos un déficit de 611 mil millones de dólares, lo cual se traduce en fuga de divisas, menores oportunidades para las empresas y pérdida de fuentes de empleos.

El nuevo Tratado busca, precisamente, revertir este desequilibrio mediante una mayor integración de nuestras economías y mejoras en el funcionamiento de las cadenas productivas para recuperar la presencia económica que ha perdido América del Norte en las últimas cinco décadas. Baste señalar que en 1970 la región representó el 40.4% del producto mundial y que ahora esta participación en la economía global ha bajado a 27.8 por ciento.

Por ello, el Tratado es una gran opción para producir, crear empleos y fomentar el comercio sin necesidad de ir tan lejos de nuestros hogares, ciudades, estados y naciones. En otras palabras, los volúmenes de importaciones que realizan nuestros países del resto del mundo pueden producirse en América del Norte, con menores costos de transporte, con proveedores confiables para las empresas y con la utilización de fuerza de trabajo de la región.

Desde luego, no se trata de cerrarnos al mundo, sino de aprovechar todas las ventajas que nos brinda la vecindad, así como la aplicación de una buena política de cooperación para el desarrollo.

Este Tratado permite atraer inversiones de otros lugares del hemisferio a nuestros países, siempre y cuando se cumpla con los principios de producir mercancías de elevado contenido regional y de procurar condiciones salariales y laborales justas para los trabajadores del país exportador o importador de bienes de consumo.

Es importante también señalar lo que en este acuerdo significa la integración, los tres países aportamos capacidad productiva, mercados, tecnología, experiencia, mano de obra calificada y terminamos complementándonos. Por ejemplo, México tiene algo sumamente valioso para hacer efectiva y potenciar la integración económica y comercial de la región; me refiero a su joven, creativa y responsable fuerza laboral. No olvidemos que la participación de los trabajadores en los procesos productivos es igual de importante que el papel de las empresas. De poco serviría tener capital y tecnología, si no se cuenta con buenos obreros que se destaquen por su imaginación, su talento y su mística de trabajo.

Además, con acuerdos como este y con respeto a nuestras soberanías, en vez de distanciarnos estamos optando por marchar juntos hacia el porvenir. Es privilegiar el entendimiento, lo que nos une y hacer a un lado las diferencias o resolverlas con diálogo y respeto mutuo.

Ciertamente, en la historia de nuestras relaciones hemos tenido desencuentros y hay agravios que todavía no se olvidan, pero también hemos podido establecer acuerdos tácitos o explícitos de cooperación y de convivencia; por ejemplo, en los años cuarenta del siglo pasado, durante la Segunda Guerra Mundial, México ayudó a satisfacer la necesidad de Estados Unidos de materias primas y lo respaldó con mano de obra de los trabajadores migrantes, que fueron conocidos como «braceros».

Desde entonces y hasta la fecha, hemos venido consolidando nuestras relaciones económicas y comerciales, así como nuestra peculiar convivencia, a veces de vecinos distantes y otras de amigos entrañables.

También, como es sabido, la historia, la geopolítica, la vecindad y las circunstancias económicas de ambas naciones han impulsado de manera natural un proceso de migración de mexicanas y mexicanos hacia Estados Unidos y se ha conformado aquí una comunidad de cerca de 38 000 000 de personas, incluyendo a los hijos de padres mexicanos. Se trata de una comunidad de gente buena y trabajadora que vino a ganarse la vida de manera honrada y que mucho ha aportado al desarrollo de esta gran nación. Asimismo, en México, más que en ningún otro país del mundo, viven y forman parte de nuestra sociedad un millón y medio de estadounidenses. De modo que estamos unidos, más que por la proximidad geográfica, por diversos vínculos económicos, comerciales, culturales y de amistad.

Presidente Trump:

Como en los mejores tiempos de nuestras relaciones políticas, durante mi mandato como presidente de México, en vez de agravios hacia mi persona y, lo que estimo más importante, hacia mi país, hemos recibido de usted comprensión y respeto.

Algunos pensaban que nuestras diferencias ideológicas habrían de llevarnos de manera inevitable al enfrentamiento. Afortunadamente, ese mal augurio no se cumplió y considero que hacia el futuro no habrá motivo ni necesidad de romper nuestras buenas relaciones políticas ni la amistad entre nuestros Gobiernos.

El mejor presidente que ha tenido México, Benito Juárez García, pudo entenderse con el gran presidente republicano Abraham Lincoln. Recordemos que este gran líder histórico estadounidense, el impulsor de la abolición de la esclavitud, nunca reconoció al emperador Maximiliano, impuesto en México con la intervención del poderoso ejército francés. No es casual que Juárez haya lamentado el asesinato de Lincoln, diciendo: «He sentido profundamente esta desgracia porque Lincoln, que con tanta constancia y decisión trabajaba por la completa libertad de sus semejantes, era digno de mejor suerte...».

Lo mismo sucedió con la espléndida relación que mantuvieron, a pesar de las circunstancias difíciles, el presidente demócrata Franklin Delano Roosevelt y nuestro presidente patriota el general Lázaro Cárdenas del Río.

En los días posteriores a la Expropiación Petrolera, en una carta, el general Cárdenas reconoció el buen entendimiento bilateral de la siguiente manera: «Mi Gobierno considera que la actitud asumida por Estados Unidos de Norteamérica, en el caso de la expropiación de las compañías petroleras, viene a afirmar una vez más la soberanía de los pueblos de este continente, que con tanto empeño ha venido sosteniendo el estadista del país más poderoso de América, el excelentísimo señor presidente Roosevelt».

De modo que, guardadas todas las proporciones y en circunstancias sin duda distintas, la historia nos enseña que es posible entendernos sin prepotencias o extremismos.

Ahora que decidí venir a este encuentro con usted, presidente Trump, en mi país se desató un buen debate sobre la conveniencia de este viaje. Yo decidí venir porque, como ya lo expresé, es muy importante la puesta en marcha del Tratado, pero también quise estar aquí para agradecerle al pueblo de Estados Unidos, a su Gobierno y a usted, presidente Trump, por ser cada vez más respetuosos con nuestros paisanos mexicanos.

A usted, presidente Trump, le agradezco su comprensión y la ayuda que nos ha brindado en asuntos de comercio, petróleo, así como su apoyo personal para la adquisición de equipos médicos que necesitábamos con urgencia para tratar a nuestros enfermos de COVID-19.

Pero lo que más aprecio es que usted nunca ha buscado imponernos nada que viole o vulnere nuestra soberanía. En vez de la Doctrina Monroe, usted ha seguido, en nuestro caso, el sabio consejo del ilustre y prudente George Washington, quien advertía que «las naciones no deben aprovecharse del infortunio de otros pueblos». Usted no ha pretendido tratarnos como colonia sino que, por el contrario, ha honrado nuestra condición de nación independiente. Por eso estoy aquí, para expresar al pueblo de Estados Unidos que su presidente se ha comportado hacia nosotros con gentileza y respeto. Nos ha tratado como lo que somos: un país y un pueblo digno, libre, democrático y soberano.

¡Que viva la amistad de nuestras dos naciones!

¡Que viva Estados Unidos de América!

¡Que viva Canadá!

¡Que viva nuestra América!

¡Viva México!

¡Viva México!

¡Viva México!

Al mediodía regresamos a la embajada para comer y volver a la Casa Blanca a otro acto público y a la cena privada con empresarios de México y Estados Unidos. Hasta ese momento todo iba bien, el presidente Trump se había portado como un estadista; sin embargo, no estaba yo completamente confiado; desde que salí en la mañana llevaba en la bolsa de adentro del saco el poema del gran poeta cubano Nicolás Guillén que se titula «La muralla»; su letra se canta y se la he escuchado a mi amigo Silvio Rodríguez y con otro ritmo a mi finado paisano

Chico Che. Tenía pensado que si el presidente Trump hablaba del muro, iba yo a improvisar y leer el texto bellísimo del siempre recordado Nicolás Guillén. Leámoslo:

> Para hacer esta muralla
> tráiganme todas las manos:
> los negros, sus manos negras,
> los blancos, sus blancas manos.
>
> Ay,
> una muralla que vaya
> desde la playa hasta el monte,
> desde el monte hasta la playa, bien,
> allá sobre el horizonte.
>
> —¡Tun, tun!
> —¿Quién es?
> —Una rosa y un clavel...
> —¡Abre la muralla!
> —¡Tun, tun!
> —¿Quién es?
> —El sable del coronel...
> —¡Cierra la muralla!
> —¡Tun, tun!
> —¿Quién es?
> —La paloma y el laurel...
> —¡Abre la muralla!
> —¡Tun, tun!
> —¿Quién es?
> —El alacrán y el ciempiés...

—¡Cierra la muralla!

Al corazón del amigo,
abre la muralla;
al veneno y al puñal,
cierra la muralla;
al mirto y la hierbabuena,
abre la muralla;
al ruiseñor en la flor,
abre la muralla...
Alcemos una muralla
juntando todas las manos:
los negros, sus manos negras,
los blancos, sus blancas manos.
Una muralla que vaya
desde la playa hasta el monte,
desde el monte hasta la playa, bien,
allá sobre el horizonte...

Y me había preparado para rematar, si las circunstancias lo demandaban: «En vez del muro construyamos una muralla alrededor del hemisferio: la muralla de la fraternidad universal».

Afortunadamente, no fue necesario usar ese misil; el presidente Trump continuó comportándose como todo un caballero; en el acto de la tarde habló de reafirmar nuestras magníficas relaciones y expresé que era tan bueno el entendimiento que habían perdido quienes apostaron a que nos íbamos a pelear. Esa fue la cabeza del día siguiente del periódico *Milenio* que dictó su dueño Francisco González desde Washington: «"Fallaron los pronósticos, no peleamos": AMLO y Trump».[5]

Además de este empresario de Nuevo León, me acompañaron a la cena en la Casa Blanca Patricia Armendáriz Guerra, de Financiera Sustentable; Carlos Bremer Gutiérrez, de Grupo Financiero Value; Olegario Vázquez Aldir, de Grupo Empresarial Ángeles; Bernardo Gómez Martínez, de Grupo Televisa; Miguel Rincón Arredondo, de Bio Pappel; Daniel Chávez Morán, de Grupo Vidanta; Marcos Shabot Zonana, de Arquitectura y Construcción; Carlos Hank González, de Grupo Financiero Banorte; Ricardo Salinas Pliego, de Grupo Salinas, y Carlos Slim Helú, de Grupo Carso.

Una vez terminado el acto público pasamos al comedor, donde nos esperaban unos cincuenta invitados; apenas se había cerrado la puerta se escuchó la expresión espontánea y fuerte del presidente Trump: «¡Ya no hay prensa, ahora sí podré hablar del muro!». La broma causó una carcajada colectiva y aplausos y, por supuesto, en la cena no se habló del muro. Nos ofrecieron un menú especial de comida mexicoestadounidense; conversamos relajados con empresarios, nos despedimos del presidente Trump y al día siguiente, a las siete de la mañana, salimos de Washington de regreso a México.

A partir de entonces, prácticamente no volvimos a comunicarnos por teléfono; era prudente mantener distancia por las elecciones de Estados Unidos. No obstante, la relación entre nuestros equipos siguió siendo buena; tan fue así que en ese tiempo se presentó el delicado asunto de la detención en Los Ángeles del general Salvador Cienfuegos Zepeda, secretario de la Defensa Nacional durante el gobierno del presidente Enrique Peña Nieto. La acusación ante el juez se sustentaba en una investigación realizada por la Administración de Control de Drogas (DEA, por sus siglas en inglés) en la que se vinculaba al general Cienfuegos con traficantes de droga de Nayarit. Independientemente del fondo, no acepté de entrada el modo como nos lo informaron: cinco minutos antes de la detención, el embajador de Estados Unidos se comunicó con nuestro secretario de Relaciones Exteriores; además nunca se había tratado el asunto con nosotros, no existía ninguna denuncia en México y no se respetaron los acuerdos de cooperación en materia de seguridad. Desde el principio me pareció muy raro este proceder que no dejaba de tener un tinte político y que podría atribuirse a tres cosas: una, que por las elecciones a alguien le conviniera confrontarnos con el presidente Trump, pensando que nosotros íbamos a estallar en furia; otra, que se tratara de una venganza de las agencias del Gobierno de Estados Unidos contra el general y el Ejército mexicano o, por último, que el presidente Trump buscara sacar provecho con esa acción espectacular a un mes de las elecciones. Esta última hipótesis fue lo primero que descarté, pues le pedí al secretario de Relaciones Exteriores que transmitiera al más alto nivel, incluido el secretario de Estado y al procurador de ese país, mi molestia, como representante del Estado mexicano, por el trato recibido. Además, les pedimos que nos enviaran el expediente completo del caso. Debo decir que todo esto transcurrió en sigilo pues si el asunto estaba relacionado con las elecciones, lo mejor era actuar con prudencia, no declarar mucho, no lanzarnos a lo tonto y mientras se hacía el trabajo político-diplomático, esperar a que pasaran las elecciones. Días después me informaron que el presidente Trump no fue avisado de la detención del general Cienfuegos y que pidió que escucharan y atendieran nuestro reclamo. Tanto el procurador William Barr como el director interino de la DEA, Timothy Shea, actuaron con profesionalismo y accedieron a enviarnos el expediente para analizarlo y proceder legalmente con la intervención de la FGR.

Una vez que llegó dicho documento, le pedí a Marcelo Ebrard que se encerrara un fin de semana para que lo leyera completo y me informara sobre su contenido. Tres días después me buscó para presentarme sus notas; las leí, le hice varias preguntas y llegué a la conclusión de que no existían pruebas de nada y que habían fabricado la acusación.

Casi al mismo tiempo Marcelo me entregó una carta manuscrita que el general me envió, antes de ser trasladado a Nueva York, por medio de la cónsul de México en Los Ángeles, Marcela Celorio, y cuya copia fue integrada al expediente:

29 OCTUBRE 2020

LOS ANGELES CALIFORNIA, E.U.A.

SR. PRESIDENTE DE MÉXICO
ANDRES MANUEL LÓPEZ OBRADOR

SR. PRESIDENTE

LE ESCRIBO ESTAS LETRAS, OBLIGADO POR LAS CIRCUNSTANCIAS QUE SE HAN VENIDO DANDO DESDE EL DIA 15 DE ESTE MES Y QUE COINCIDE CON MI DETENCIÓN EN EL AEROPUERTO DE ESTA CIUDAD

UNA DETENCIÓN ARBITRARIA, INJUSTA Y HUMILLANTE, ENFRENTE DE MI FAMILIA, (ESPOSA, 4 HIJAS Y 3 NIETAS), POR LAS AUTORIDADES DEL COMBATE A LAS DROGAS EN ESTE PAÍS (DEA)

COMO MI COMANDANTE SUPREMO DE LAS FUERZAS ARMADAS, LE INFORMO CON TODA VERACIDAD COMO CIUDADANO Y COMO MILITAR, QUE LOS CARGOS QUE SE ME ATRIBUYEN <u>SON TOTALMENTE FALSOS</u>, PORQUE NUNCA EN MI VIDA HE CRUZADO UNA PALABRA CON NINGÚN CRIMINAL NARCOTRAFICANTE, NI POR TERCERAS PERSONAS, NI MENSAJEROS, NI LLAMADAS TELEFÓNICAS O MENSAJES DE CUALQUIER TIPO

LE SOLICITO SU SOBERANA INTERVENCIÓN PARA QUE EL JUICIO QUE SE ME IMPONE

→

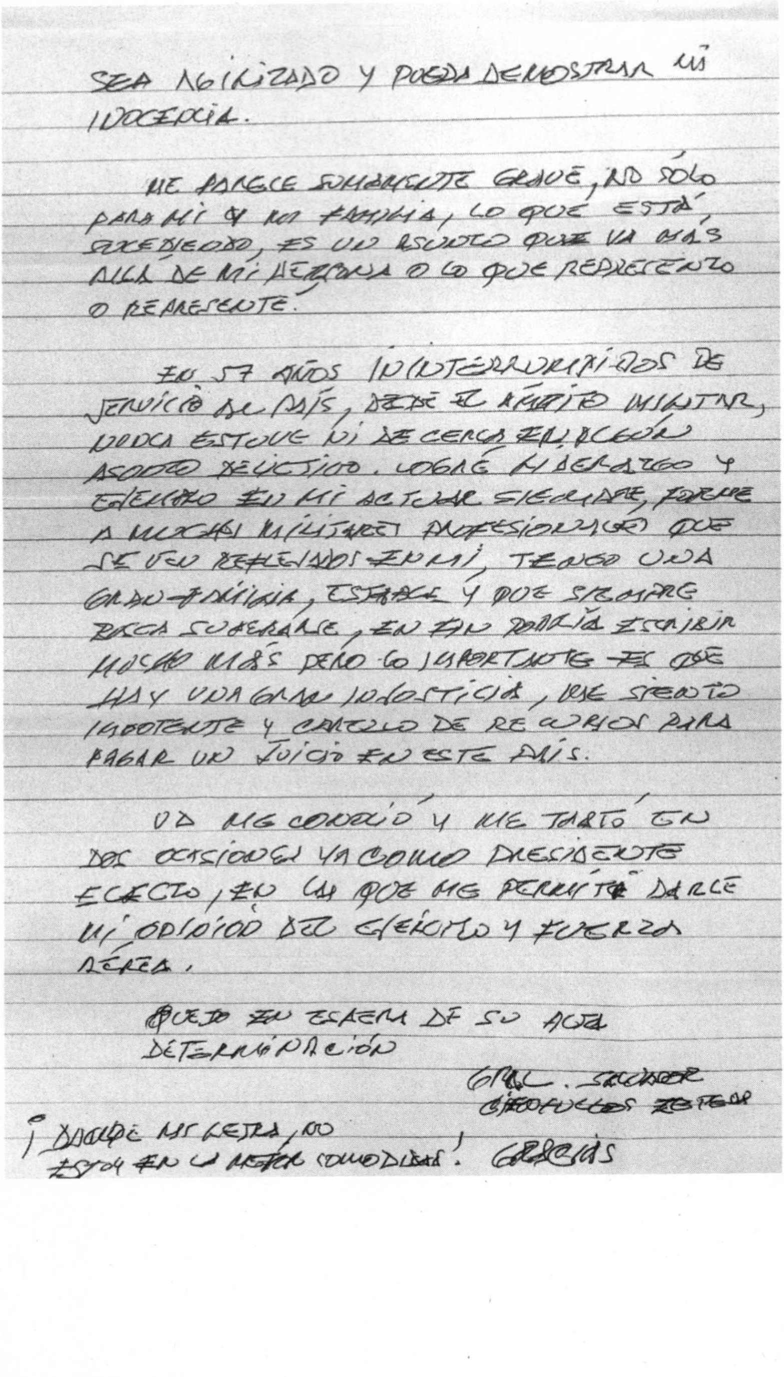

SEA AGILIZADO Y PUEDA DEMOSTRAR MÍ INOCENCIA.

ME PARECE SUMAMENTE GRAVE, NO SÓLO PARA MÍ Y MI FAMILIA, LO QUE ESTÁ SUCEDIENDO, ES UN ASUNTO QUE VA MÁS ALLÁ DE MI PERSONA O LO QUE REPRESENTO O REPRESENTÉ.

EN 57 AÑOS ININTERRUMPIDOS DE SERVICIO AL PAÍS, DESDE EL ÁMBITO MILITAR, NUNCA ESTUVE NI DE CERCA EN ACCIÓN ASOCIADO DELICTIVO. LOGRÉ LIDERAZGO Y EJEMPLO EN MI ACTUAR SIEMPRE, FORMÉ A MUCHOS MILITARES PROFESIONALES QUE SE VEN REFLEJADOS EN MÍ, TENGO UNA GRAN FAMILIA, ESTABLE Y QUE SIEMPRE BUSCA SUPERARSE, EN FIN PODRÍA ESCRIBIR MUCHO MÁS PERO LO IMPORTANTE ES QUE HAY UNA GRAN INJUSTICIA, ME SIENTO IMPOTENTE Y CARENTE DE RECURSOS PARA PAGAR UN JUICIO EN ESTE PAÍS.

UD ME CONOCIÓ Y ME TRATÓ EN DOS OCASIONES YA COMO PRESIDENTE ELECTO, EN LA QUE ME PERMITÍ DARLE MÍ OPINIÓN DEL EJÉRCITO Y FUERZA AÉREA.

QUEDO EN ESPERA DE SU ALTA DETERMINACIÓN

GRAL. SALVADOR
CIENFUEGOS ZEPEDA

¡DISCULPE MI LETRA, NO ESTOY EN LA MEJOR COMODIDAD! GRACIAS

Transcripción

29 octubre 2020

Los Ángeles California, E. U. A.
Sr. Presidente de México
Andrés Manuel López Obrador

Sr. Presidente

Le escribo estas letras, obligado por las circunstancias que se han venido dando desde el día 15 de este mes y que coincide con mi detención en el aeropuerto de esta ciudad.

Una detención arbitraria, injusta y humillante, enfrente de mi familia (esposa, cuatro hijas y tres nietas), por las autoridades del combate a las drogas en este país (DEA).

Como mi Comandante Supremo de las Fuerzas Armadas, le informo con toda veracidad como ciudadano y como militar, que los careos que se me atribuyen son totalmente falsos, porque nunca en mi vida he cruzado una palabra con ningún criminal narcotraficante, ni por terceras personas, ni mensajeros, ni llamadas telefónicas o mensajes de cualquier tipo.

Le solicito su superior intervención para que el juicio que se me impone sea agilizado y pueda demostrar mi inocencia.

Me parece sumamente grave, no solo para mí y la familia, lo que está sucediendo, es un asunto que va más allá de mi persona o lo que represento o representé.

En 57 años ininterrumpidos de servicio al país, desde el ámbito militar, nunca estuve ni de cerca en algún asunto delictivo. Logré liderazgo y ejemplo en mi actuar siempre, formé a muchos militares profesionales que se ven reflejados en mí, tengo una gran familia, estable y que siempre busca superarse, en fin podría escribir mucho más pero lo importante es que hay una gran injusticia, me siento impotente y carezco de recursos para pagar un juicio en este país.

Ud. me conoció y me trató en dos ocasiones ya como presidente electo, en las que me permití darle mi opinión del Ejército y Fuerza Aérea.

Quedo en espera de su alta determinación.

Gral. Salvador Cienfuegos Zepeda
Gracias
¡Disculpe mi letra, no estoy en la mejor comodidad!

Entregué esta carta a una persona de confianza, especialista en el buen manejo de la escritura, para pedirle su opinión sobre la gramática del general, pues la mayor parte de las supuestas pruebas eran fotos de captura de pantallas, y algunos textos atribuidos a él estaban escritos con pésima ortografía; por ejemplo, se expresaba «ay» en vez de «hay», «boy» en vez de «voy», «valla» en vez de «vaya», etcétera.

Entregué también a la experta estos contenidos y en su dictamen estableció que eran estilos completamente distintos y que no correspondían a una misma persona.

Cuando estábamos absolutamente seguros de que no había elementos, como dicen los abogados, se solicitó, primero de manera diplomática y luego a través de la Fiscalía General de la República, que enviaran a México al general para que fuera investigado y se resolviera lo legalmente procedente; el juez que llevaba el caso en el país vecino concedió la petición y el 18 de noviembre de 2020 el general Cienfuegos regresó a México. Meses después, la FGR resolvió que no había motivo para fincarle delito alguno y quedaba, en consecuencia, absuelto de las acusaciones formuladas en Estados Unidos.

La tarde de ese día, cuando se dio a conocer esta determinación, sucedió lo que habíamos imaginado: nuestros adversarios desataron una campaña acusándonos de encubridores, siempre con su febril deseo de compararnos con los anteriores Gobiernos para hacer valer su máxima de que «todos son iguales». Era una circunstancia difícil porque en México imperaron por mucho tiempo la corrupción y la impunidad y el pueblo tiene razones para ser desconfiado ante asuntos en los que se involucra a autoridades civiles o militares, aunque no sean culpables. Agréguese a ello que periodistas y simpatizantes de la DEA tampoco estaban conformes con nuestra decisión de apegarnos a la verdad y no aceptar injusticias de nadie. Por eso, en la *mañanera* del día siguiente al comunicado de la Fiscalía que exculpaba al general, avalé con firmeza la decisión que tomó dicha institución e informé que era evidente la fabricación de los supuestos delitos y que daría instrucciones al secretario de Relaciones Exteriores de que subiera de inmediato a internet el expediente completo para que fuera consultado por cualquier persona. Esto último no les gustó mucho a nuestros abogados porque siempre se olvidan de que la auténtica política y la justicia deben prevalecer por sobre lo que se denomina debido proceso, más aún cuando existe una razón de Estado y está de por medio el prestigio de una institución como la Sedena, que representa a las Fuerzas Armadas de México. De manera sincera, ese día los abogados de la Consejería Jurídica y de Relaciones Exteriores me propusieron que se diera a conocer el documento pero con los nombres tachados —testado, le llaman— pero me negué, afirmando que la transparencia es una regla de oro de la democracia y que teníamos el deber de hacer cada vez más pública la vida pública. De modo que ahí está todavía en la red el expediente completo y «los mariachis callaron»; santo remedio.

Nada de esto habría podido lograrse sin la confianza del expresidente Trump; por eso siempre he sostenido que con él nos fue bien. Agrego que esto influyó, pero no fue lo fundamental para esperar a que se terminara el proceso electoral en Estados Unidos y felicitar al señor Joe Biden en su condición de presidente formalmente electo. Téngase en cuenta que debemos ceñirnos al principio de no intervención y no actuar como oportunistas o subordinados de ningún gobierno extranjero. Además, en nuestra larga lucha como opositores padecimos mucho de elecciones fraudulentas y de la práctica de los gobiernos antidemocráticos que siempre buscaban la legitimidad mediante reconocimientos procedentes del extranjero. Recuerdo que, en 2006, cuando aún no se calificaba la elección, el presidente de España, de manera precipitada e irresponsable, ya se había pronunciado por el presidente espurio Felipe Calderón Hinojosa. De modo que, aun con las presiones de la llamada clase política, de los diplomáticos y de los internacionalistas de México, más que del extranjero, decidimos esperar el momento justo para felicitar al presidente Biden, con quien hemos llevado también una buena relación. Él es un político con oficio y de mucha experiencia que ha demostrado su genuino interés por resolver de fondo el problema migratorio; celebramos, por ejemplo, su compromiso de regularizar a más de 10 000 000 de migrantes, incluidos nuestros compatriotas, que viven y trabajan en Estados Unidos, así como su propósito de asumir el compromiso pendiente de promover de manera concreta el desarrollo para el bienestar de los pueblos de los países de Centroamérica.

Termino este apartado dando a conocer que cuando me contagié de COVID-19, recibí, entre otras muestras de solidaridad de mexicanos y amigos de otros países, una llamada, que me dio mucho gusto, del presidente de Rusia, Vladímir Putin, quien en contraste con su fama de hombre duro me ofreció con generosa insistencia enviar a México a un grupo de médicos especialistas para atenderme y, aún más, al final de la conversación me expresó que oraría por mí. El otro gesto de amistad que no podría olvidar fue la decisión que tomó el ya entonces expresidente Trump de enviarme un medicamento que le aplicaron a él cuando se contagió de COVID-19, conocido como Regeneron. Envié esa medicina al Instituto Nacional de Nutrición porque ya los médicos que me atendieron estaban aplicándome un tratamiento a base de Remdesivir y Baricitinib; poco después, cuando estaba convaleciente, me volvió a hablar Donald Trump para saber de mí y desearme pronta recuperación. A él y a todas y todos, gracias de corazón.

La misión Bolivia

En materia de política exterior, otra historia interesante de contar es la relacionada con el rescate y protección del expresidente de Bolivia Evo Morales. En este asunto, desde luego, nos inspiró siempre el ejemplo de solidaridad con los pueblos y las enseñanzas del presidente general Lázaro Cárdenas del Río y de otros gobernantes revolucionarios para proteger la vida de perseguidos del mundo mediante el otorgamiento de asilo.

No conocía a Evo. Lo vi por primera vez cuando asistió a mi toma de posesión el primero de diciembre de 2018; pero, sin haberlo tratado, me parecía un hombre congruente, echado para adelante y, sobre todo, valoraba el que hubiera surgido de abajo en un país donde los indígenas son mayoría y sin embargo eran tratados como ciudadanos de segunda; hasta que llegó Evo, ningún indígena había estado nunca en la Presidencia y, por el contrario, padecían y padecen de racismo y discriminación.

Eso fue lo que afloró en el golpe de Estado organizado por los conservadores de ese país, con el apoyo de organizaciones y gobiernos extranjeros. Claro está que tanto Evo como los dirigentes del Movimiento al Socialismo (MAS) cometieron errores, pues no debieron insistir tantas veces en la reelección; un dirigente no debe, en ninguna circunstancia, profesar demasiado apego al poder. Pero desde luego, eso no borra lo mucho que hizo el Gobierno de Evo por su pueblo ni justifica el golpe de Estado llevado a cabo no por demócratas sino por ambiciosos y corruptos, defensores de intereses de grupo o de corporaciones del extranjero.

Es importante aclarar, en este punto, que la política exterior nuestra no está motivada por ideologías sino por los principios de justicia, igualdad, libertad, democracia, soberanía y fraternidad. Además, cuando fuimos oposición en México, la actitud de Evo, como la de casi todos los gobernantes de izquierda en América Latina, no fue precisamente cercana. Existía todavía entonces en nuestra América cierta devoción por el Partido Revolucionario Institucional (PRI), que en algún tiempo tuvo aspectos progresistas y que mantuvo una política exterior de lo más avanzada en el concierto de las naciones. Éramos una especie de candil de la calle y oscuridad de la casa. A eso atribuyo el distanciamiento hacia nosotros, el hecho de que visitaran México y ni siquiera nos dedicaran una llamada telefónica, y cosas más desagradables y de fondo. En el trato de entonces hacia nosotros solo se distinguió por su apoyo solidario el comandante Fidel Castro Ruz. Nunca nos conocimos, pero siempre lo consideré un hombre grande por sus ideales independentistas. Podemos estar a favor o en contra de su persona y de su liderazgo, pero conociendo la larga historia de invasiones y de dominio colonial que padeció Cuba en el marco de la política estadounidense del destino manifiesto y de la consigna «América para los americanos», podemos valorar la hazaña que representa la persistencia, a menos de cien kilómetros de la superpotencia, de una isla independiente habitada por un pueblo sencillo y humilde, pero alegre, creativo y, sobre todo, digno.

A diferencia de otros dirigentes, Fidel fue el único que supo lo que nosotros representábamos. En 2003, cuando era jefe de Gobierno de la Ciudad de México, manifesté en una conferencia de prensa matutina mi inconformidad porque en Cuba se había ido a refugiar Carlos Ahumada, quien se había filmado entregando dinero a dirigentes de nuestro movimiento y había invitado a Las Vegas a Gustavo Ponce, mi secretario de Finanzas, para grabarlo apostando. Por este reprobable acto de corrupción lo mantuvieron diez años en la cárcel, no solo como sanción al delito que cometió sino también como venganza por haber sido el acusador, en su carácter de subsecretario de la Contraloría Federal durante el gobierno del presidente Zedillo, de Raúl Salinas, hermano del expresidente Carlos Salinas de Gortari. El caso es que las imágenes de Ponce jugando en Las Vegas, transmitidas en Televisa, provocaron un tremendo escándalo en mi contra, pues ese era el propósito, como lo confesó el mismo Carlos Ahumada, quien sostuvo que el video lo entregó a Carlos Salinas y a Diego Fernández de Cevallos, mis eternos adversarios, a cambio de dinero y protección en Cuba. Debo decir que la relación del Gobierno de la isla con Salinas era entonces bastante buena. Inclusive, luego de terminar su mandato, cuando fue traicionado por el presidente Ernesto Zedillo a quien había impulsado, Salinas se fue a vivir a Cuba y a Irlanda. Al principio, cuando Ahumada fue denunciado penalmente y se dictó orden de aprehensión, no se conocía su paradero; pero poco a poco se fue sabiendo que estaba en Cuba. De ahí que mi reclamo fue abierto y fuerte: denuncié que consideraba una inmoralidad del Gobierno de Cuba el proteger a Ahumada solo por los intereses de Salinas en ese país. La respuesta no se hizo esperar: las autoridades de Cuba enviaron a Ahumada a México con un expediente anexo que incluía videos con las confesiones en las cuales Ahumada hablaba de la complicidad con Salinas y Diego para afectarme políticamente. Pero la ruptura definitiva de Fidel con Salinas se presentó cuando publiqué el libro *La mafia que se adueñó de México... y el 2012*; en ese texto, escrito en 2010, expliqué el funcionamiento político del grupo compacto creado por Salinas desde que entregó a sus allegados bancos, empresas, minas y otros bienes que eran del pueblo y de la nación. En dos de sus reflexiones o escritos que publicaba periódicamente, ya retirado, titulados «El gigante de las siete leguas» parte uno y parte dos, Fidel abordó el tema y se deslindó por completo de Salinas exponiendo lo siguiente: «Cuando fue presidente de México, su rival había sido Cuauhtémoc Cárdenas, con quien por razones obvias manteníamos excelentes relaciones. Todos los grandes, medios y pequeños Estados lo habían reconocido. Cuba fue el último. No me constaba si había habido o no fraude. Era el candidato del PRI, partido por el que siempre votaron durante décadas los electores mexicanos. Solo el corazón me hacía creer que le robaron a Cuauhtémoc la elección».[6]

Además, miró lejos y tuvo la visión de escribir como profeta lo siguiente: «López Obrador será la persona de más autoridad moral y política de México cuando el sistema se derrumbe y, con él, el imperio».[7] «Hoy me honro en compartir los puntos de vista de Manuel López Obrador, y no albergo la menor duda que mucho más pronto que lo que él imagina, todo cambiará en México».[8]

Por eso, cuando estaba de gira por Colima y me enteré de la muerte del comandante Castro, declaré algo que sentía y que sostengo: que había muerto un gigante como Mandela. Recuerdo que los conservadores puros se pusieron furiosos y los conservadores moderados, siempre más despiertos, pero más simuladores, me cuestionaron el haberme atrevido a comparar al gran Mandela con Fidel.

Esta postura, según mi ver y entender, obedece más a que Mandela, con su enorme legado de congruencia y de haber recorrido, como se titula su interesante biografía, *El largo camino hacia la libertad*, mantuvo una mayor aceptación de los gobiernos occidentales y que Fidel nunca fue aceptado por los potentados del mundo; sin embargo, el gran Mandela siempre le guardó un gran respeto a Fidel. Véase en las redes un video hasta chistoso de cuando el dirigente sudafricano visita Cuba e invita a Fidel a Sudáfrica. Está Fidel sentado y Mandela parado, le insiste con que cuándo irá a Sudáfrica, pues todos iban y él, que los había ayudado tanto, no los visitaba; y así insistió e insistió sin sentarse, hasta que se oyó a Fidel decir: «Creo que va a tener que ser hoy mismo, voy a tener que volar contigo»[9] y todo ese diálogo terminó con sonrisas por la entrañable simpatía que siempre existió entre estos dos gigantes. Por cierto, la visita solicitada a la postre se realizó; coincidió con una caída de la Bolsa de Nueva York, un lunes negro, y Fidel, en su discurso en el Parlamento de Sudáfrica, preguntó: «No sé por qué lo llaman negro; realmente, ha sido un lunes blanco»,[10] con lo que provocó el aplauso de todos. En fin, luego de la posguerra, en el panteón de los grandes hombres de nación o de Estado, se encuentran, cuando menos, Churchill, Roosevelt, De Gaulle, Ho Chi Minh, Cárdenas, Allende, Mandela, Fidel, y apunten otros.

Ahora regreso a contar cómo fue que decidimos ir por Evo a Bolivia. Era un domingo, estaba de gira en Bacalar, Quintana Roo, cuando me enteré de la renuncia de Evo y de la violencia y del racismo de los golpistas. Por la tarde, casi a punto de abordar el avión en Cancún para regresar a la Ciudad de México, me comuniqué por teléfono con Marcelo Ebrard y le dije que buscara hablar con Evo y los dirigentes de Bolivia para ofrecerles asilo; al mismo tiempo, le di la instrucción de ponerse en comunicación con el general secretario de la Defensa Nacional, Luis Cresencio Sandoval González, para preparar la misión del traslado aéreo a nuestro país. Sobre esta misión y su contexto se sabe poco, la verdad es que es una gran historia de traición, pero también de heroísmo y dignidad del pueblo boliviano. Evo decía que le habíamos salvado la vida; yo pensaba que esa expresión era solo un gesto de agradecimiento por nuestra solidaridad, pero cuando el secretario de la Defensa me entregó el informe sobre los pormenores del operativo, caí en la cuenta del gran riesgo que se había corrido. Les invito a leer la relatoría sobre la misión Bolivia, hecha por la Secretaría de la Defensa, y ustedes juzguen:

> El domingo 10 de noviembre de 2019, aproximadamente a las seis de la tarde, el comandante de la Unidad Especial de Transporte Aéreo (UETA) de la Secretaría de la Defensa Nacional, recibió una llamada telefónica del general de brigada diplomado de Estado Mayor Homero Mendoza Ruiz, jefe del Estado Mayor de la Defensa Nacional.
>
> El dialogo comenzó con una pregunta del general Homero:
>
> —¿Cuánto tiempo necesitas para preparar una misión a Bolivia, y qué requieres para ejecutarla? Considera que hay que realizarla lo más pronto posible, es un traslado de urgencia.
>
> Al tratarse de una interlocución entre dos experimentados militares, no fue necesario que quien preguntaba aclarara los aspectos que por doctrina se incluyen metodológicamente al emitir una orden: quién, cuándo, dónde, cómo y por qué o para qué.

La respuesta del subordinado fue breve y casi inmediata.

—Solamente tres cosas, mi general: un avión capaz de realizar un vuelo directo al destino, hacer las coordinaciones necesarias y la orden para ejecutar la operación.

El equipo idóneo para realizar un vuelo de largo alcance era el Gulfstream G550, un avión de transporte corporativo capaz de volar más de doce horas a una velocidad de Mach .84 (casi 900 km/h) a altitudes superiores a los 45 000 pies, pudiendo recorrer una distancia de hasta 6 750 millas náuticas, equivalentes a 12 500 kilómetros, transportando hasta 18 pasajeros. Material de vuelo que por sus características es utilizado por diversas fuerzas aéreas del mundo como plataforma de vigilancia aérea, aeronave de investigación de gran altitud y gran alcance, plataforma de inteligencia de señales y guerra electrónica, sistema aerotransportado de detección y alerta temprana, ambulancia aérea y centro de mando y control aerotransportado, entre otras variantes, además de la función para la que fue diseñado, transporte ejecutivo. Un avión de este tipo, operado por la Fuerza Aérea Mexicana con la matrícula 3916, se encontraba disponible en las instalaciones del Escuadrón Aéreo 501 del 6º Grupo Aéreo, ubicadas en el mismo lugar que la UETA, configurado como transporte de pasajeros, sin tener instalado ningún tipo de dispositivo de detección remota, antenas de comunicaciones especiales, sensores electrónicos o térmicos, o alguna clase de armamento.

También, al tratarse de una aeronave de Estado, para la cual no aplican las Libertades del Aire establecidas en el Convenio de Chicago de 1944 y en la doctrina del Derecho Aeronáutico, era necesario realizar diversas coordinaciones previas al vuelo para contar con los permisos de sobrevuelo de los países de Centroamérica y Sudamérica por los que pasaría la ruta de vuelo más segura; sin embargo, bajo las circunstancias existentes en ese momento, la única solución viable para realizar la operación a la mayor brevedad posible sin tener que esperar los plazos normales de trámite de ese tipo de autorizaciones, las cuales podrían demorar mucho más tiempo del normal considerando que era un domingo por la tarde, era planificar una ruta de vuelo que no requiriera atravesar el espacio aéreo de ningún país, sino que se dirigiera, volando sobre aguas internacionales en mar abierto y donde no se aplica la soberanía de ningún Estado (por lo que se considera espacio aéreo internacional) hasta llegar a Perú, único país que sería necesario sobrevolar para llegar al aeropuerto de destino en Bolivia.

El reglamento para el Servicio Interior de la Unidades, Dependencias e Instalaciones del Ejército y Fuerza Aérea Mexicanos establece en su artículo sexto: «Las órdenes se transmitirán por los conductos regulares, salvo que sean urgentes, en cuyo caso se darán directamente a quien deba ejecutarlas. Cuando esto ocurra, se pondrán en conocimiento del superior que corresponda, tanto por quien las dicte como por quien las recibe. Si la orden es reservada, se seguirá el mismo procedimiento sin incurrir en explicaciones o detalles de la ejecución»; en este caso, dada la urgencia del asunto, se aplicaban textualmente las situaciones previstas en ese ordenamiento, por lo que el propio jefe del Estado Mayor de la Defensa Nacional, haciendo uso de la facultad que la Ley le confería, le comunicaba la orden en forma verbal directamente a quien ejecutaría la misión.

Confirmada la orden de preparar y planificar la operación, se dio inicio a los preparativos para cumplir la misión; la tripulación sería integrada por el general de grupo piloto aviador diplomado de Estado Mayor Aéreo Miguel Eduardo Hernández Velázquez, oriundo del Distrito Federal ahora Ciudad de México, quien a sus 57 años de edad y con una antigüedad de 43 años en el servicio militar sería el piloto al mando y el responsable de la misión; para esa fecha había volado más de 6 000 horas en diferentes tipos de aeronaves, curtido con una gran experiencia acumulada en una amplia gama de operaciones aéreas, al haberse desempeñado por más de treinta años como instructor de vuelo y asesor, ejecutando y enseñando desde maniobras tácticas de combate aéreo en aeronaves militares de entrenamiento T-33 y acrobáticas PC-7, hasta procedimientos de vuelo de alta precisión en aeronaves pesadas de rendimiento superior Boeing 737-300, pasando por vuelos en la sierra con aterrizajes y despegues desde pistas de tierra en condiciones marginales en aviones Cessna 206 y 210, complicadas y prolongadas misiones de vigilancia aérea y seguimiento de blancos aéreos, marítimos y terrestres en condiciones meteorológicas adversas y fuera de espacio aéreo controlado en aviones Embraer

145MC y vuelos en toda América y rutas a Asia y Europa en aviones G550, habituado a efectuar vuelos prolongados sobre el mar y cruces del Atlántico del Norte y del Pacífico... contaba con la confianza y la capacidad necesaria para conducir la misión.

El teniente coronel de fuerza aérea piloto aviador diplomado de Estado Mayor Aéreo Felipe Jarquín Hernández... se desempeñaría como copiloto. De 45 años de edad y con una antigüedad de 28 años en el servicio militar, era un veterano piloto con más de 3 000 horas de vuelo, con una sobresaliente experiencia acumulada como instructor de aviones Commander, y una gran destreza desarrollada mientras realizaba una gran cantidad de misiones de vigilancia aérea, en muchas ocasiones volando sobre el mar, de día y de noche y en condiciones atmosféricas adversas, al mando de aviones C-26 además del conocimiento que le proporcionaron múltiples vuelos de larga distancia en el propio Gulfstream G550, lo que lo hacía disponer de los conocimientos y la destreza que se requerirían para esa misión.

El capitán segundo de fuerza aérea especialista en Mantenimiento de Aviación Julio César Sánchez Ruperto, nacido en la Base Aérea Militar de Santa Lucía... sería el experimentado mecánico de a bordo, de 45 años de edad y con una antigüedad de 28 años en el servicio militar, tiempo en el cual, gracias a sus cualidades y excelente desempeño, se caracterizó por ser un aerotécnico diestro y confiable, el indicado para la misión.

A cada uno de ellos se les transmitió por vía telefónica su designación y se les instruyó acudir lo más pronto posible a las instalaciones de la UETA, donde a las 18:30 horas, media hora después de la comunicación inicial y haciendo evidente la disciplina inculcada durante el proceso de formación militar al que se someten todos los integrantes de las Fuerzas Armadas mexicanas durante sus estudios en un plantel militar, ya todos se encontraban presentes y listos para lo que se les ordenara.

El personal de aerotécnicos que ese domingo se encontraba de servicio en la UETA, auxilió a la tripulación en la preparación de la aeronave 3916, que pertenecía al Escuadrón Aéreo 501 y fue comisionada en la Unidad Especial de Transporte Aéreo para la materialización de esa misión; efectuaron la carga de combustible a su máxima capacidad, introduciendo en los depósitos de sus alas 41 300 libras de turbosina, equivalentes a 18 772 litros, con un peso de casi 19 toneladas.

Intuyendo la peculiar naturaleza de la misión que realizarían y las complicaciones que podrían presentarse, los tres tripulantes llevaron a cabo una escrupulosa revisión interior y exterior de la aeronave, procurando comprobar hasta en el más mínimo detalle el buen funcionamiento de todos los sistemas, apegándose minuciosa y estrictamente a las listas de verificación, incluyendo los aspectos específicos que se tienen que considerar en forma particular para llevar a cabo lo que en aeronáutica se conoce como operaciones extendidas (ETOPS) ya que en esta ocasión, se encontrarían durante la mayor parte de la ruta, a más de 240 minutos de vuelo de cualquier aeródromo en el que pudieran aterrizar en caso de una emergencia, por lo que era menester poner especial atención en el estado y condición de las balsas, chalecos salvavidas, botiquines y el resto de los artículos que forman parte del equipo de supervivencia en el mar y que por norma debe encontrarse a bordo de una aeronave que se internará en espacio aéreo oceánico.

A las 19:15 horas, teniéndose conocimiento de que la República de Perú permitiría el aterrizaje de la aeronave en su territorio, en la Sala de Planes de Operaciones de la Unidad Especial de Transporte Aéreo se dio inicio a la planificación detallada del vuelo, revisándose las cartas de aerovías y haciéndose cálculos acuciosos con objeto de efectuar una ruta de traslado directo desde el Aeropuerto Internacional de la Ciudad de México al Aeropuerto Internacional Jorge Chávez de la Ciudad de Lima, Perú; ruta que fue diseñada considerando evitar el ingreso al espacio aéreo de los países que se sobrevuelan en los trayectos de las rutas regulares que emplean los aviones de aerolíneas que vuelan hacia y desde Centro y Sudamérica, por lo que sería necesario volar apartados del sistema de aerovías continentales y en un área distinta a la cubierta por el sistema de rutas del océano Pacífico, abandonando el territorio continental con un rumbo sur-suroeste hasta una distancia de trescientas millas náuticas mar adentro sobre el océano Pacífico, para después volar con rumbo sur-sureste y posteriormente regresar al continente en una trayectoria directa hacia el espacio aéreo comprendido dentro de la región de información de vuelo de Lima, para arribar al aeropuerto peruano evitando el ingreso al espacio aéreo ecuatoriano.

La tripulación analizó detenidamente la información disponible respecto a las condiciones meteorológicas existentes a lo largo de la ruta de vuelo proyectada, concluyendo que a pesar del mal tiempo que se presenta, sí sería posible efectuarla aprovechando las singulares características y el alto rendimiento de la aeronave, cuya potencia y techo de servicio le permitirían volar sobre las zonas de tormenta localizadas mar adentro.

A las 22:30 horas, arribó a la UETA el licenciado Froylán Gámez Gamboa, economista de profesión... asignado a la Dirección de Asuntos Especiales de la Subsecretaría para América Latina y el Caribe de la Secretaría de Relaciones Exteriores; la experiencia profesional y sus abundantes conocimientos sobre los asuntos de la región fueron los factores clave para ser designado por esa dependencia para viajar a bordo de la aeronave, con objeto de apoyar a la tripulación en la realización de las gestiones y coordinaciones diplomáticas que fueran requeridas durante la operación para llevar esta a buen fin, llevando sobre sus hombros el gran compromiso de representar la diplomacia de nuestro país.

Al recibirse la confirmación de la orden para proceder con la operación, esta dio inicio con el despegue de la aeronave desde la pista 05 derecha del Aeropuerto Internacional de la Ciudad de México, a las 00:36 horas del día 11: «Fuerza Aérea Mexicana 3916 autorizado a despegar, pista 05 derecha, viento de los 060 grados con ocho nudos, en el aire comunique con salidas México».

Durante el ascenso inicial, contando con la oscuridad del horizonte, a los ocupantes de la aeronave les fue posible observar el espectacular paisaje que a esa hora ofrece el valle de México; a pesar de la nubosidad que habitualmente se encuentra en el área, la intensa iluminación de la ciudad y su zona conurbada, rodeada por los magníficos volcanes, permite al observador comprender la razón por la que se ha llamado a esta «la región más transparente».

Al pasar los 10 000 pies de altitud, y aprovechando la escasa afluencia de tráfico aéreo a esa hora, con la autorización del Centro de Control de Tráfico Aéreo de México, la aeronave enfiló directamente hacia el océano Pacífico; al pasar sobre el puerto de Acapulco el compás magnético se orientó al rumbo 225, buscando obtener la mejor velocidad y régimen de ascenso. Teniendo la certeza de que al llegar a Lima se dispondría de combustible para recargar los depósitos, en ese momento la prioridad era volar a la mayor velocidad que se pudiera alcanzar.

Al llegar al límite sur del espacio aéreo correspondiente al Centro de Control México, abandonando el espacio aéreo mexicano, fue establecida la última comunicación con la dependencia de control de tráfico aéreo: «Fuerza Aérea Mexicana 3916, abandonando el área, ingresamos a espacio oceánico, muchas gracias por todo, que tenga usted un buen día».

Es bien sabido para algunos pilotos, particularmente para los pilotos militares, que cuando se vuela fuera de espacio aéreo controlado, sin estar sujetos a la obligación de emitir un reporte de posición y situación cada determinado tiempo, el que normalmente es respondido por una voz al otro extremo de la frecuencia la cual, aunque proviene de un desconocido, siempre proporciona una relativa tranquilidad al confirmar que no se está en completa soledad, dentro de la cabina se experimenta una sensación de soledad difícilmente comparable a cualquier otra situación que se pueda vivir.

A pesar de la gran amplitud del espectro electromagnético, el saber que no se dispone de ninguna frecuencia en la cual se pueda hacer contacto con alguna dependencia del control de tráfico aéreo, manteniéndose en completo silencio porque no hay a quien llamar, volando sobre la inmensidad del mar abierto y envueltos en la oscuridad de la noche, pueden llegar a la mente una infinidad de pensamientos, de toda clase, especialmente durante trayectos largos y estables en los que se cuenta con el tiempo suficiente para reflexionar sobre las vivencias acumuladas, las decisiones tomadas, los errores cometidos, las alegrías y las tristezas vividas, las satisfacciones y los sinsabores que han iluminado u oscurecido nuestros días y toda esa infinidad de cosas y detalles que van configurando los recuerdos en la existencia de cada persona.

Esa noche, todos los que viajaban en el FAM 3916 tenían mucho en que pensar a pesar de la escasez de información, podrían deducir que se encontraban cumpliendo una misión importante, en la que podría estar de por medio, inclusive, el prestigio de México. Como servidores públicos, integrantes de dependencias oficiales del Estado mexicano, sabían que tenían un serio compromiso, en cuyo cumplimento tendrían que empeñar toda su inteligencia, su voluntad, su experiencia, sus conocimientos y, quizás, hasta su imaginación y capacidad de improvisación para llevar a buen término su delicada encomienda.

Había una misión que cumplir, una misión en la que no existía ningún margen posible de error, la orden fue clara y concisa: traer a salvo a México al señor Evo Morales.

Esa sencilla disposición significaba extraerlo sin ningún daño del entorno en el que se encontrara, introducirlo a la aeronave y trasladarlo desde América del Sur hasta México, asegurándose de mantenerlo con vida, lo que implicaba hacer lo que fuera necesario para salvaguardar su integridad física, así como la de la propia tripulación, preservando también la integridad del medio de transporte, manteniendo en un estado óptimo la operatividad del vehículo que haría posible trasladarlo esa gran distancia.

En forma instintiva, automática, sin pensarlo, la tripulación seguía al pie de la letra lo que establece para los miembros del Ejército y Fuerza Aérea Mexicanos el Reglamento General de Deberes Militares en su artículo tercero: «Las órdenes deben ser cumplidas con exactitud e inteligencia, sin demoras... El que las recibe... podrá pedir le sean aclaradas cuando le parezcan confusas, o que se le den por escrito cuando por su índole así lo ameriten... Para no entorpecer la iniciativa del inferior, las órdenes solo expresarán, generalmente, el objeto por alcanzar, sin entrar en detalles de ejecución».

Durante el viaje de ida, ambos pilotos conversaron ampliamente, revisaron minuciosamente la información disponible, examinaron a detalle las posibilidades que aparecían como más probables de permitir lograr el éxito, analizaron con detenimiento algunas de las muchas variables que podrían afectar tanto negativa como positivamente la misión, dialogaron abiertamente sobre algunas de las alternativas más atractivas y consideraron también otras menos atrayentes; después, como resultado del análisis y con toda la objetividad con que era posible hacerlo, determinaron varios cursos de acción y seleccionaron como viables los que aparentaban tener las mejores posibilidades de éxito en su aplicación, aun a sabiendas de que al momento de enfrentarse con la realidad en el terreno, todo lo previsto podría no servirles de nada.

Había muchos aspectos de la misión que generaban incertidumbre, y que durante el vuelo y mientras transcurría el tiempo, en tierra podían estar sucediendo cosas que podrían cambiar el panorama general que se apreciaba al momento de partir, modificando la situación tanto en México como en Perú o en Bolivia.

Como resultado lógico (y deseado) del proceso educativo al que estuvieron sometidos durante su formación militar, así como del intenso entrenamiento al que como militares profesionales se sujetan en forma permanente, el resto de los asuntos que podían ocupar sus pensamientos pasaba a un segundo término; la prioridad era cumplir con la misión asignada, y en eso se concentraban al tratar de llenar los vacíos de información existentes respecto al probable desarrollo de la misión, mediante deducciones basadas en los escasos datos de que previamente disponían y de los hechos que en los medios de comunicación se habían mencionado respecto a la situación que en esos días se estaba viviendo en Bolivia.

También, por su parte, el licenciado Gámez tenía mucho en que pensar: aunque aparentemente la misión sería fácil y sin complicaciones, muchas cosas podían pasar, muchas eventualidades podrían presentarse, a pesar de que desde México los funcionarios del servicio exterior estaban colaborando para la ejecución de la misión, efectuando múltiples coordinaciones diplomáticas con diferentes países de América del Sur; en todo caso, él debería tener la capacidad de decidir rápidamente a quién debería acudir en el caso de que sucediera algún requerimiento, qué hacer o qué decir y, de acuerdo con el nivel de responsabilidad y autoridad de la persona con quien interactuara, la actitud que debería asumir. Él tenía claro el papel que debería desempeñar y se le había explicado con claridad el alcance de su participación, que sería amplio y sin restricciones, pero aun así, existía una gran cantidad de contingencias que podrían presentarse y también múltiples formas de darles solución, algunas de las cuales podrían no ser las más apropiadas.

Después de seis horas de un vuelo con algunos tramos turbulentos y tormentosos, la tripulación entró en contacto con el Centro de Control de Lima, que autorizó iniciar el descenso y la aproximación, efectuándose el aterrizaje en el aeropuerto de Lima media hora después, a las 7:06 horas (tiempo local de México), estacionando el avión en la plataforma militar, donde se estableció comunicación con la empresa proveedora de combustible y se efectuó la recarga de turbosina, nuevamente a la capacidad total de la aeronave.

El licenciado Gámez descendió para hacer contacto con las autoridades que se encontraban a la espera del avión; entre tanto, la tripulación esperaba a bordo de la aeronave, evitando descender para prescindir de los trámites de migración y aduana, y en espera de la autorización para ingresar al espacio aéreo boliviano y del permiso de aterrizaje en el aeropuerto de Chimoré, en Cochabamba, Bolivia.

A las 10:50 horas (tiempo local de México) el señor Gámez Gamboa recibió la autorización de sobrevuelo transmitiéndosela a la tripulación, por lo que a las 11:16 horas (tiempo local de México), se efectuó el despegue hacia Bolivia; sin embargo, al arribar al límite del espacio aéreo peruano con el de Bolivia, el Centro de Control de Tráfico Aéreo boliviano le comunicó al avión mexicano que el ingreso a su espacio aéreo estaba denegado, por lo que el general Hernández decidió establecerse en un patrón de espera en las inmediaciones de la frontera de los dos países en tanto se recibía la autorización.

Después de una hora de espera, en razón de respuesta negativa a las solicitudes para sobrevolar el territorio boliviano, y ante la posibilidad de ser interceptados por una aeronave de combate de ese país en caso de ingresar o acercarse más a su espacio aéreo, se tomó la decisión de regresar a

Lima, donde nuevamente aterrizaron a las 14:26 horas (tiempo local de México) después de mantenerse en el aire por tres horas con diez minutos.

Al arribar nuevamente a la plataforma militar del aeropuerto Jorge Chávez, después de estacionarse en la misma posición que había ocupado en la ocasión anterior, frente a las instalaciones del Grupo Aéreo número 8, una oficial de la Fuerza Aérea del Perú, acompañada de soldados armados, se acercó a la aeronave para comunicarle al comandante que tenían prohibido permanecer en esa plataforma, invitándolo a retirarse, por lo que la tripulación echó a andar uno de los motores y retiró de esa posición la aeronave, rodándola hasta estacionarla en un posición ubicada en el límite de esa plataforma y la calle de rodaje del aeropuerto, procurando no interferir con las maniobras de otros aviones.

Durante la permanencia por segunda ocasión en el aeropuerto de Lima, la tripulación estableció contacto con la empresa proveedora contratada por la Secretaría de la Defensa Nacional para suministrar el abastecimiento de combustible, solicitándole una carga de turbosina, la cual fue negada por el representante, aduciendo que únicamente habían acordado proveer el hidrocarburo por una sola vez, y que para esa hora del día, no disponían de personal para proporcionar el servicio, razón por la cual se contaba únicamente con carburante suficiente para volar por un tiempo de entre siete y ocho horas.

Aproximadamente a las 16:15 horas (tiempo local de México), el señor Gámez Gamboa le informó al general

Hernández que ya se había obtenido la autorización para volar al aeropuerto de Chimoré, en Cochabamba, Bolivia, por lo que a las 17:00 horas (tiempo local de México), volvieron a despegar con destino a esa localidad, para aterrizar dos horas después, a las 19:00 horas (tiempo de México) en la pista de la instalación que hasta el año 2006 funcionaba como una base militar de los Estados Unidos y que en el año 2015 fue inaugurada como aeropuerto.

Al aterrizar, durante el rodaje sobre la pista y también a ambos lados de la calle de rodaje por la que se desalojó hacia la plataforma de servicio, se advertía una abundante presencia de personal militar y civiles armados que observaban la aeronave. En ese momento y ante tal panorama, los tres tripulantes recordaron una importante premisa que rige el proceder que, por propia convicción, invariablemente practican en su día a día los militares mexicanos: «El servicio de las ramas exige que el militar lleve el cumplimiento del deber hasta el sacrificio y que anteponga al interés personal el respeto a la Constitución Política de los Estados Unidos Mexicanos, la soberanía de la Nación, la lealtad a las instituciones y el honor del Ejército y Fuerza Aérea Mexicanos». Los tres se miraron y, con la certeza de coincidir en el pensamiento, el único comentario que se pronunció fue «hagamos lo mejor que podamos para que todo salga bien».

Al estacionar la aeronave en la plataforma de servicio y después de apagar los motores, el piloto instruyó a su tripulación para que planificaran el vuelo de regreso a Lima y le pidió al señor Gámez Gamboa que hiciera lo posible por obtener la autorización para realizarlo, indicándoles que, pasara lo que pasara, permanecieran a bordo.

Dejando su pistola Colt Government calibre 0.45 en el compartimento junto a su asiento, consciente de que, además de serle de muy poca utilidad ante la abrumadora desventaja, el hecho de pisar territorio extranjero en su condición de militar en el servicio activo portando una arma podría prestarse a malas interpretaciones, sería inapropiado y quizás hasta peligroso, además de tener consecuencias muy negativas, descendió desarmado de la aeronave con la intención de indagar con quien fuera posible para obtener información sobre la ubicación de Evo Morales, poder localizarlo y conducirlo a salvo al avión.

Cuarenta y cinco minutos después logró localizar e identificar en el edificio terminal del aeropuerto al señor Evo Morales, quien estaba acompañado por otras dos personas, el vicepresidente Álvaro García Linera y la ministra de Salud, Gabriela Montaño, quienes ya se dirigían hacia la plataforma donde se encontraba la aeronave; los saludó y les pidió que lo siguieran; guiándolos hasta el avión, les indicó que lo abordaran, subió detrás de ellos y cerró la puerta interior.

En ese momento, los mexicanos sintieron alivio, ya estaba hecha la mitad del trabajo; lo que ignoraban era que esa había sido la mitad fácil, ahora faltaba completar la parte más difícil... y complicada de la misión, llevar a México al señor Evo Morales y sus acompañantes garantizando su seguridad.

Poco después de que los pasajeros abordaron la aeronave, pasadas las 20:00 horas (tiempo local de México), el licenciado Gámez recibió por vía telefónica la autorización para volar al aeropuerto de Lima, por lo que a las 20:20 horas (tiempo de México), la tripulación puso en marcha los motores y estableció contacto con la torre de control para solicitar las instrucciones del rodaje y hacer de su conocimiento el plan de vuelo hacia Lima, a donde volarían para intentar obtener el combustible suficiente para llegar a México, recibiendo la autorización para rodar a la posición de despegue.

Encontrándose en la cabecera de la pista, habiendo repasado las listas de verificación y estando listos para efectuar el despegue, la torre de control les comunicó que carecían de la autorización para ingresar al espacio aéreo peruano, indicándoles que deberían regresar a la plataforma por instrucciones del personal militar que se encontraba en el aeropuerto, por lo que procedieron a ejecutar las instrucciones recibidas, percatándose de una mayor actividad de personal armado y vehículos artillados a ambos lados de la pista, así como en las inmediaciones de la calle de rodaje.

Al encontrarse en la plataforma de servicios del aeropuerto de Chimoré, el piloto descendió de la aeronave para intentar encontrar un área en la que se recibiera señal de telefonía celular, hallándola en el extremo norte de la plataforma de servicios, donde intentó en repetidas ocasiones comunicarse con el jefe del Estado Mayor de la Defensa Nacional, así como con el propio secretario del ramo, logrando establecer una breve comunicación con el general Luis

Cresencio Sandoval González; sin embargo, la inestabilidad en la señal impidió al general Hernández Velázquez transmitirle a su superior un informe completo sobre la situación existente en Chimoré.

Aproximadamente a las 20:25 horas (tiempo local de México), un grupo de tres personas armadas, portando el uniforme del ejército boliviano, se dirigieron desde el extremo norte de la plataforma hacia la aeronave, encontrándose con el piloto ordenándole uno de ellos levantar los brazos, diciéndole que bajarían a Evo Morales de su avión, en ese momento, otro de los individuos se le aproximó por detrás y lo golpeó en la espalda baja con la culata de un arma larga tipo Garand, por lo que el piloto giró hacia la izquierda para enfrentarlo, momento en el cual otro de los individuos, también uniformado, le golpeó en el abdomen con el rompeflamas de un fusil automático ligero, cargando su arma y apuntándole al pecho sin ninguna razón aparente que motivara tal acción; ante esa situación, el general se dirigió hacia quien le apuntaba diciéndole en tono sereno pero firme: «Joven soldado, los valientes no asesinan», a lo cual el soldado bajó su mirada y apuntó hacia el suelo el cañón de su arma, apartándose unos pasos hacia atrás; pasado el momento de tensión, en absoluto silencio y sin ninguna interferencia, el piloto caminó hacia el avión.

Después de ese encuentro, aproximadamente a las 20:35 horas (tiempo local de México), se aproximaron a la aeronave entre seis y ocho individuos, algunos portando el uniforme del ejército boliviano y otros vistiendo de civil, quienes portaban armas cortas y largas; el piloto descendió de la aeronave para intentar dialogar con ellos, instruyendo a la tripulación para que cerraran las persianas de las ventanillas de la cabina de pasajeros y mantuvieran cerrada la puerta de acceso al avión; se colocó al pie de la escalera de acceso y al encontrarse frente a una persona que vestía de civil y que parecía comandar el grupo, pretendiendo ingresar a la aeronave, nuevamente se le ordenó levantar los brazos.

Al no percibir una amenaza inmediata como la que se presentó momentos antes, probablemente con una gran carga de adrenalina circulando por sus venas, el piloto increpó al grupo de personas señalándoles sus insignias, mencionando su jerarquía e indicándoles que, además de encontrarse desarmado, no tenía ninguna intención hostil en su contra y explicándoles que la aeronave a su mando, a pesar de ser militar, no portaba armamento, cámaras, sensores remotos ni algún otro equipo o dispositivo con el que se pudiera amenazar su seguridad ni vulnerar la soberanía de su país sobre su territorio y su espacio aéreo; también, argumentó a su favor las circunstancias de que en nuestros países hablamos el mismo idioma y tenemos el mismo color de piel, así como el hecho de que Bolivia y México son naciones hermanas con una añeja tradición de amistad, logrando serenarlos.

Al encontrarse en esa situación, aunque ya apaciguados los ánimos de las personas que rodeaban el avión, el individuo que demostraba tener autoridad sobre los demás, al parecer un oficial, insistió en sus intenciones de ingresar a la aeronave para extraer a las tres personas de nacionalidad boliviana que se encontraban a bordo, ante lo cual el piloto volvió a colocarse al pie de la escalera de acceso y le expresó que, conforme al derecho internacional, toda la aeronave, incluyendo la cabina de pasajeros, al ostentar una identificación reconocible mediante los distintivos consistentes en la leyenda Fuerza Aérea Mexicana a ambos lados del fuselaje junto con los triángulos concéntricos con los colores de la bandera mexicana en las alas, debería ser considerada como territorio mexicano, razón por la cual lamentablemente no le sería posible consentir que pasaran a su interior, reiterándole que no se los permitiría. Afortunadamente, a pesar de que para acceder a la aeronave solamente tenían que neutralizar la débil resistencia que podía ofrecer una sola persona desarmada, los miembros del grupo no insistieron en sus pretensiones y permanecieron en su sitio.

Poco después arribó al pie de la aeronave una persona que se identificó como capitán, con quien el piloto se identificó mostrándole su identificación militar, estableciendo a continuación un diálogo directo con él, solicitándole que otra persona que se encontraba en la parte oriental de la plataforma a unos ciento cincuenta metros de la aeronave, dejara de apuntarle al avión con el dispositivo lanzador RPG que portaba, solicitud que ignoró; sin embargo, posteriormente logró persuadirlo para que le facilitara un medio de comunicación para establecer enlace con sus superiores, permitiéndole hablar por radio con una persona que se identificó como coronel, quien a su vez lo comunicó con un general al que, después de darle otra explicación sobre la situación y la misión humanitaria que se encontraba realizando, le indicó que esperara una llamada en el teléfono del capitán. Tras algunos minutos de espera, se recibió una llamada de una persona que se identificó como el general Terceros Lara, comandante de la Fuerza Aérea Boliviana, con quien el piloto habló por aproximadamente cinco minutos, dándole la misma explicación y reiterándole que su presencia no tenía ninguna intención hostil en contra de su país, indicándole que solamente estaba intentando llevar a buen término una misión humanitaria en cumplimiento a una orden.

Con un serio lenguaje castrense, usando expresiones formales de uso universal para los militares de cualquier parte del mundo, el general Hernández Velázquez le solicitó respetuosamente su colaboración para cumplir con su misión humanitaria, asegurándole que en el caso de que él se encontrara en la misma situación, con seguridad recibiría su apoyo o el de cualquier otro militar profesional que, al tener una formación ética con principios y valores morales comunes a la profesión de las armas, pudiera otorgárselo; después de algunos segundos, el general respondió, aunque con un tono molesto, que a partir de ese momento tenía treinta minutos para abandonar el espacio aéreo de su país, indicándole con énfasis que él no respondería por la seguridad de los ocupantes ni por la integridad de la aeronave si no se cumplía con esa instrucción, a lo que el piloto le solicitó que le transmitiera la autorización al personal que se encontraba rodeando la aeronave, haciéndolo en cuanto le devolvió el teléfono al capitán, a quien le solicitó nuevamente que el individuo que apuntaba el dispositivo lanzador dejara de hacerlo.

El capitán del ejército boliviano instruyó al personal uniformado y al que vestía de civil para que se alejaran del avión, indicándole a quien apuntaba a la aeronave que dejara de hacerlo.

Después de concluir la llamada y habiendo verificado que la periferia de la aeronave se encontraba despejada, el piloto se despidió con circunspección del capitán y del personal ahí presente, agradeciéndoles a todos su gentileza y transmitiéndoles los saludos y los buenos deseos de sus camaradas mexicanos, después de lo cual abordó el avión; al ingresar a la aeronave, el señor Gámez Gamboa le indicó que disponían de una autorización, pero que esta era para ingresar al espacio aéreo de Paraguay y para aterrizar en el aeropuerto de Asunción, por lo que mientras ponían en marcha los motores ambos pilotos efectuaron la planificación del vuelo, definieron el procedimiento de salida e iniciaron el rodaje, precisando la ruta más directa y expedita hacia la frontera con Paraguay para poder abandonar el espacio aéreo boliviano dentro del plazo de los treinta minutos otorgados por el general Terceros Lara.

Habiendo iniciado el rodaje a las 20:55 horas (tiempo local de México), despegaron a las 21:01 (tiempo local de México); durante el ascenso inicial el piloto alcanzó a observar, desde el lado izquierdo de la cabina de mando y cuando casi alcanzaban 1 500 pies sobre el terreno, una estela luminosa similar a la característica de un cohete en la posición de las siete (atrás y a la izquierda de la trayectoria del avión) por debajo del horizonte, estimando el piloto que, en caso de tratarse de un proyectil, el punto desde donde fue lanzado podría estar ubicado en las inmediaciones del aeropuerto de Cochabamba, por lo que efectuó un viraje ceñido hacia el lado contrario de la trayectoria del proyectil (lado derecho) incrementando el régimen de ascenso para evitar el impacto, observando que la traza, muy por debajo de la aeronave, efectuaba una parábola hacia el terreno sin haber alcanzado la altura que en ese momento ya tenían, aproximadamente, de 3 000 pies sobre el terreno, concluyendo su apreciación que el posible cohete podría haber provenido del lanzador RPG que observó en el aeropuerto; respecto a esta situación, decidió abstenerse de comunicar a la tripulación para evitar incrementar la tensión existente y poder mantenerse concentrado en el ya de por sí complicado vuelo.

Después de esto, ajustaron la potencia de los motores para obtener la máxima velocidad posible y buscaron el mejor régimen de ascenso, dirigiéndose directamente a la posición geográfica denominada como fijo «MOMDI», ubicada en la frontera entre Bolivia y Paraguay, logrando arribar a esa ubicación justo a los treinta minutos que se les habían concedido.

Ya dentro del espacio aéreo paraguayo, ajustaron la potencia y redujeron la velocidad para optimizar el combustible disponible, volando a 37 000 pies por una hora con

45 minutos, después de lo cual arribaron al Aeropuerto Internacional de Asunción, Paraguay, solicitándole al Control Terrestre que les permitiera dirigirse a la plataforma militar, solicitud que les fue autorizada, dirigiéndose a esa ubicación, donde estacionaron la aeronave.

Después de apagar los motores, el piloto instruyó a la tripulación y a los pasajeros a que evitaran descender hasta que comprobara la seguridad que ofrecía el área y se los indicara; al bajar del avión se encontró con el embajador de México en aquel país, quien después de identificarse le solicitó pasar al interior del avión, permitiéndoselo.

En tanto el embajador conversaba con los pasajeros y a pesar de que durante el vuelo no se percibió alguna anormalidad en el funcionamiento de la aeronave y sus sistemas, la tripulación realizó una inspección al exterior, con objeto de verificar que no tuviera algún daño ocasionado por una ojiva disparada por algún arma de fuego u otra clase de proyectil, sin que se encontrara ningún daño evidente.

Después de unos momentos de charla entre los pasajeros y el embajador de México en Paraguay, el licenciado Gámez Gamboa informó a la tripulación que se les proporcionaría combustible, por lo que procedieron a coordinar la recarga y a llenar los depósitos a la capacidad total de la aeronave, realizando también la planificación para efectuar el vuelo a nuestro país. El general Hernández Velázquez pidió al licenciado Gámez Gamboa, con objeto de que realizara las gestiones necesarias para obtener las autorizaciones correspondientes, que la ruta más conveniente sería volar desde su actual ubicación hacia el norte, para ingresar al espacio aéreo brasileño y sobrevolar el territorio de ese país hasta llegar a la frontera con Perú, para de ahí volar hacia Guayaquil, prosiguiendo hacia el oeste por unas ochocientas millas náuticas con objeto de llegar a aguas internacionales y ya sobre estas, dirigirse hacia el norte, directamente a México.

En cuanto el licenciado Gámez les indicó que se habían realizado con éxito las gestiones para obtener los permisos de sobrevuelo, aproximadamente a las 01:30 horas (tiempo local de México), la tripulación puso en marcha los motores y repasó cuidadosamente cada punto considerado en las listas de verificación, efectuando el despegue a las 01:56 horas (tiempo local de México), siguiendo el itinerario conforme a lo que habían planificado, saliendo del espacio aéreo de Paraguay y volando sobre territorio brasileño.

Poco antes de llegar a la frontera de Perú con Ecuador, el Centro de Control de Quito les indicó que tenían prohibido ingresar al espacio aéreo de ese país, por lo que procedieron a enfilarse a la frontera entre Perú y Ecuador, ajustando la potencia para obtener la máxima velocidad posible y ascender a una altitud de 45 000 pies, logrando mantener Mach .84 (aproximadamente 850 km/h); en cuanto llegaron a la zona limítrofe, se enfilaron hacia el oeste para volar hacia el mar, manteniéndose sobre la virtual que define el límite fronterizo entre los dos países, con objeto de volver a internarse en aguas internacionales, volando por una distancia de ochocientas millas náuticas con rumbo 280° para volar más allá de las Islas Galápagos y librar la jurisdicción territorial de Ecuador; al arribar al punto limítrofe del espacio aéreo ecuatoriano viraron hacia el norte franco, enfilándose directamente hacia el espacio aéreo mexicano.

Fue en ese punto, al saber que ya habían completado con éxito la parte más difícil de la misión, que los tripulantes sintieron algún alivio, conscientes de que no deberían relajarse a tal grado que pudieran cometer un error por descuido.

Durante el vuelo sobre el océano Pacífico, al arribar a aguas internacionales y con objeto de diluir la tensión acumulada por los pasajeros, circunstancia comprensible por la difícil situación vivida en las últimas horas, el teniente coronel Jarquín y el capitán Sánchez se mantuvieron pendientes de la condición de los pasajeros; verificaron visualmente y mediante sencillas preguntas formuladas con amabilidad su estado físico y, al constatar que se encontraban bien y que no requerían alguna clase de auxilio, les ofrecieron bebidas y alimentos, así como almohadas y cobertores para que tuvieran un adecuado descanso.

Cuando tuvieron la certeza de encontrarse en espacio aéreo internacional, ambos pilotos y el mecánico de a bordo sintieron de lleno el peso de la fatiga acumulada; hasta ese momento se habían mantenido más de veinticuatro horas en vigilia y aún les faltaban más de siete para llegar a México; sabían que el esfuerzo tenía que continuar y se daban ánimo mutuamente, después de todo, también son seres humanos.

Acostumbrados a las fatigas, conocedores de los signos de agotamiento que aparecen en misiones prolongadas y versados en la utilización de los trucos para ahuyentar el sueño y el cansancio, establecieron una charla sobre cosas triviales; a pesar de ostentar jerarquías diferentes que hacía menester mantener el respeto y la subordinación que hacen posible el funcionamiento de la estructura militar, las muchas misiones realizadas como equipo y los años de convivencia continua en el servicio, habían formado entre esos hombres un vínculo de amistad, una especial amistad que los soldados desarrollan, por lo que además de ser tripulantes con una función específica, también eran compañeros de armas que compartían la confianza y la sinceridad que se le permiten a un amigo.

De esa forma, entre conversaciones amistosas, atención a la situación y desarrollo del vuelo, revisiones periódicas a la condición de los sistemas de la aeronave, vigilancia al entorno en el exterior del avión y verificaciones periódicas al estado de los pasajeros, se cubrió el trayecto de regreso a la patria.

Nueve horas con cuarenta minutos después de iniciado el vuelo de retorno a México, con el pasajero principal y sus dos acompañantes sanos y salvos, aterrizaron en el Aeropuerto Internacional de la Ciudad de México, dirigiéndose hacia la plataforma de servicios del 6º Grupo Aéreo, donde descendieron del avión el señor Evo Morales, la señora Gabriela Montaño y el señor Álvaro García Linera, así como el licenciado Gámez, siendo recibidos por el canciller Marcelo

Ebrard, considerándose en ese momento como concluida la misión, encontrándose los pasajeros, la tripulación y la aeronave en territorio mexicano y sin ninguna novedad.

Respondiendo en forma apropiada y con celeridad a un requerimiento del Mando Supremo de las Fuerzas Armadas, la Secretaría de la Defensa Nacional puso de manifiesto su vocación de servicio, su capacidad de respuesta para dar solución a eventualidades, y el profesionalismo de sus integrantes. ¡Misión cumplida!

• • •

A los cuatro integrantes de esta misión los consideramos militares, ciudadanos y servidores públicos ejemplares y patriotas. El 20 de noviembre de 2019, en la ceremonia de entrega de condecoraciones y ascensos de las Fuerzas Armadas, tuve el honor de entregar las insignias al ahora general de Ala dos estrellas piloto aviador diplomado del Estado Mayor Aéreo Miguel Eduardo Hernández Velázquez, quien es hijo del fallecido general de Ala P.A. D.E.M.A. Fernando Hernández Vega, integrante del Escuadrón Aéreo 201, que luchó representando a México en la Segunda Guerra Mundial. Actualmente el general Hernández Velázquez se desempeña como director del Colegio del Aire en Zapopan, Jalisco.

No hace falta subrayar el mal comportamiento de personas, militares y gobernantes de países que como se indica en el reporte, no estuvieron a la altura de las circunstancias. Más bien quiero dejar de manifiesto el apoyo que recibimos para el buen cumplimiento de esta misión de los gobiernos de Paraguay y Brasil, así como la ayuda del entonces presidente electo de Argentina, nuestro amigo Alberto Fernández.

Al pueblo de Bolivia, sobre todo, a los más pobres de ese gran país, les repito lo que expresé cuando nos visitó su actual presidente, Luis Arce Catacora:

> Bolivia es el mejor ejemplo a seguir para hacer justicia a los pueblos; en Bolivia, luego de dictaduras y regímenes autoritarios entreguistas, llegó a la presidencia un indígena, Evo Morales, y en 14 años cambió la realidad que imperaba de oprobio y desprecio a la población mayoritariamente indígena por una forma de vida fincada en la igualdad, el respeto a la pluralidad cultural y el progreso con justicia.
>
> Usted, presidente Luis Arce, ha sido protagonista de esa transformación, porque fue el encargado del manejo de la economía y supo equilibrar crecimiento con bienestar. Ustedes han logrado en Bolivia cosas espectaculares; han sido el país del continente con más crecimiento económico en más de una década; recuperaron los recursos naturales del país que estaban en manos de extranjeros; sacaron de la marginación a millones de familias pobres y, por si fuera poco, acabaron con el mito de que el pueblo es malagradecido, porque después del reciente golpe de Estado, en medio de amenazas y persecuciones, la gente humilde, los indígenas fueron a las urnas y votaron por usted, que ganó en las elecciones desde

la primera vuelta con mucha ventaja. Esa lección de civismo y democracia es admirada por nosotros y por muchas otras personas, mujeres y hombres libres de nuestra América y del mundo. Gracias por su visita a México digno presidente de Bolivia, Luis Arce Catacora. Gracias de todo corazón. Y a Evo, un abrazo de compañero.[11]

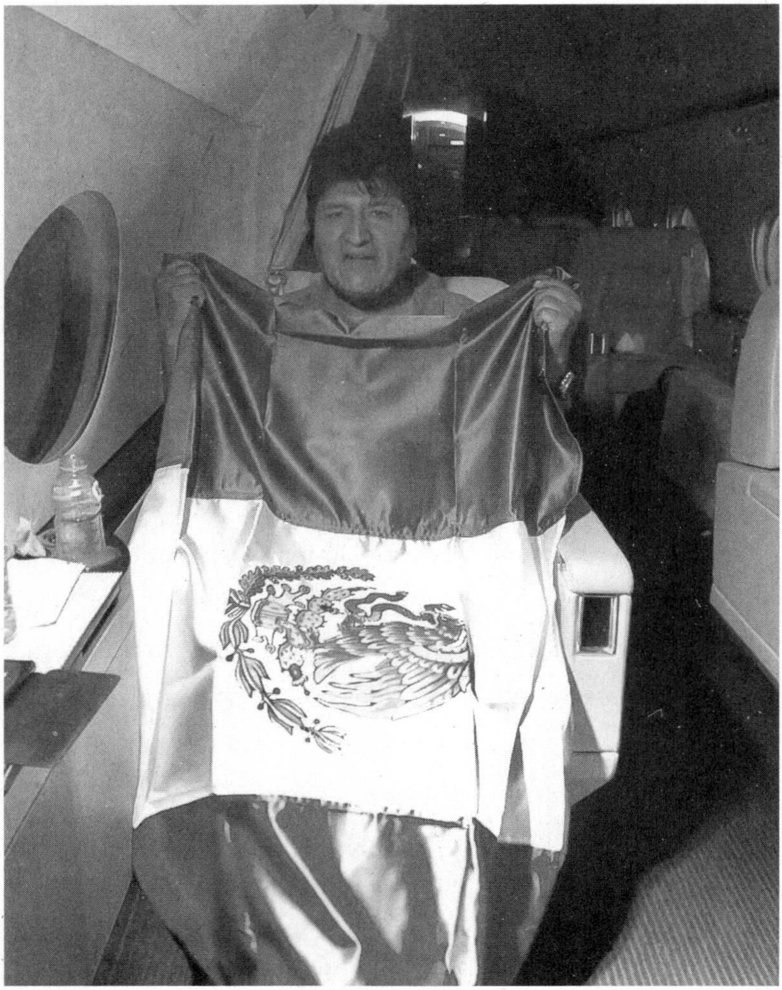

Capítulo III

LOS OPOSITORES

Ante todo cambio político verdadero surgen grupos de intereses creados que se oponen y enfrentan a los movimientos o gobiernos que los detonan y conducen; muchas veces dije, y ahora se entiende mejor, que nuestra lucha tenía el propósito de transformar a México. Sostenía, una y otra vez que la Cuarta Transformación sería tan profunda como la Independencia, la Reforma y la Revolución, pero que, a diferencia de esas tres gestas históricas, llevaríamos a cabo la nuestra por la vía pacífica y democrática, con la participación consciente y organizada del pueblo, especialmente con los de abajo y con los ciudadanos más fraternos de las clases medias. Sabíamos que los cambios en política económica, en la nueva forma de gobernar con austeridad republicana, pero, sobre todo, el desterrar la corrupción y el influyentismo, iban a desatar la más furiosa oposición de quienes perderían privilegios, que despertaría incluso al antiguo y siempre presente pensamiento conservador y que habría de constituirse, como ha ocurrido en cada transformación, un beligerante bloque reaccionario.

También teníamos claro que era hasta conveniente que se definieran sin medias tintas quienes durante el periodo neoliberal fingían ser liberales, independientes y demócratas, pero que en realidad, como decía Melchor Ocampo, solo eran «conservadores más despiertos».[12] El proceso transformador dio como resultado, entre otras consecuencias esclarecedoras, que el PRI y el Partido Acción Nacional (PAN) se asumieran abiertamente como PRIAN, un frente cuya existencia habíamos venido sosteniendo por décadas.

Aunque el gran filósofo Carlos Marx sostenía que la historia se repite en versión caricaturesca, señaló que en sus distintos episodios se presentan las mismas situaciones y procesos, que una constante es la cohesión de las élites o clases dominantes, las cuales recurren a lo que sea con tal de mantener o recuperar el poder, incluso a ideas de supuesta superioridad intelectual y racial, y que no descartan el autoritarismo para imponerse por las buenas o por las malas.

A diferencia de otros países, los antecedentes y las características de la confrontación política que recorre la historia de México hacen pertinente definir los bandos en pugna como liberales y conservadores. Nuestra experiencia en movimientos de transformación a contrapelo de las oligarquías criollas está entretejida con las resistencias a invasiones extranjeras e intereses imperiales. Fuimos precursores de la separación entre el poder secular y el clerical, llevamos a cabo la primera revolución social del siglo XX en el mundo y tenemos una riqueza sin par de grandes dirigentes, ideólogos y combatientes del pueblo, como Miguel Hidalgo, Josefa Ortiz de Domínguez, José María Morelos, Leona Vicario, Vicente Guerrero, Juan Álvarez, Melchor Ocampo, Benito Juárez, Agustina Ramírez Heredia, Catarino Garza, Juan Sarabia, Ricardo Flores Magón, Daniel Cabrera, Filomeno Mata, Carmen Serdán, Emiliano Zapata, Francisco Villa, Francisco I. Madero, Francisco J. Múgica, José Vasconcelos, Lázaro Cárdenas del Río, Rubén Jaramillo, Valentín Campa, José Revueltas, Genaro Vázquez Rojas, Lucio Cabañas, Heberto Castillo, Rosario Ibarra de Piedra y muchos otros. De modo que la historia nos ha enseñado cómo actuar para transformar y salir adelante, resistiendo los embates del conservadurismo.

La triste experiencia maderista

Posiblemente la lección más entrañable y cercana a nuestra experiencia, no solo en el tiempo, sino en su similitud como proceso político para enfrentar a un régimen oligárquico de tinte autoritario, se encuentra en el movimiento maderista, el cual buscaba la democracia y debía convivir con la lucha por la tierra y las reivindicaciones laborales y sociales de Zapata, los magonistas y otras causas revolucionarias.

En esa época, como lo he expuesto de manera reiterada, Madero no pudo crear una fuerza popular y ciudadana que lo apoyara para convertir en realidad su hermoso ideal democrático. No es inútil volver a escudriñar el fondo del asunto y tratar de comprender la razón por la cual no triunfó una causa tan razonablemente buena, la del establecimiento de la democracia en México, con un dirigente tan excepcional, por su autenticidad y nobleza, como Francisco I. Madero.

Empecemos por aceptar la amarga realidad de que, durante la Quincena Trágica, cuando se consumó la gran traición de la oligarquía nacional y extranjera, de Victoriano Huerta, de otros militares porfiristas y del embajador de Estados Unidos, Henry Lane Wilson, Madero estaba prácticamente solo. Según una nota del historiador Alfonso Taracena, en uno de esos aciagos días el poeta nicaragüense Solón Argüello gritaba en la esquina de las calles San Francisco y Bolívar, en la Ciudad de México, llamando al pueblo al defender a Madero sin que nadie le hiciera caso, como si predicara en el desierto. Madero había actuado con rectitud y congruencia en el terreno del respeto a las libertades, pero no había logrado hacerse de una base social para sostener un proyecto democrático y enfrentar la reacción conservadora. Nadie como él ha creído con tanta devoción en la democracia ni se ha preocupado por hacer realidad ese ideal. ¿O acaso sabemos de otro presidente en la historia de México que haya escrito a los gobernadores para recomendarles que se abstengan de manipular el voto y garanticen con equidad la libre decisión de los ciudadanos?

Sin embargo, la única posibilidad de éxito de ese bienintencionado proyecto consistía en compaginar, no sin grandes dificultades, el propósito democrático con el anhelo colectivo de justicia social. Ello implicaba atender de inmediato la demanda enarbolada por los campesinos que exigían la tierra. Si la hubiese atendido, Madero habría contado con la lealtad y el apoyo de la fuerza social más numerosa del país para respaldar a su Gobierno. Como esto lamentablemente no fue posible, el proyecto quedó cojo, en el aire, desprotegido y vulnerable ante la permanente embestida de los opositores partidarios del antiguo régimen porfirista.

A diferencia del maderismo, que no logró siquiera impulsar la organización ciudadana mediante la creación de un auténtico partido democrático, la derecha aprovechó el ambiente de libertades para aglutinar a todos los que sentían amenazados sus intereses. Manuel Márquez Sterling, embajador de Cuba y lúcido testigo de los acontecimientos, observó que el «cuartelazo ha sido absurda conjura de gente rica, de industriales omnipotentes, de banqueros acaudalados y de comerciantes favoritos que ansían su "fetiche" y labran, sin saberlo, su ruina».[13] Este grupo de intereses creados fue articulando una base civil de apoyo al golpe militar. En la propia Ciudad de México se formó un grupo de jóvenes reaccionarios de clases altas y medias que alentaba el cuartelazo y animaba a la población a rebelarse contra Madero. Algunos de ellos protagonizaron actos de violencia. Está demostrado que en el incendio de la casa de la familia Madero, la tarde del 14 de febrero de 1913, participó «un grupo de aristócratas cretinos».[14] Aun con la actuación de estos «fifís», la canallada mayor la ejecutaron militares, políticos y Henry Lane Wilson, el más siniestro embajador de Estados Unidos en México de todos los tiempos. No viene al caso relatar lo acontecido en los últimos días del gobierno del presidente Madero y su dolorosísimo asesinato. Solo diremos que se trata de uno de los episodios más abominables de la historia de nuestro país.

Pero es pertinente comparar la situación de entonces y la de ahora y profundizar sobre el proceder de los intelectuales y de la prensa, y para ello se puede empezar analizando el papel que desempeñaron los intelectuales antes, durante y después del maderismo. En términos generales se puede demostrar que la gran mayoría fue porfirista hasta el final y, peor aún, que muchos se adhirieron de manera zalamera y vil al huertismo.

Justo Sierra es el más representativo de esa generación de escritores porfiristas. Don Justo se convirtió con el tiempo en el gran gurú de los demás. Se le llegó a conocer como el Maestro de América. Como todo un intelectual orgánico, fue el mejor argumentador de la política de orden y progreso. Aun cuando era 18 años menor que Porfirio, empezó a destacar desde el inicio del régimen dictatorial. En 1878, en compañía de su hermano Santiago, de Telésforo García y de Francisco G. Cosmes, fundó el periódico *La Libertad*. Como poseían imaginación y talento, pronto se convirtieron en los más leídos y admirados de la época. Antes habían sido iglesistas y justificaron de manera muy peculiar su mudanza al porfirismo: hicieron público que fueron invitados «sin gestión alguna de nuestra parte a "ayudar a los amigos del Gobierno". El acuerdo consistió en que recibirían apoyo para fundar y sostener el periódico "con el compromiso solemne de que no se exigiría de nosotros nada que pudiera aminorar nuestra independencia"».[15] Estos jóvenes periodistas escribieron con insistencia sobre la necesidad de un gobierno fuerte y criticaron la inoperancia de la Constitución de 1857, elaborada, según ellos, por un «grupo de lectores de libros europeos» que ignoraban la realidad del país y que «con sus teorías artificiales» solo provocaron ambiciones y esperanzas «imposibles de satisfacer».[16] De ahí que recomendaran bajar del cielo a la tierra. Sostenían que los «utopistas insípidos del liberalismo» podían argumentar lo que quisieran, pero la realidad evidenciaba que los mexicanos estaban más preparados para «sentir un carácter, una energía, una personalidad de voluntad propia» en la Presidencia.[17] Además, con un Ejecutivo fuerte se podría trazar y llevar a cabo la política económica y el programa de fomento y obras públicas que necesitaba México.

En cuanto a la democracia, consideraban necesario limitar el derecho del voto a quien supiera leer y escribir, como lo había propuesto setenta años antes el ideólogo liberal José María Luis Mora. Sin rubor, los jóvenes escritores recomendaban: «Es preciso que en vez de un sufragio universal, que solo está escrito, adoptemos un sufragio restringido; así, de una mentira pasaremos a una verdad relativa».[18] Todas estas ideas fueron asimiladas y recogidas por Porfirio, quien habría de aplicarlas con su peculiar estilo. Por ejemplo, sabía que no podía gobernar con la Constitución pero, en vez de reformarla, optó por respetarla en la forma para burlarla en el fondo; asimismo, sin limitar el sufragio universal, él y su grupo se convierten en los grandes electores. Es decir, acepta el supuesto realismo de los intelectuales, pero cuidando las formas con el arte del disimulo.

Sierra ayudó mucho a consolidar la idea de impulsar el progreso a toda costa y por encima de cualquier escrúpulo social. Había quedado en desuso el criterio de su antiguo mentor político, José María Iglesias, acerca de que «no son las obras materiales indemnización bastante de la pérdida de la libertad».[19] En el periódico fundado por Sierra, paradójicamente llamado *La Libertad*, se tachaba a unos amotinados de Tonalá, Chiapas, de «cerdos indignados y rabiosos en grado heroico».[20] De igual forma, en 1882, en un editorial de este periódico oficioso, se defendió la iniciativa de reforma al artículo séptimo de la Constitución con el propósito de que los presuntos delitos de imprenta no fueran calificados y juzgados por jurados populares sino por tribunales comunes, bajo el pobre alegato de que «el verdadero problema no era la utilidad de una prensa libre, sino la oposición ciega al Gobierno». Por ello, sentenciaban, se debía acabar con «la calumnia y el libertinaje de los periodistas».[21] Es más, Justo Sierra escribió que era necesario emprender la destrucción de la «casta de escritores públicos» surgida a la sombra de la Constitución de 1857. La «ley de la mordaza», como la bautizaron los periodistas independientes, fue aprobada por la mayoría aplastante en ambas cámaras: en el Senado, con 44 votos a favor y tres en contra; y en la de Diputados, con 140 contra ocho. La mejor respuesta al régimen y a sus intelectuales se expresó en un periódico de Saltillo que decía en forma directa y certera: «La proyectada reforma [...] es un ataque a la libertad: no se trata por medio de ella de abolir un fuero que no existe ni de corregir abusos que no se cometen, sino de echar los cimientos sobre [los] que ha de erigirse la dictadura, matando el derecho del hombre de expresar libremente sus ideas».[22]

Sierra contribuyó también a afianzar la postura de que la defensa de la soberanía nacional no era tan importante. En poco tiempo se logró borrar la evidente desconfianza mostrada por los gobiernos de Juárez y de Lerdo a la integración con el país vecino del norte.

El proyecto de comunicar a México con Estados Unidos mediante la construcción del ferrocarril era una realidad y se veía como una bendición. Quedaba para la historia aquella precavida frase atribuida a Lerdo, según la cual «entre la fuerza y la debilidad, el desierto».[23] Había triunfado la idea de engrandecer con rapidez a México porque de lo contrario —las palabras son del propio Sierra— «el gigante que crecía a nuestro lado y que cada vez se aproximaba más a nosotros, a consecuencia del auge fabril y agrícola de sus estados fronterizos y el incremento de sus vías férreas, tendería a absorbernos y disolvernos si nos encontraba débiles».[24]

Durante el largo mandato porfirista, el intelectual campechano siempre salía electo diputado y en la Cámara lo mismo defendía la puesta en circulación de la moneda de níquel que el reconocimiento de la deuda inglesa.

Sobre el Porfiriato y la actuación de Justo Sierra suele decirse que en ese tiempo se avanzó mucho en materia educativa, pero los hechos y los datos no lo confirman. Hubert Howe Bancroft, historiador preferido del régimen sostenía que en 1893, de 4 000 000 de indígenas «solo sabían leer 4 000, y firmar, el uno por ciento».[25] En 1895, solo sabía leer el 3% de la población del país y quince años después, en 1910, el porcentaje había descendido a 1.8 (272 883 mexicanos). Desde luego, se hacían asambleas, congresos, planes, programas, leyes y reglamentos; el 30 de noviembre de 1905 se fundó tardíamente la Secretaría de la Instrucción Pública y Bellas Artes y se escucharon, durante mucho tiempo, los buenos discursos de Justo Sierra; pero la educación no era realmente prioritaria y prevaleció la idea de que «al indio solo podía educársele por medio de la fuerza».[26] En 1910, al clausurar el Congreso Nacional de la Educación Primaria, Ezequiel A. Chávez, subsecretario de Educación, hizo un balance de la herencia escolar porfirista: había alrededor de 10 000 escuelas primarias oficiales con dos maestros en promedio por plantel. Lejos del ideal de un profesor por grado, reconoció también que la inmensa mayoría de la población escolar solo cursaba el primer año de primaria y apenas unos cuantos terminaban la educación básica; vinculó el atraso educativo con la miseria que agobiaba a millones de mexicanos; propuso como único remedio proporcionar alimentos y vestido a precios muy modestos a los escolares; consideró necesario llamar a las puertas de los acaudalados, «hasta que las manos sangraran», para hacerles ver la urgencia de su ayuda.[27]

Pero ni este desesperado llamado ni ningún otro harían cambiar de parecer a quienes de tanto ambicionar se les había endurecido el corazón. Además, el régimen porfirista cimentó en un sector de la sociedad, reducido pero influyente, un pensamiento racista e inhumano, que le quitó hasta la sensibilidad para advertir que la dictadura y el desprecio por los de abajo habrían de llevar a la rebelión de los peones, de los esclavos. Pocos fueron los que así lo avizoraron. Uno de ellos fue John Kenneth Turner, periodista estadounidense, quien en su libro *México bárbaro*, en vísperas del jolgorio porfirista del centenario de la Independencia, acertó al decir: «En México existe hoy un movimiento nacional para abolir la esclavitud y la autocracia de Díaz. [...] Bajo el bárbaro Gobierno mexicano actual, no hay esperanza de reformas, excepto por medio de la revolución armada. Esta revolución, en manos de los elementos más preparados y más progresistas, constituye una robusta probabilidad del futuro inmediato».[28]

• • •

El otro intelectual orgánico del Porfiriato, sin la erudición de Sierra, pero también inteligente y audaz como nadie, fue Francisco Bulnes. Desde el origen hay misterio en la vida de Bulnes. Por mucho tiempo negó ser de la acaudalada familia del mismo apellido radicada en Tabasco y se hizo pasar por mexicano de nacimiento, cuando en realidad era oriundo de España. El propio Bulnes, en su libro *El verdadero Díaz y la Revolución*, manifiesta no tener parentesco con los ricos madereros y comerciantes del estado más tropical del país. Inclusive, el historiador José *Pepe* Bulnes, cuando yo era estudiante en la universidad, me respondió en una entrevista, en su humilde casa, que tampoco era familia de los españoles. Sin embargo, todo esto se cae porque el mismo Pepe Bulnes, en su libro *Gobernantes de Tabasco*, publicado en 1978, asegura que:

> Don Francisco Bulnes nació en 1847 en la provincia de Carreña, Asturias, Departamento de Llanes (no en México, DF, como muchos afirman). Cuando tenía 15 años de edad, sus hermanos que radicaban en Tabasco, don Antonino y nuestro abuelo don Canuto Bulnes Cuandas, lo trajeron de España. De Tabasco lo enviaron a México donde estudió hasta recibirse en la Escuela Nacional de Ingeniería, de donde fue catedrático por espacio de medio siglo. Fue secretario particular del presidente Lerdo de Tejada. Después porfirista. Varias veces senador y diputado federal por varios estados.[29]

Sea como fuere, lo cierto es que Francisco Bulnes comienza a participar en la política y en el periodismo desde el gobierno del presidente Sebastián Lerdo de Tejada y, como muchos otros lerdistas, se pasó a las filas de Porfirio Díaz. Se incluye entre los opositores que pronto se «colaron» o dieron «un salto mortal que no falla: de Sebastián a Porfirio», como lo editorializó magistralmente una caricatura de la época titulada «El circo político», con especial dedicatoria al exsecretario de Relaciones Exteriores del gobierno de Lerdo, Manuel Romero Rubio[30] quien, a la postre, se convertiría en suegro de Porfirio y actuaría hasta el final de su vida como secretario particular del dictador, cargo que le otorgaba una enorme influencia.

Al igual que Justo Sierra, el inquieto Bulnes fue muchas veces diputado federal, le tocó por igual defender los dictámenes en favor de la moneda de níquel y del reconocimiento de la deuda inglesa. Siempre leal al oficialismo, apoyó a Manuel González cuando su compadre Porfirio, tras bambalinas, «lo apretó» para hacerle entender que era él, Porfirio, el que mandaba en México. Al debatirse en la Cámara de Diputados la acusación por enriquecimiento ilícito contra el expresidente, Bulnes subió a la tribuna para decir que la comisión dictaminadora, impotente para dar pan al pueblo mexicano, había resuelto ofrecerle el circo de un escándalo político. Aun cuando el expediente, como la espada de Damocles, se mantuvo vivo por cerca de tres años, todo se terminó una vez que González dejó de protestar por la reforma constitucional que permitía la reelección de Porfirio. En efecto, el 29 de octubre de 1888, la Cámara de Diputados se constituye en Gran Jurado y resuelve que de conformidad con el artículo 103 de la Constitución, el presidente de la República no puede ser juzgado sino por los delitos de traición a la patria, violación expresa de la Constitución, ataques a la libertad electoral y delitos graves del orden común, disposiciones que hasta nuestro gobierno seguían vigentes —salvo los ataques a la libertad electoral y la violación expresa de la Constitución—, señalamientos que fueron suprimidos, desde luego en forma nada casual, de la Carta Magna de 1917. Ahora ese artículo de la Constitución, que con el tiempo se convirtió del 103 al 108, fue reformado por iniciativa nuestra y, en la actualidad, el presidente no cuenta con fuero y puede ser juzgado por cualquier delito, al igual que cualquier otro ciudadano.

En esa misma Legislatura, Bulnes había pronunciado, en defensa de la reelección indefinida de Porfirio, un discurso con una frase brutal pero clara y realista que resume la esencia de la doctrina justificatoria del *necesariato*: «El dictador bueno es un animal tan raro, que la nación que posee uno debe prolongarle no solo el poder, sino hasta la vida».[31]

Bulnes y Sierra, cada uno a su manera, pusieron el talento al servicio del régimen. Pero, en abono a estos y muchos otros intelectuales orgánicos, ha de decirse que aun cuando a ellos les tocara maquillar las mentiras, no eran los responsables de las decisiones, que no eran resultado de la perversidad de Bulnes —el energúmeno, como se le llegó a llamar—, sino de otros factores, entre ellos la pérdida de reflejos del viejo dictador. En los últimos ocho años de gobierno, según el propio Bulnes, se había acentuado «su angustiosa decadencia mental»; había perdido la capacidad de ver y oír relámpagos y truenos que anunciaban la llegada de la tormenta. Sobre todo, no entendió, como suele pasar con la mayoría de los dictadores, que no podía mantener las mismas prácticas políticas ante nuevas realidades, como lo advierte la frase bíblica de que no se debe poner vino nuevo en odres viejos.

Don Justo Sierra falleció el 13 de septiembre de 1912, en Madrid, España, donde fue a atenderse de una grave enfermedad desde antes de la renuncia de Porfirio Díaz a la Presidencia, y sus restos permanecen en la Rotonda de las Personas Ilustres.

En el caso de Bulnes, si bien durante el gobierno maderista tuvo una vida muy tranquila, tras la caída de Victoriano Huerta se vio obligado a salir al exilio; vivió en Nueva Orleans y después en La Habana, y aunque se las vio negras en el extranjero, pudo volver a México durante la administración interina de Adolfo de la Huerta. El Gobierno de Álvaro Obregón le devolvió las tres casas que le habían sido incautadas en 1914 y obtuvo además una importante indemnización de 20 000 pesos por daños sufridos en sus intereses con motivo de la lucha armada. De nuevo en el país, tuvo el tiempo y las condiciones propicias para escribir un libro titulado *El verdadero Díaz y la Revolución*, que es una joya por sus revelaciones sobre los 28 favoritos del régimen que acapararon alrededor de 40 000 000 de hectáreas, el 20% del territorio nacional. Por cierto, en esos tiempos del Porfiriato, a Manuel José Sierra, hermano de don Justo Sierra, le entregaron en propiedad la isla de Cozumel, en Quintana Roo; aunque esto era una pequeñez si se toma en cuenta que entonces Policarpo *don Polo* Valenzuela era dueño del 30% del territorio de Tabasco y Luis Terrazas tenía en propiedad el 20% del estado de Chihuahua, la entidad con más extensión territorial en el país.

En el libro mencionado, Francisco Bulnes habla de la corrupción que prevaleció en acuerdos y subvenciones para la construcción de obras y líneas férreas; el tráfico de acciones vendidas o adquiridas a bancos y compañías extranjeras; el costo de la nacionalización de los ferrocarriles; los negocios en la minería; el manejo financiero especulativo de José Yves Limantour, secretario de Hacienda durante 18 años del Porfiriato, y de sus familiares y amigos; el «misterio copto» sobre la riqueza de Porfirio y la lista de quiénes se enriquecieron durante el Porfiriato, con sus respectivas fortunas.

Todavía en pleno carrancismo, el 11 de agosto de 1914, cuando se presentaron los primeros ajusticiamientos revolucionarios, Francisco Bulnes concedió una entrevista desde el puerto de Veracruz, donde vivía, condenando las matanzas clandestinas ordenadas por Huerta y pronosticando, al mismo tiempo, que Carranza sería la futura víctima de la anarquía, porque «el carnicero arrogante de hoy es siempre la res abatida del día siguiente... y don Venustiano, por la ley de la historia, no tardará en ser la res».[32]

• • •

De los poetas famosos metidos a la política durante la Revolución, son pocos los que pasan la prueba del juicio histórico. Con excepción de Ramón López Velarde, la mayoría le dio la espalda a Madero y se adhirió al huertismo. En cambio, el autor de «La suave Patria» ayuda a la causa democrática con editoriales, en 1911, en *El Diario de Zacatecas* —dirigido por el periodista hondureño Matías Oviedo— y, en pleno gobierno maderista, de manera elegante y consciente, explica a un amigo suyo, el abogado católico Eduardo J. Correa: «Me dice en su carta que la Revolución solo ha servido para cambiar de amos. Medite tranquilamente cómo vivimos hoy y cómo vivíamos antes... No estaremos viviendo en una república de ángeles, pero estamos viviendo como hombres y esta es la deuda que nunca le pagaremos a Madero».[33]

Distinto fue el comportamiento de Salvador Díaz Mirón, José Juan Tablada, Federico Gamboa, Juan de Dios Peza o Amado Nervo, entre otros. Quizás el caso más destacado y polémico sea el de Díaz Mirón. El veracruzano era muy culto: en los albores del Porfiriato, junto con Manuel Gutiérrez Nájera y Juan de Dios Peza, formó parte de la llamada trinidad literaria de la nueva generación. No obstante, en el terreno político fue inconsecuente y acomodaticio. Solo en la primera etapa de su vida pública, posiblemente por su inteligencia y, sobre todo, por su pasión, se comportó con dignidad y decoro.

La buena época política de Díaz Mirón coincide con la creación de sus mejores poemas, por ejemplo, en 1888 publica «Espinelas», y en sus versos expresa, de manera magistral, su irreverente rebeldía. También, ello explica por qué era tan admirado, entonces, por el joven Rubén Darío:

Que como el perro que lame
la mano de su señor,
el miedo ablande el rigor
con el llanto que derrame;
que la ignorancia reclame
al cielo el bien que le falta.
Yo, con la frente muy alta,
cual retando al rayo a herirme
soportaré sin rendirme
la tempestad que me asalta.
No esperes en tu piedad
que lo inflexible se tuerza:
yo seré esclavo por fuerza
pero no por voluntad.
Mi indomable vanidad
no se aviene a ruin papel.
¿Humillarme? Ni ante aquel
que enciende y apaga el día.
Si yo fuera ángel, sería
el soberbio ángel Luzbel.
El hombre de corazón
nunca cede a la malicia.
¡No hay más Dios que la justicia
ni más ley que la razón!
¿Sujetarme a la presión
del levita o el escriba?
¿Doblegar la frente altiva
ante torpes soberanos?

Yo no acepto a los tiranos
ni aquí abajo ni allá arriba.

En cambio, la segunda etapa de la vida pública de Díaz Mirón es vergonzosa. Al retornar al Congreso de 1900 a 1910, casi todo el tiempo se la pasa sentado en la curul, y solo en una ocasión, en 1903, toma la palabra. Él mismo confiesa que pronunciaba su discurso «después de un silencio de 17 años que cayó sobre las ilusiones vehementes de mis palabras juveniles, como cae la tierra sobre los muertos».[34] Además, en esa ocasión, subió a la tribuna para justificar la permanencia de Porfirio en el poder, porque: «Las entrañas maternales y el destino de la nación nunca jamás lograrán combinar de nuevo una naturaleza superior como la del general Díaz, con circunstancias y ocasiones que le revisten de esplendor. Solo la magia de la historia explicaría la repetición del fenómeno».[35]

Por su conducta abyecta, Díaz Mirón no solo hizo el ridículo en el terreno político y militar, sino que también perdió su creatividad artística. Por ejemplo, se le encargó el poema para la inauguración de la columna de la Independencia (el Ángel), el 16 de septiembre de 1910, y causó mucha desilusión escuchar, de quien era considerado el vate más grande de México, versos carentes de ritmo y sobre todo recitar, en alabanza de Porfirio que «su fértil orden, su inicial grandeza [de la nación], acredita de sabia tu proeza [la de Porfirio]... y hoy una libertad, hija de un fuerte, consagra un esplendor que cumple un siglo».[36]

De 1912 a mediados de 1913, Díaz Mirón se refugia en Xalapa donde imparte clases de historia y literatura a jóvenes de la preparatoria veracruzana. A pesar del sosiego y la felicidad que le producía el trabajo magisterial, nunca se desprendió de la tentación y el interés por la política. De aquella época se dice que el diputado Heriberto Jara, consecuente como pocos revolucionarios, al enterarse de la aprehensión del presidente Madero, se trasladó a Xalapa muy indignado, para hablar con el gobernador Pérez Rivera, «al que notó confuso y vacilante y le demandó organizar una fuerza que le hiciera frente al golpe de Estado. Salvador Díaz Mirón, quien se encontraba presente, le dijo: "Amigo Jara, ya son hechos consumados"».[37]

Implantado el huertismo, Díaz Mirón regresa a la escena política nacional, y como es de imaginar, juega un papel aún más repugnante. Sus amigos antimaderistas José María Lozano, Querido Moheno y Nemesio García Naranjo le ayudaron a obtener la dirección del periódico oficialista *El Imparcial*. Desde esa tribuna escribió artículos adulatorios a Huerta y en uno de ellos se atrevió a decir que este era la «repetición de Napoleón». Cuando el usurpador visitó el periódico, el poeta escribió una crónica afirmando que Huerta había dejado «un perfume de gloria».

Con la caída del huertismo, Díaz Mirón abandonó el país y la política. El barco que lo trasladó a España hizo escala en La Habana, como era habitual, y allí lo abordaron otros porfiristas como Lozano, Moheno y García

Naranjo, y juntos viajaron a Europa. Luego de residir en Santander hasta 1917, Díaz Mirón se trasladó a La Habana y dos años después regresó tranquilamente a Veracruz, su ciudad natal, donde murió en 1928 a los 75 años, aclamado y con reconocimiento oficial. Los periodistas del llamado cuadrilátero, Moheno, Lozano, Olaguíbel y García Naranjo, que tanto atacaron a Madero y se convirtieron en funcionarios de Huerta, regresaron del exilio y vivieron sin ser molestados por el régimen revolucionario —como casi todos los otros intelectuales del Porfiriato—, lo que no necesariamente significa que hayan muerto con la conciencia tranquila.

• • •

Federico González Garza, en su libro *La Revolución mexicana, mi contribución político-literaria*, publicado en 1936, hace una valoración crítica sobre los hechos que llevaron al asesinato de Madero y de Pino Suárez. Además de la reacción de los aristócratas y de la prensa adversa, atribuye el fracaso «a la desidia de los intelectuales». Argumenta: «Nosotros no tuvimos la fortuna, como la tuvieron los españoles, de contar entre los iniciadores de la Revolución, a hombres de la talla de Unamuno, Ortega y Gasset, Marañón, De los Ríos, y cien más intelectuales que concibieron y llevaron a cabo la revolución española».[38] Y agrega: «Por la carencia de patriotismo, falta de fe y pasividad en el carácter, los hombres de alta calidad intelectual no estuvieron en 1910 al lado del pueblo».[39]

Según el punto de vista de González Garza, testigo de calidad en esos tiempos de definición, la mayoría de los pensantes no acudió al llamado de la Revolución «como habían sabido responder los hombres del taller y los hombres del campo».[40] Pone de ejemplo a Luis Cabrera quien, en un telegrama, rechazó participar en el Gobierno interino: «Más tarde seré útil», respondió el 24 de mayo de 1911. Cabrera después, en sus *Obras políticas*, confesó que se le ofrecieron más puestos por parte de Madero: secretario de Justicia y gobernador del Distrito Federal y de los estados de Puebla y Veracruz, y que rehusó porque «ellos son superiores a mis capacidades personales» y porque quería dedicarse a su profesión para alcanzar su ideal de cierta autonomía económica. González Garza también asegura que invitó a José Vasconcelos para ocupar el cargo de subsecretario de Gobernación, cuando él fue titular en esa secretaría, pero «desgraciadamente tampoco aceptó», alegando que había decidido dedicarse por entero a sus trabajos profesionales.[41] El mismo Vasconcelos confirma que en las elecciones de 1910, cuando estalló la disputa interna por la vicepresidencia entre los porfiristas Corral y Bernardo Reyes, a este último se sumaron

> casi todos los intelectuales de nota y jóvenes que se iniciaban en política, pero más o menos contaminados por

> los favores del régimen. Jesús Urueta, Luis Cabrera, Zurbarán, futuros ministros de Carranza, fueron reyistas y contemplaban la actividad de Madero como la aventura de un loco. Los que seguíamos a Madero éramos desconocidos como las multitudes que iba levantando a su paso. La inteligencia culta, lenta para decidirse, seguía con el viejo régimen, ya con el disfraz reyista, ya con el científico o limanturista.[42]

También el intelectual maderista de origen costarricense Rogelio Fernández Güell trató de esclarecer las causas por las que fracasó el ensayo democrático maderista. Según él, y así pensaban muchos, Madero cayó por la falta de un partido, pero también por la irresponsabilidad de periodistas opositores que de manera insensata le mordían la mano a quien les había quitado el bozal y por la indefinición de los intelectuales. Creo que todo eso influyó, en efecto, y coincido con José Vasconcelos en que «nunca hubiera caído Madero si la traición no lo vence»,[43] pero sigo sosteniendo que el proyecto democrático sucumbió por la falta de respaldo del movimiento popular. Como no se entendieron ni atendieron las reivindicaciones sociales de las que la más importante era la agraria, el pueblo raso permaneció al margen, indiferente. Como se dijo entonces y se repitió después, «el pueblo no había querido moverse».[44]

No resulta procedente argumentar que «es mucho más fácil llevar a un pueblo a tirar un gobierno que a defenderlo»,[45] porque hay diversos ejemplos de sociedades que se movilizan en defensa de autoridades por las que se sienten representadas y alentadas. El desamparo de Madero está íntimamente relacionado con su concepción de que la libertad era más importante que la justicia. No se puede juzgar a nadie a la ligera, menos a un hombre tan sincero como él, que actuó en circunstancias muy complejas; pero el no equilibrar libertad y justicia y el no haber priorizado la demanda social lo alejaron del pueblo que se encogió de hombros y desatendió el deber de apoyar a su presidente.

Ahondo un poco más en mi planteamiento. Madero era un hombre bueno, inmerso en una realidad que distaba mucho de su idealismo. Su propuesta de elevar a rango supremo la libertad y supeditar a ella todo lo demás era tan incierta en esas circunstancias como lo fue, con su alto grado de perversidad, la apuesta porfirista de imponer la paz y el progreso mediante la fuerza. La única posibilidad de hacer realidad el ideal democrático de Madero residía, si acaso, en recurrir al respaldo popular. Pero, por el contrario, cayó en la indefinición y pretendió enfrentar los problemas que surgieron en la búsqueda de la transformación sin la alianza ni el apoyo de los demandantes de justicia. Esa postura se reveló ineficaz en poco tiempo y terminó por destruir los buenos propósitos de no gobernar con la fuerza ni recurrir al antiguo ejército porfirista, en el que aún mandaban los militares más despiadados y desleales.

Pronto, Madero olvidó su temprana desconfianza hacia Huerta y tuvo que soslayar la declaración del 31 de octubre de 1911 que hizo en Chihuahua. Taracena la resumía así:

> el general Porfirio Díaz, para oprimir al país, se había apoyado en las bayonetas, y que él, Madero, para regenerarlo y elevar la dignidad del ciudadano, se apoyaría principalmente en los maestros de escuela, en quienes ve desde ahora sus más importantes colaboradores. Explica que al Ejército lo considera una institución que tiene por objeto conservar el orden y defender el honor y la integridad nacional, pero nunca lo empleará como un instrumento de opresión ni lo utilizará para fines personales.[46]

Aun con las dificultades que implicaba, la posible salida era pactar con Zapata y atender el problema agrario. Sin embargo, Madero no tomó esa iniciativa: tenía un gran respeto por Zapata, lo distinguía en lo personal, pero no alcanzó a entender la autenticidad de su liderazgo y la profundidad cultural de la lucha de los campesinos por la tierra. Su error fue pensar que «si tenemos libertad, todos nuestros problemas están resueltos», o que basta con «unir a todos los mexicanos bajo la santa bandera de la libertad».

Con esta convicción, Madero trató de justificar la persistencia del problema agrario y la rebelión campesina por la tierra. El 10 de febrero de 1912, sostuvo que había libertades y garantías en todo el país y que eso valía más que la paz.[47] El 10 de marzo, en un manifiesto, recalcó que «la libertad servirá de base para conquistar los demás bienes, pues el pueblo ya no tendrá trabas que le impidan labrar por su propia ventura y prosperidad».[48] Luego recalcó que:

> el grito que hizo despertar al pueblo mexicano fue el de libertad y no el de tierras como pretenden algunos descarriados hacerlo ahora. Si al grito de libertad se levantó la República entera, fue porque significaba la realización de grandes anhelos del pueblo mexicano; el grito de tierras significa rapiña y robo, puesto que la única manera como pueden conquistarse tierras, con las armas en la mano, no ha despertado en el pueblo mexicano sino desprecio para los que lo han lanzado.[49]

Aunque no hubiese sido una promesa del Plan de San Luis —que sí lo fue como lo prueba el artículo tercero de dicho documento—, la solución del problema agrario era una demanda que unió a muchos campesinos en la lucha armada y obligó a Madero a suspender las garantías en los estados de Morelos, Guerrero, México y Puebla, donde había que enfrentar, según el presidente, «los fermentos anárquicos que lamentablemente prosperan allí "bajo la forma del comunismo agrario"».[50]

Esta visión demostraba el rotundo desconocimiento por parte de Madero de la importancia que tenía y que sigue teniendo la tierra comunal para los pueblos originarios. No sabía y nunca entendió que esa forma de tenencia era parte de la cultura de los pueblos del centro y sur del país desde los tiempos más remotos. A lo largo de toda la historia de México, ni los conquistadores europeos, ni Juárez con las leyes contra las corporaciones y a favor de la propiedad individual, ni Porfirio Díaz, con sus legislaciones sobre terrenos nacionales y baldíos, ni Carlos Salinas, con sus modificaciones al artículo 27 constitucional, pudieron impedir que en Oaxaca el 80% del territorio siga siendo comunal hasta el día de hoy. Y en buena medida es gracias a ello que el pueblo oaxaqueño es en la actualidad uno de los más cultos del mundo.

El planteamiento de Madero consistía, básicamente, en que las pocas tierras nacionales dejadas por la rapiña porfirista fueran «repartidas a precios módicos con grandes facilidades de pago entre pequeños propietarios». Pero ni siquiera eso se llevó a la práctica y todo quedó en discurso porque realmente nada se hizo para atender la demanda de justicia agraria. En cambio, lo que sí se intensificó fue la represión contra los zapatistas. El estado de Morelos padeció a los militares más crueles y sanguinarios. Allí estuvieron, además del propio Huerta, Aureliano Blanquet, Juvencio Robles y otros que incendiaban pueblos y fusilaban a mansalva, los mismos pretorianos y rufianes que más tarde traicionaron al único presidente demócrata en la historia de México.

Con el pueblo todo, sin el pueblo nada

Esta enseñanza mayor es fundamental para entender nuestra estrategia política, que bien podría resumirse en la frase de Juárez: «Con el pueblo todo, sin el pueblo nada». En nuestro caso, si no estuviéramos respaldados por la mayoría de los mexicanos y en especial por los pobres, ya nos habrían derrotado los conservadores o habríamos tenido que rectificar y someternos a sus caprichos e intereses para convertirnos en simples adornos, floreros, títeres o peleles de los que se habían acostumbrado a robar y a detentar el poder económico y político en México.

Sin el apoyo del pueblo tampoco habríamos resistido la intensa campaña en nuestra contra emprendida desde los medios informativos convencionales y las redes sociales, ni una guerra sucia tan intensa y estridente como la que padeció Francisco I. Madero, Apóstol de la Democracia.

Siempre dijimos —ese fue mi lema de campaña por la Jefatura de Gobierno de la Ciudad de México en el año 2000— que «por el bien de todos, primero los pobres». Esta frase debiera ser la esencia de la actividad política —sobre todo en un país como el nuestro, donde los pobres son la mayoría—, es núcleo de humanismo y de una forma distinta de entender la importancia del poder, el cual, como he dicho siempre, solo tiene sentido y se convierte en virtud cuando se pone en servicio de los demás. La expresión mencionada implica algo adicional, no poco importante: atender a los más pobres es ir a la segura para contar con el apoyo de muchos cuando se busca transformar una realidad de opresión y alcanzar el ideal de vivir en una sociedad mejor, más justa, igualitaria y fraterna.

• • •

¿Cómo se fueron agrupando en estos tiempos nuestros adversarios para enfrentarnos? Pues empezó siendo como una fiesta de disfraces que termina cuando todos se quitan la máscara y muestran sus rostros exhaustos, opacos y siniestros; los únicos que actuaron en esta última contienda a la altura de las circunstancias han sido los más pobres y la gente más despierta y fraterna de la clase media.

Se reafirmó que en general los pobres son más sinceros, leales, menos exigentes y no requieren muchas explicaciones; son humildes, no se creen sabiondos, están próximos a sus emociones y sentimientos, y a la vez tienen un instinto certero para distinguir entre quienes de verdad los respetan y quieren, y quienes tratan de engañarlos, aunque los desprecien. El mejor ejemplo contemporáneo de esto que digo es el de los pueblos indígenas de Bolivia que, como ya vimos, soportaron en silencio la rebelión criolla contra el Gobierno de Evo, pero que en las elecciones votaron de nuevo por el candidato del mismo movimiento popular y pluricultural de aquel país.

José Martí, en su memorable texto *Nuestra América*, aconsejaba: «Con los oprimidos había que hacer causa en común, para afianzar el sistema opuesto a los intereses y hábitos de mando de los opresores».[51]

Otro gran poeta, Antonio Machado, en una carta enviada a un amigo soviético en la época de la guerra civil española, le comenta: «En España lo mejor es el pueblo. Por eso la heroica y abnegada defensa de Madrid, que ha asombrado al mundo, a mí me conmueve, pero no me sorprende. Siempre ha sido lo mismo. En los trances duros, los señoritos —nuestros barinas— invocan la patria y la venden; el pueblo no la nombra siquiera, pero la compra con su sangre y la salva. En España, no hay modo de ser persona bien nacida sin amar al pueblo».[52]

En nuestra historia han sido también los pobres los que nos han sacado a flote. Los mayas chontales de Tabasco fueron los primeros en respaldarnos cuando en tiempos de mayor ceguera política comenzamos el movimiento hacia la justicia y la verdadera democracia. Cuando ganamos la Jefatura de Gobierno de la Ciudad de México, los que más votaron por nosotros fueron los de Iztapalapa; en el desafuero sucedió lo mismo; después de la guerra sucia y de los fraudes electorales de 2006 y 2012, los de abajo no se deprimieron, y no claudicaron; en 2018, aun cuando por primera vez obtuvimos muchos votos de la clase media, la gran mayoría de los 31 000 000 de ciudadanos que me eligieron como presidente pertenece a las clases populares; y hace poco, tres meses, en las elecciones intermedias, cuando el bloque conservador quería quitarnos la mayoría en la Cámara de Diputados, fueron los pobres los que más salieron a votar en favor de la transformación. Esto último es admirable y esencial: casi todos los mexicanos, incluidos los de abajo, saben de la corrupción que imperaba en el país, pero nunca ha estado tan clara y exhibida como ahora. Pero los pobres tienen una conciencia mayor de ello, acaso porque fueron los primeros en beneficiarse con el manejo honrado y equitativo del presupuesto y eso los concientizó como nunca, pues jamás habían recibido nada o muy poco de lo que por derecho y justicia les corresponde. A ellos no hay que convencerlos de que una minoría gobernaba para robar y mantener el privilegio de mandar, sometiendo y ninguneando a los olvidados y humillados de siempre. Por eso no le alcanzó a la alianza opositora, conservadora y corrupta para ser mayoría en la Cámara de Diputados, que tiene como facultad exclusiva, e importantísima para el funcionamiento del Gobierno, la aprobación del presupuesto; aquí resulta pertinente preguntarnos: ¿acaso los pobres son tontos o no se enteraron de que apenas unos meses atrás, en esa misma cámara, los conservadores votaron en contra de que se elevaran a rango constitucional y se convirtieran en derecho las pensiones de adultos mayores y de niñas y niños con discapacidad, las becas para estudiantes de familias pobres y la gratuidad de la atención médica y los medicamentos? No, los masoquistas son otros y tonto es el que piensa que el pueblo es tonto.

Anexo otras dos reflexiones sobre la preferencia por los pobres: me refiero al terreno político porque en lo social no podríamos tener tranquila la conciencia si no amamos al prójimo, o como decía Marx, «quien tenga como vocación ser un animal, puede naturalmente dar la espalda a los dolores de la humanidad y trabajar en su propio provecho».

Puse esta frase del filósofo alemán en un mural en la sede del Instituto Nacional Indigenista en Nacajuca, en 1979, cuando el director de la Policía Federal de Seguridad, Miguel Nazar Haro, enviaba informes falsos a sus superiores advirtiendo que yo era comunista. En realidad, mi ideología es y era desde entonces el humanismo.

Miren el reporte de este famoso policía político de una de las épocas más oscuras de represión y autoritarismo:

100 [illegible]

14-VI-79

110

ESTADO DE TABASCO

Villahermosa.- De las 9.00 a las 9.45 horas de hoy, en el Local del Partido Socialista de los Trabajadores, ubicado en Periferico S/N, Colonia Curahueso de esta ciudad, se reunieron ERWIN HECTOR OCAÑA RIVERA, GEORGINA CASTAÑEDA VELASCO, ISIDRO NARVAEZ NARVAEZ, PABLO RAMIREZ SALAZAR, LUCIO CAMILO COBOS y MARIA DOLORES REYES MAYA, para comentar que de México, D.F., les piden gente para el 17 del actual, para que asistan a la I Conferencia Nacional de Pueblos Indígenas que celebra este Partido.

Se hace notar que dicho Partido en esta ciudad no tiene militantes, por lo que recurrieron al Lic. MANUEL LOPEZ OBRADOR, representante del Instituto Nacional Indigenista, con sede en Nacajuca y solicitarle 20 campesinos para que sean enviados a la ciudad de México.

El Lic. LOPEZ OBRADOR y el Lic. NABOR CORNELIO ALVAREZ, son dirigentes en esta entidad del PCM.

Muy Respetuosamente
EL DIRECTOR FEDERAL DE SEGURIDAD

MIGUEL NAZAR HARO

MNH/gpg.

1

Fuente: informes que se generaron en el periodo del 14 de junio de 1979 al 13 de septiembre de 1983 relacionados con el titular del Instituto Nacional Indigenista, Dirección Federal de Seguridad, Archivo General de la Nación.

Al margen de las convicciones, en lo estrictamente político, que no politiquero, hay quienes sostienen que si los pobres ascienden en la escala social y se convierten en clase media van a comportarse como pequeños burgueses, como ladinos, desclasados y aspiracionistas; puede que esto haya sucedido en alguna parte, pero seguramente es la excepción, no la regla, porque como he venido sosteniendo, los pobres no suelen traicionar. Con todo, la lucha por la consecución del bienestar para ellos y para toda la población no se refiere solo a lo material sino también al bienestar del alma. Por ello, nuestro ideal es sacar de la pobreza a millones de mexicanos y convertirlos en ciudadanos de clase media pero con mentalidad humanista, no egoísta o individualista.

Guía ética para la transformación de México

De ahí la importancia de crear una nueva corriente de pensamiento, fincada en valores universales de todos los tiempos. Al respecto, un grupo de pensadores libres, conformado por Enrique Galván Ochoa, José Agustín Ortiz Pinchetti, Verónica Velasco, Jesús Ramírez Cuevas, Pedro Miguel y Margarita Valdés, elaboró una especie de cartilla o constitución moral, que ellos respetuosamente llamaron «Guía Ética para la Transformación de México»; dada su importancia, la transcribo literalmente:

1. Del respeto a la diferencia

Evitemos imponer «nuestro mundo» al mundo de los demás

La humanidad es diversa por naturaleza y de muchas maneras, y el ejercicio de la libertad desemboca de manera inevitable en la diversidad. En el caso de México, esta diversidad es religiosa, política, ideológica, económica, social, cultural, idiomática, de tradiciones y hábitos, de género e identidades sexuales.

Cada estado, cada municipio y cada barrio tienen una identidad propia. No todas las personas son como tú, no todas piensan como tú piensas ni hablan como tú hablas, no todas actúan en la forma en que tú actúas. Respeta la forma de ser de los otros y no pretendas imponerles tus conductas, gustos, opiniones o preferencias.

El laicismo es un principio fundamental del Estado mexicano y se traduce, en la convivencia diaria, en el respeto a las creencias de toda persona y a su libertad de profesar la religión que desee o a no profesar religión alguna.

2. De la vida

No hay nada más valioso que la vida, la libertad y la seguridad de las personas

Cuida tu vida y la de los demás. No la desperdicies en cosas que tú mismo consideras que no valen la pena. Otórgale un sentido y un propósito hasta el fin de tus días.

3. De la dignidad

No se debe humillar a nadie

La dignidad es el valor que tiene todo ser humano por el hecho mismo de ser persona y lo que lo hace sujeto de derechos universales; es también lo que lo hace merecedor del respeto de los demás. Nada ni nadie pueden quitarte tu dignidad: ni la pobreza ni el hambre ni la agresión, la discriminación, la persecución o la cárcel. Nadie puede humillarte si no te humillas. Defiende tu dignidad incluso en las peores condiciones y respeta la dignidad de los otros, porque de no hacerlo pierdes la tuya propia.

4. De la libertad

La paz y la libertad son inseparables. Nadie puede estar en paz sin libertad

La libertad es el conjunto de decisiones que te son permitidas por las leyes y por tus propias capacidades; el único límite son los derechos de las otras personas. Solo quienes conocen esos límites y son capaces de gobernarse teniéndolos presentes pueden considerarse libres.

Para ejercer tu libertad es necesario que nada ni nadie, particularmente las autoridades, interfiera en tus elecciones personales y que el Estado garantice tu seguridad, tu integridad y tu vida para que puedas realizarlas, siempre y cuando no dañes a terceros ni vulneres sus derechos.

Trabaja por expandir tu libertad y la de los otros combatiendo las prohibiciones sin sentido, las leyes injustas, las limitaciones absurdas y el autoritarismo. Impulsa el triunfo de la libertad ayudando a crear un mundo en el que la responsabilidad de las personas haga innecesarias las fronteras y las cárceles. Muchos dieron su vida para construir la libertad que hoy tienes. Retribuye su sacrificio ampliando la libertad para los que vienen.

5. Del amor

El amor al prójimo es la esencia del humanismo

El amor es el anhelo de integración de tu propia persona y de esta con las demás; es la brújula y el ancla principal en tu vida. Es diverso y a la vez es uno solo. Se expresa como amor propio, materno, paterno, filial, fraterno o de pareja, pero también como amor a tus prójimos cercanos, a tus amigos, a tu país, a la especie, al medio ambiente y a los organismos con los que compartes el planeta; al conocimiento, las prácticas profesionales, las artes y los deportes; a quienes te precedieron y a las generaciones futuras.

Sé una persona amorosa, desde tu cama y tu mesa hasta la fraternidad universal. Sé compasivo: ama especialmente a las personas que llevan una vida difícil por falta de amor. Toda muestra de consideración y afecto que reciban de ti, por pequeña que sea, será para ellas un regalo invaluable. Cultiva el amor siempre porque una vida sin amor es el vacío más árido y la peor carencia que puede padecer un ser humano.

6. Del sufrimiento y el placer

No hay mayor alegría que la felicidad de los demás

El gozo y el dolor son partes inseparables de la vida, tanto en sus expresiones espirituales como en las corporales. Goza sin más limitaciones que las de no dañar a nadie y no hacer daño a tu propia persona. Convierte el gozo ajeno en motivo de tu propio gozo, nunca conviertas el sufrimiento de otras personas en motivo de tu placer ni tu placer en ostentación.

No te aficiones al dolor; llora tus pérdidas y sigue adelante. Cuídate y quiérete pero no disfrutes sintiendo lástima de ti mismo.

7. Del pasado y del futuro

Quien no sabe de dónde viene difícilmente sabe a dónde va

Eres quien eres y estás en donde estás por muchísimos seres que te antecedieron, desde tus padres y tus abuelos y los abuelos de tus abuelos hasta los primeros ejemplares de la especie humana. Eres un eslabón de una cadena que vincula generaciones. Cultiva el entendimiento del pasado y ayuda en la construcción de un mejor futuro.

Procura conocer, comprender y honrar a tus ancestros biológicos y culturales y dejar una huella que haga mejor la vida de tus descendientes. Ama a aquellos que murieron antes de que nacieras y de los que tienes noticia y recuerdo: tu memoria es su casa y su fuerza. Ama a los que vendrán después de ti, porque tu esperanza es el lugar en el que habitan.

Ama a la criatura que fuiste y a la persona de edad avanzada que serás, porque son partes inseparables de ti mismo.

8. De la gratitud

El agradecimiento es la mayor virtud de una buena persona

La gratitud es un atributo que dignifica como ningún otro, y su contrario, la ingratitud, degrada como pocos. Si agradeces a quien te ha beneficiado sin tener obligación de hacerlo, refuerzas la generosidad y construyes civilización. Si, por el contrario, ignoras a quien ha hecho algo bueno por ti, promueves el egoísmo, la rudeza y la insensibilidad, y contribuyes a la barbarie.

9. Del perdón

El perdón libera a quien lo otorga y a quien lo recibe

Pedir perdón y perdonar son de las cosas más difíciles en nuestra relación con los demás. Hay una resistencia natural a disculparse porque quien lo hace siente que se rebaja, se humilla o se rinde, y por ello no alcanza a vislumbrar la enorme potencia liberadora del perdón. Independientemente de que se obtenga o no el perdón, quien lo pide sinceramente y se dispone a reparar el daño o el dolor causado recupera su dignidad y su paz interior.

Quien perdona se deshace del rencor, de la sed de venganza e incluso del odio y puede de esa forma superar la ofensa y seguir adelante.

Pide perdón si actuaste mal y otórgalo si fuiste víctima de maltrato, agresión, abuso o violencia, que así permitirás la liberación de la culpa de quien te ofendió.

10. De la redención

No se debe enfrentar el mal con el mal

En la antigüedad, la redención se refería al acto por medio del cual un esclavo obtenía su libertad, o bien al pago para recuperar un objeto empeñado. Actualmente significa la superación de errores, la toma de conciencia por actos indebidos y un arrepentimiento que implica el reconocimiento de culpabilidad y el propósito de no incurrir de nuevo en un delito o acción inmoral.

Para el conservadurismo y el autoritarismo, las actitudes incorrectas o delictivas deben ser objeto de castigo severo y las personas que las presentan han de ser separadas de la sociedad, degradadas y sometidas a una desconfianza permanente. Desde una perspectiva humanista, los criminales y corruptos pueden redimirse por medio de la reflexión, la educación e incluso la terapia psicológica, sin renunciar, desde luego, por la seguridad de la sociedad y por motivo de justicia, a la posibilidad de sanciones como la privación de la libertad.

Ante un infractor, las instituciones, la ciudadanía y los individuos pueden optar entre la creencia en la maldad innata y la convicción de que toda persona es producto de sus circunstancias y capaz de redimirse.

Prefiere la libertad a la prohibición; la escuela, a la cárcel; la esperanza, a la desconfianza y la sospecha.

11. De la igualdad

La buena ley debe moderar la opulencia y la indigencia; no puede haber trato igual entre desiguales

De la dignidad de origen se desprende que merecemos la igualdad. La posición social y económica, el lugar de nacimiento y residencia, la ocupación, el sexo, el género, la orientación sexual, el nivel educativo, las posturas políticas y las creencias religiosas no son un fundamento que justifique dar un trato desigual a una persona por parte de la sociedad o de las autoridades a alguien en particular ni traducirse en la negación de derecho fundamental alguno, ni llevar a nadie a prejuzgar sobre las aptitudes y capacidades de la persona.

Al contrario de lo que pregona el pensamiento conservador, la desigualdad no es un hecho natural ni parte de un orden divino. Quien nace pobre no debe estar condenado a morir pobre.

La desigualdad en cualquier terreno es producto de la injusticia y genera sufrimiento. Ante el abismo de desigualdades de toda clase que imperan en el país y en el mundo, es deber de todos contribuir al establecimiento de una igualdad efectiva. Pero en tanto esta no se logre, debes ayudar a quienes se encuentran en desventaja, debilidad, riesgo o que sean discriminados en cualquier ámbito de la vida.

No se puede tratar igual a desiguales. El lema «Primero los pobres» no significa otorgar a estos un privilegio en detrimento de quienes no se encuentran en situación de pobreza sino atenuar las desventajas de quienes se encuentran reducidos a la pobreza a fin de construir una sociedad más justa y más igualitaria.

De la misma manera, se tiene que erradicar el machismo y la violencia contra las mujeres, lo cual no significa discriminar a los hombres, sino procurar una plena igualdad, en la ley y en la práctica, de derechos y obligaciones entre mujeres y hombres y garantizar que las primeras tengan circunstancias favorables para su desarrollo, su integridad física y emocional y su seguridad.

Combatir la pobreza y la marginación de las comunidades indígenas no es privilegiarlas sino restituir los derechos que les han sido negados por siglos y una manera de hacer efectivas su dignidad y su autodeterminación.

12. De la verdad, la palabra y la confianza

No mentir, no robar, no traicionar

La veracidad es la cualidad de la palabra de apegarse a la realidad. Ciertamente, no todas las personas tienen la misma idea sobre un hecho determinado y es frecuente que surjan disputas sobre la veracidad de una expresión o un discurso. Pero es posible minimizar tales disputas si quienes toman parte en ellas se conducen en forma honesta y exponen lo que consideran como la verdad.

Una persona miente cuando tergiversa o deforma los hechos en forma deliberada, aun sabiendo que lo que expone es parcial o totalmente falso. Esa conducta deteriora rápidamente las relaciones sociales y a la larga termina por afectar al mentiroso.

Defiende la verdad en la que crees y abre tu mente a la verdad de los otros, y sobre todo no te aferres en la defensa de una mentira.

Una forma particularmente perniciosa de la falsedad es prometer algo y no cumplirlo, o prometer acciones en un sentido y posteriormente actuar en sentido contrario, es decir, faltar a un compromiso adquirido.

Existe la traición a la palabra propia y, aun más grave, la traición a la confianza de los demás.

La mentira y la traición destruyen la confianza, que es la credibilidad que otras personas han depositado en ti. Cuando esas prácticas se extienden y generalizan, acaban con los cimientos mismos de la convivencia civilizada.

Exprésate siempre con veracidad, honra tu palabra y no abuses de la confianza de nadie. Si te conduces con lealtad y congruencia, los demás sabrán qué esperar de ti y no serán defraudados por tu palabra ni por tus actos.

13. De la fraternidad

Ser fraterno es hacer propios los problemas de los demás

La fraternidad es el compromiso activo y afectivo, pero respetuoso, en la búsqueda de soluciones a problemas de los demás. Idealmente, debe ser la guía de la acción social de estados, gobiernos, instituciones, sociedades e individuos a fin de superar o aliviar el sufrimiento, la carencia y la indefensión de millones de personas.

Es un deber colectivo de las naciones ofrecer a cada una de sus hijas e hijos una cuna para nacer, un pupitre para aprender, herramientas para trabajar, una cama para dormir, una mesa para comer, un techo para guarecerse, un lugar en el hospital para curarse y una tumba para descansar.

Si dedicas una parte de tu tiempo a contribuir en la realización de esa tarea, tu recompensa será la de vivir en un país más libre, más justo, más seguro, más pacífico y más próspero.

14. De las leyes y la justicia

Al margen de la ley, nada; por encima de la ley, nadie

Todo, por la razón y el derecho; nada, por la fuerza

La justicia es la conciliación civilizada de los derechos de dos o más actores sociales con base en el derecho. Su guía principal es el conjunto de leyes locales, nacionales e internacionales. Es el medio principal para evitar que los conflictos se resuelvan por medio de la violencia. Por eso se dice que la paz es fruto de la justicia.

Las leyes son imperfectas por naturaleza y deben adecuarse constantemente a las realidades humanas y sociales, que son siempre cambiantes. Así, se presenta la situación de que las leyes injustas deben ser modificadas. Lucha con la palabra, con la organización social y con los recursos legales para modificar las leyes que no sean justas.

No basta con que existan leyes para que haya justicia. Debe haber además instituciones apegadas a la legalidad y servidores públicos dispuestos a cumplirla en forma imparcial, equitativa y sin distingo. A eso se le llama Estado de derecho y de esa forma se genera en la sociedad certidumbre jurídica. Cuando, por el contrario, las leyes no se aplican o se aplican en forma facciosa, discrecional y arbitraria, proliferan la injusticia y la impunidad; es a lo que se le llama «Estado de chueco».

Si la justicia depende de ti, procura ponerte en el lugar de quienes la reclaman y de actuar apegado a leyes y reglamentos y de acuerdo con tu conciencia.

15. De la autoridad y el poder

El poder solo tiene sentido y se convierte en virtud cuando se pone al servicio de los demás

El poder es la facultad de actuar y tomar decisiones en nombre de otros. La autoridad es la confianza que otros depositan en ti para que actúes en función de sus necesidades y de su interés. Ni el poder ni la autoridad son derechos o atributos de tu persona. Uno y otra solo tienen sentido ético cuando se ejercen para servir a los demás. Si lo usas en provecho propio o de tus allegados incurres en corrupción, perviertes el cargo, traicionas la confianza depositada en ti, destruyes tu dignidad y tu prestigio, dañas a tu familia y a tus personas cercanas y no conocerás la satisfacción de servir a los demás.

Si llegas a un cargo público deberás recordar siempre que estás allí como representante y ser fiel a tus representados; tener en mente que eres el mandatario o la mandataria y que tus mandantes son los que te mandan; en otros términos, debes apegarte siempre al principio de mandar obedeciendo.

La política es un asunto de todos. Aunque no ocupes un cargo público, no debes desentenderte de los asuntos políticos ni descuidar cosas que son del interés general. Individuos y sociedades apáticas son alimento del autoritarismo y la opresión. Mantener una actitud participativa, crítica y vigilante sobre tus gobernantes es la esencia de la democracia y la mejor manera de preservar la libertad, el bienestar y la paz. No olvides nunca que el pueblo manda y que tiene el derecho de poner y quitar a sus gobernantes, así como de tomar parte en los asuntos públicos.

16. Del trabajo

No hay mayor satisfacción que tener trabajo y disfrutarlo

Al igual que el poder, el trabajo adquiere su pleno sentido cuando se realiza para los demás. El trabajo nos asegura el sustento; nos vincula con nuestros semejantes y nos ofrece una forma de realización personal; es universal como derecho y como un deber del que quedan excluidos menores de edad, adultos mayores y personas con alguna discapacidad.

Del más humilde al más prestigioso, el trabajo articula a los humanos en sociedad. Cuando realices el tuyo, ten siempre presente a tu cliente, a tu consumidora, a tu paciente, a tu educando, y pon en tu tarea lo mejor de ti mismo.

La paga, el salario, los honorarios y las prestaciones laborales son el reconocimiento de tu esfuerzo y la condición para tu sustento y el de los tuyos y tu bienestar inmediato. Defiende tus derechos laborales. No permitas que te exploten y si te explotan, busca remediarlo con organización y argumentos y con las leyes y los reglamentos en la mano. Respeta los derechos de tus colegas y procura mejorar y ampliar los de tus empleados.

Respeta y honra el fruto del trabajo ajeno. No destruyas, a menos que sea para construir algo mejor. No desperdicies insumos y no deseches cosas que aún puedan tener utilidad.

17. De la riqueza y la economía

No es más rico el que tiene más sino el más generoso

Es lícito poseer y acrecentar bienes materiales por medio de actividades industriales, comerciales, financieras, profesionales o de servicios, siempre y cuando se haga con respeto a las leyes y con la conciencia de que la riqueza debe ser distribuida. Es legítimo, además, y contribuye al desarrollo cuando se crean empleos dignos, cuando se contribuye al erario con impuestos justos y cuando se respetan los intereses superiores del país y de la sociedad tales como el cuidado del medio ambiente y la preservación de la soberanía.

No es lícito enriquecerse mediante el engaño, a costa del sufrimiento de otras personas, a expensas de los bienes comunes o en detrimento del bienestar del prójimo. La riqueza mal habida es aquella que se logra mediante el engaño, el robo, el abuso de información privilegiada o privatizando lo que es de todos o lo que no debe tener dueño. Tales formas de enriquecimiento son corruptas.

Quien procura la ganancia razonable, quien empeña su creatividad, se arriesga y mantiene fuentes de trabajo será reconocido por la sociedad como un empresario responsable con sentido social; por el contrario, quien pretende hacer negocios mediante el tráfico de influencias, los acuerdos inescrupulosos que afectan a la Hacienda Pública o mediante la mera especulación se hará merecedor de la reprobación y el descrédito.

La economía debe servir a las personas y no al revés. La riqueza que tiene mayores efectos positivos en la vida de los individuos y de los países es la que está mejor distribuida. Una economía que cumple con estos dos principios es una economía moral.

18. De los acuerdos

Los compromisos se cumplen

Cuando tomes parte en un acuerdo, procura que este resulte beneficioso para todas las partes y no solo para tus intereses o necesidades. Los convenios desequilibrados, suculentos para unos e injustos para otros no suelen durar mucho porque no resuelven los conflictos de fondo; simplemente los ocultan y los postergan.

Si haces un negocio que te beneficia, cuida que no empobrezca a tu contraparte porque eso es una forma de injusticia y tu prestigio terminará por venirse abajo.

19. De la familia

La familia es la principal institución de seguridad social de México

La familia es la célula básica de la sociedad, la primera escuela, el primer dispensario médico y, en nuestro país, un núcleo de ayuda mutua que acoge a los individuos en circunstancias adversas, como se ha evidenciado en la pandemia que enfrentamos hoy en día. En periodos de crisis económica muchas familias se convierten en centros productivos y en atenuantes del desempleo, y cuando ocurren catástrofes como huracanes y terremotos, muchos hogares acogen a personas o a familias enteras que han resultado damnificadas.

Aunque se suele representar en una sola de sus formas, la de una pareja con hijos, la familia es una unidad muy variable y sin un modelo único. En este ámbito de convivencia y vida cotidiana pueden caber una sola persona o muchas, individuos con o sin parentesco sanguíneo o matrimonial, del mismo sexo o sexo diferente.

Independientemente de cómo se conforme, la familia debe regirse por las mismas consideraciones éticas que el resto de la sociedad: respeto a la dignidad, libertad, igualdad y fraternidad.

Trata a los integrantes de tu familia con el respeto y la dignidad que merecen, busca una repartición justa y equitativa del trabajo doméstico, respeta la individualidad y la autonomía de cada uno de tus familiares en función de su edad y aptitudes, evita las actitudes autoritarias, violentas y arbitrarias y procura resolver los conflictos mediante el diálogo. Si hay en tu familia niños y personas mayores, condúcete hacia ellas con respeto, e inculca en las menores los principios éticos aquí referidos y edúcalas con la fuerza del ejemplo.

20. De los animales, las plantas y las cosas

Al cuidar el aire, el agua, la tierra, las plantas, los animales y las cosas, nos cuidamos todos

La tierra y el territorio, nuestra casa común, deben ser cuidados y protegidos por todos a fin de mantener el equilibrio y la armonía de los ciclos de vida y heredarlos a las futuras generaciones.

Compartimos el planeta con un sinfín de organismos no humanos. Muchos de ellos están en la tierra desde millones de años antes del surgimiento de la humanidad y muchos otros seguirán aquí cuando ya no estemos. De las plantas y de los otros animales nos distinguen el intelecto y una capacidad cualitativamente mayor para transformar el entorno, tan portentosa como terrible. Salvo por las comunidades agrarias y ancestrales, la humanidad ha perdido el control de esa capacidad y ha generado daños inconmensurables al medio ambiente. Es un imperativo ético de primer orden recuperar ese control para restaurar los ecosistemas dañados o destruidos y colaborar para recuperar el equilibrio perdido en el ámbito planetario, no solo por la supervivencia de las otras especies sino por la de la nuestra.

El intelecto y la razón no te otorgan privilegios especiales sino, por el contrario, te imponen obligaciones puntuales para con el entorno natural, como la de no propiciar su destrucción y la de no solazarte con su deterioro.

Procura preservar la vida y el entorno natural de los animales y de las plantas a menos que tu integridad y tu vida estén en juego. Debemos ser extremadamente cuidadosos en el aprovechamiento de los recursos naturales y evitar que se produzcan desequilibrios o que los agotemos en el ciclo de unas cuantas generaciones, privando de su beneficio a nuestros descendientes. No contamines el agua, la tierra y el aire.

Tenemos el deber de compartir nuestra atribución de dignidad con todos los seres vivos del mundo e incluso con las cosas inanimadas, como la atmósfera, los ríos y océanos y los yacimientos minerales, y asumir que no somos los reyes de ninguna creación sino pasajeros, junto con una diversidad de organismos, en una nave que viaja por la inmensidad del espacio.

Añado que este documento se imprimió, divulgó y entregó en 4 000 000 de domicilios del país y que no pretende ser un texto acabado, ni mucho menos. Ha sido analizado y discutido en muchos foros, está el propósito de incorporarle mejoras y cambios que hayan sido objeto de consenso y pronto tendremos una segunda versión con las aportaciones de la sociedad.

Los de arriba

La otra enseñanza política de aplicación universal es que nada se logra con la moderación y las medias tintas. Los publicistas del periodo neoliberal, además del Photoshop, la risa fingida, el peinado engominado y la falsedad en la imagen, siempre recomiendan correrse al centro, es decir, buscar quedar bien con todos; pues no, eso es un error: el noble oficio de la política exige autenticidad y definiciones. Ser de izquierda es anclarnos en nuestros ideales y principios. Si somos auténticos, si hablamos con la verdad y nos pronunciamos por los pobres y la justicia, mantendremos identidad y ello puede significar simpatía, no solo de los de abajo, sino también de la gente lúcida y humana de las clases media y alta, y con eso basta para enfrentar a las fuerzas conservadoras. Si nos desdibujamos iremos sin remedio hacia el fracaso. La política es un imperativo ético. El político debe, por ética y convicción, representar algo y a alguien; es decir, tener una causa y tomar partido por una persona, clase, estrato o sector, sin que ello lo lleve a excluir, ignorar, atropellar o faltar el respeto a quienes no piensan como él.

Es ilustrativo analizar cómo se han agrupado nuestros adversarios para enfrentarnos y quiénes son. Comencemos por la cúpula del poder económico y político, que ha seguido el mismo esquema que se aplicó en contra de Madero y que siempre ha funcionado de la misma manera; luego, revisemos el comportamiento de los medios de información, que en todos los tiempos han actuado, con honrosas excepciones, como voceros de los poderosos; examinemos el papel de los intelectuales orgánicos que actúan como alcahuetes del régimen, pero en peldaños inferiores de la pirámide del poder y, por último, evaluemos el comportamiento político de las clases medias del país.

Como a todos los oligarcas del mundo, a los integrantes de la cúpula empresarial de México les gusta mucho el dinero, pero son, vamos a decir, institucionales y, con excepciones, suelen ser tramposos e hipócritas, pero no matones. Recuerdo que en una plática que sostuve con Enrique Peña Nieto cuando era aún presidente constitucional y yo presidente electo, él se quejaba de la traición de quienes recibieron favores y luego lo desconocieron y hasta lo convirtieron en el payaso de las cachetadas. La ingratitud es un distintivo de este grupo de potentados. No es pecado y es sabido que la mayoría de los empresarios de Monterrey siempre han presionado para sacar raja del Gobierno y, en especial, de la Hacienda Pública. El gran escritor José Agustín, en uno de sus libros sobre la tragicomedia mexicana, relata que durante el cardenismo el Grupo Monterrey impulsó la creación del PAN, en 1939, y promovió la candidatura opositora de Juan Andreu Almazán y luego de llegar a la Presidencia, Manuel Ávila Camacho los aplacó porque les concedió importantes prebendas. José Agustín sostiene:

> Después de algunos titubeos, los empresarios decidieron aprovechar la oportunidad. No tenía caso aferrarse a resentimientos ideológicos si el régimen ofrecía tan buenas condiciones. Atrás se quedó la pasión almazanista o las simpatías por el PAN. Muchos empeñosos y ambiciosos titanes de la industria habían surgido con los gobiernos de la Revolución y se movían muy bien dentro de tan peculiares aguas. Otros pasaron de los altos puestos políticos a negocios jugosos que los enriquecieron en poco tiempo. Y otros más, los de raigambre porfirista que sobrevivieron a la Revolución, también se integraron en la nueva política. Por ejemplo, los grandes jerarcas del Grupo Monterrey en enero de 1942 se reunieron con el presidente Ávila Camacho para manifestarle alegremente que abjuraban de sus aficiones oposicionistas pues habían comprobado que el nuevo Gobierno en verdad «no caía en los errores del anterior». En realidad, todos los patrones obtuvieron facilidades enormes, que iban desde exención de impuestos, subsidios, créditos, aligeramiento de trámites hasta franca complicidad en muchos casos.[53]

Esto mismo se repite después del lamentable y reprochable asesinato de don Eugenio Garza Sada; en ese entonces, el presidente Luis Echeverría, con la intención de atemperar el efecto político de los acontecimientos y congraciarse con los empresarios de esa entidad, inventó el mecanismo de la consolidación fiscal, por el cual los empresarios podían repartir pérdidas en empresas fantasma y al final, demostrar en el papel que prácticamente no obtenían utilidades, y así evadir el pago de impuestos. El otro caso se registra cuando José López Portillo, con dinero del presupuesto público, rescata de la quiebra a la empresa Alfa, emblema de las industrias de Monterrey. En octubre de 1981, por instrucción presidencial, Banobras otorgó un crédito al Grupo Industrial Alfa por 12 000 millones de pesos de ese entonces (más de 20 000 millones de los de ahora), de los cuales, el 60% se debía pagar a una tasa de interés de mercado y el 40% restante a una tasa preferencial y en condiciones muy favorables.

Pero a pesar de esos apapachos y tratos especiales, los dueños del dinero siempre tacharon tanto a Echeverría como a López Portillo de populistas, demagogos y corruptos. De ahí que lo dicho por el presidente Peña sobre el carácter traicionero de la oligarquía económica no es descabellado.

Ciertamente, no todos son lo mismo y no a todos se les puede meter en el mismo costal. Me consta que en el terreno político Carlos Slim, Alberto Baillères, Germán Larrea o Ricardo Salinas respetan la investidura presidencial, no se apasionan tanto por lo electoral y aunque no estén de acuerdo con nosotros, actúan con prudencia. Cosa distinta es el caso de algunos integrantes del Grupo de los 10 de Monterrey, de los Coppel de Sinaloa y de empresarios de menor monta vinculados al PAN que actúan con demasiada carga ideológica conservadora.

En la campaña pasada, por ejemplo, un hijo de Claudio X. González, cuyo padre siempre ha sido dirigente de la cúpula empresarial, promovió la integración de partidos y organizaciones de las clases media y alta contra nosotros, con la consigna dirigida a mi persona, según la cual «si no le quitamos la Cámara, perderemos el país». Ahora que escribo, me acuerdo de mi querido Carlos Monsiváis, quien seguramente en su columna «Por mi madre, bohemios» podría haber apuntado: «No es para tanto, mi buen». Recreo aquella anécdota de quien estaba en el paredón por órdenes de Villa y alcanzó a decirle: «Pero, mi general, ¿por qué me fusila? Si yo con unas nalgaditas tengo». Reitero que aunque en general los grandes empresarios no se metieron en la elección pasada, se dan casos como el del señor Fernández, de los Oxxos, y algunos otros con posturas muy conservadoras que financiaron y alentaron primero al grupo Frenaaa, un intento de falange de ultraderecha, movido por intereses económicos o por el fanatismo; tal es también el caso de Gustavo A. de Hoyos Walther, quien presidió hasta hace poco la Confederación Patronal de la República Mexicana

(Coparmex), organismo que actúa más como un sector del PAN que como una auténtica representación empresarial.

• • •

La Iglesia católica también ha estado muy respetuosa de la autoridad legal y legítimamente constituida, lo cual no es poca cosa. En el censo del año pasado, 2020, a pesar de escándalos y del poco apego a la fe cristiana de algunos de la jerarquía eclesiástica, el 77% de los mexicanos se declaró católico. Tanto en América Latina como en el mundo, México es el segundo país con más católicos, después de Brasil. Y puede parecer paradójico o contradictorio que sea la virgen de Guadalupe, una madre morena y de rasgos indígenas, el símbolo más venerado en el contexto de una sociedad bastante racista. Agréguese que después de la Guadalupe, el más admirado es el presidente Juárez, un indígena zapoteca; nuestro santo laico.

La autenticidad cristiana del papa Francisco ayuda mucho al buen comportamiento de la Iglesia católica mexicana. Nunca, en momentos de transformación, habíamos tenido un jerarca católico tan vinculado a los pobres y tan respetuoso de los movimientos sociales y de los gobiernos populares. No olvidemos que en la Independencia, la Reforma y, en especial, durante el golpe militar de Huerta, los pontífices en turno apoyaron la colonización, el acaparamiento de bienes materiales del clero y el golpe de Estado perpetrado contra Madero. Ahora ha sido distinto; solo algunos jerarcas de la Iglesia católica han tomado partido contra nosotros, siendo el más notorio el del arzobispo emérito de Guadalajara, Juan Sandoval Íñiguez, quien llamó de manera ilegal, en pleno periodo de veda electoral a no votar por el Movimiento Regeneración Nacional (Morena), alegando que si se votaba por los «que están en el poder [...] se viene la dictadura o se pierde la libertad porque se trata de un sistema comunista, socialista que esclaviza», que la economía está «ya de por si dañada» y si se les da «todas las facultades a su gusto, vamos a quedar muy pobres, como está Cuba y Venezuela», que «está en juego la seguridad nacional y la paz. Los gobiernos se han aliado con los malhechores, con los carteles, con los que han hecho pacto...».[54] La animadversión de este religioso hacia nosotros viene de lejos: según información de WikiLeaks, en 2006 se reunió en Roma con un funcionario de Estados Unidos para decirle que mi candidatura a la Presidencia representaba una tendencia «muy peligrosa» en el continente y para pedirle que la Casa Blanca ayudara a impedir mi triunfo. Esta postura refleja con claridad cómo ciertos sectores de la jerarquía católica no han modificado sus posturas ideológicas de antaño. Es como si el tiempo se hubiese detenido y la realidad fuese la misma. Hace poco, Beatriz, en su trabajo de investigación histórica y literaria, encontró en un archivo un escrito enviado a Roma en abril de 1936 por Leopoldo Ruiz Flores, quien por ese entonces se desempeñaba al mismo tiempo como arzobispo de Morelia y delegado apostólico. En la carta, dirigida a Eugenio Pacelli, que era secretario de Estado del Vaticano y que habría de convertirse años después en el papa Pío XII, Ruiz Flores afirmaba que el Gobierno del general Cárdenas

> es comunista. Lo demuestran claramente sus tendencias, en todos los órdenes, sobre todo la actuación constante e infatigable de todos los funcionarios. Su comunismo, por razones de interés político, se oculta cuidadosamente [...].
>
> Los aspectos del comunismo del Gobierno son exactamente los del comunismo de los soviet: lucha encarnizada contra toda religión, especialmente la católica, formación de la niñez en el materialismo, en la lucha y odio de clases, en el servilismo al Estado, expropiación total de los bienes de la Iglesia y progresivamente de los bienes de las clases capitalistas, expropiación de la propiedad urbana y rústica, obrerismo rojo con tendencias al establecimiento de la dictadura del proletariado, organización forzosa tiránica de las masas obreras y campesinas, trabajo de acercamiento entre los soldados rasos y las masas armadas, tendiente a la disolución del ejército y a la formación del ejército rojo y los soldados, obreros y campesinos [...].
>
> El peligro de esta organización consiste principalmente en que con violencias de todas las clases, procura reunir en un frente único de obreros y campesinos, al servicio del comunismo del Estado, a todos los individuos posibles, no

> solo a los comunistas, sino a todos los elementos de izquierda, para constituir una acción común de agitación y subversión del orden social. De los elementos que procuran hacer esta unión y dirijen [*sic*] sus movimientos, salen las huelgas, manifestaciones anticapitalistas y antirreligiosas, adhesiones al Gobierno, etc. Esta organización tiene forzosamente que seguir la política y las órdenes y consignas del Gobierno. Está a su cabeza un agitador de profesión, respaldado incondicionalmente por el Gobierno [Vicente Lombardo Toledano].[55]

Paradójicamente, y en contraste con el encendido anticlericalismo de Calles, Garrido Canabal y otros militares revolucionarios, el cardenismo tuvo una actitud respetuosa y conciliadora hacia la Iglesia católica y obviamente los fenómenos políticos reseñados por el arzobispo Ruiz Flores eran imaginarios. De modo que esa carta solo puede explicarse de dos formas: o bien el prelado violentaba a conciencia el octavo mandamiento de su propio credo, que prohíbe levantar falsos testimonios y adulterar la verdad, o bien padecía de lo que actualmente se conoce como «disonancia cognitiva», es decir, ideas falsas e incluso fobias fabricadas por un individuo que no logra conciliar sus actos con sus principios morales.

Afortunadamente, en los tiempos actuales los hombres de la Iglesia han sido prudentes en su mayoría, al igual que el nuncio apostólico, Franco Coppola, quien con lealtad representa en nuestro país a una Iglesia menos conservadora y más empática, humana y popular, como la que encabeza el papa Francisco.

La prensa conservadora

> Puede una gota de lodo
> sobre un diamante caer;
> puede también de este modo
> su fulgor obscurecer.
> Pero aunque el diamante todo
> se encuentre de fango lleno,
> el valor que lo hace bueno
> no perderá ni un instante
> y ha de ser siempre diamante
> por más que lo manche el cieno.
>
> RUBEN DARÍO, «La calumnia»

El caso de la prensa fue realmente impactante. Los medios de información convencionales —es decir, los periódicos, la radio y la televisión— nos han atacado como nunca se había hecho desde los tiempos de Francisco I. Madero.

Para empezar, esta actitud se explica por la estrecha relación que existe entre empresas y medios. Más claro todavía: los dueños de los medios de información más influyentes en México son hombres de negocios, de mucho poder económico y por lo mismo, político. Desde luego, hay casos singulares, como los de los periódicos *Reforma* y *El Universal*, cuyos dueños, aunque no poseen fortunas dignas de la lista de Forbes, siempre han recibido publicidad del sector público o privado a cambio de proteger a potentados y denostar a opositores al régimen autoritario y de corrupción; *El Universal* defendió a las compañías extranjeras cuando se nacionalizó el petróleo al aprobarse el artículo 27 de la Constitución promulgada en Querétaro en febrero de 1917; ese diario no publicó absolutamente nada al día siguiente de la matanza de estudiantes del 2 de octubre de 1968 y en los últimos tiempos jamás cuestionó las llamadas reformas estructurales para privatizar bienes del pueblo y de la nación en beneficio de particulares nacionales y extranjeros. Tampoco denunció la corrupción rampante del periodo neoliberal. Sin embargo, ahora está desatado contra nosotros.

El caso del *Reforma* es parecido, aunque este depende más en lo económico de empresarios y banqueros a quienes siempre ha defendido abierta o simuladamente. La empresa tiene su origen en Monterrey, donde por décadas ha publicado *El Norte*, que tiene gran influencia en la población, al grado que allá pone y quita gobernantes a su antojo. Sus directivos tomaron la decisión de hacer ese tipo de periodismo en la Ciudad de México y en los tiempos de su gran aliado Carlos Salinas de Gortari, en 1993, apareció el *Reforma*. Se trata del periódico más conservador y doctrinario de la actualidad, además de ser el más tenaz defensor de la política neoliberal o neoporfirista, y de la corrupción de los delincuentes de cuello blanco; al mismo tiempo, es como el catecismo de los sectores más retrógradas y desinformados de las clases medias. La mentalidad clasista de quienes lo leen se puede entender a la perfección con solo ver una publicación de uno de los directivos más cercanos a la familia de los Junco, dueños del periódico, con motivo del resultado de las pasadas elecciones en la Ciudad de México; me refiero al tuit que puso el exdirector de *Reforma* Lázaro Ríos, utilizando el mapa de la Ciudad de México en donde el territorio se separa casi en línea recta en dos y en un lado quedan las alcaldías donde viven los ricos y la clase media y del otro las demarcaciones donde hay más pobres, sobreponiendo en cada caso los siguientes textos: «Aquí viven los que pagamos impuestos; aquí viven los que reciben subsidios».

Tal pensamiento, compartido por muchos, es el que recrea este diario día tras día. En él, la información deja de ser un empeño por contar y reflejar la realidad para convertirse en la reiteración de dogmas, prejuicios y nociones preconcebidas; en el caso del mensaje del tuit que menciono, por ejemplo, es falso que los empresarios y las clases medias paguen más impuestos que los pobres: se recauda más IVA de la mayoría de la población, ya que no hay manera de eludir esa contribución, porque grava el consumo, por lo que siempre será pagado por quienes compran los productos, siendo las empresas solo un intermediario entre los mexicanos y la Hacienda Pública. Durante 2020, la población con trabajo, tanto formal como informal, ha contribuido con un billón 38 mil 533 millones de pesos.[56]

En cambio, el ISR lo pagan en mayor cantidad los trabajadores que los empresarios; en 2020 los asalariados contribuyeron con 927 546 millones de pesos, mientras que los llamados grandes contribuyentes aportaron 524 707 millones de pesos, lo que representa una tasa de ISR de 11.4% para los primeros, contra 1.3% de los segundos.[57]

Pero regresando al papel de la prensa, tanto estos dos periódicos como la inmensa mayoría de los medios de información, con sus comentaristas, columnistas, articulistas y conductores de noticias, se han entregado por entero a la difamación y a la mentira. Casi todos aplican la máxima del hampa del periódico, de que «la calumnia cuando no mancha, tizna».

Luego de las elecciones, el primer domingo de junio, el Instituto Nacional Electoral (INE) publicó un monitoreo elaborado por la UNAM, en el cual se muestra que durante la reciente campaña política, noticieros y comentaristas de radio y televisión no guardaron ningún equilibrio en el manejo de la información. Entre el 4 de abril y el 2 de junio, los medios electrónicos dieron una cobertura favorable a la coalición y a los partidos opositores, lo contrario a Morena y sus aliados. Por ejemplo, en el valle de México dieron el doble de notas positivas (338) a la coalición opositora Vamos por México que a la coalición Juntos Hacemos Historia (162), misma que acumuló más comentarios negativos en ese periodo. Si lo vemos por partido, la inequidad es mucho mayor. Durante la campaña electoral los noticieros de radio y televisión transmitieron tres veces más notas negativas de Morena (1 599) que del PAN (552) o del PRI (567), en tanto que estos dos partidos tuvieron más notas positivas que Morena. El sesgo informativo en contra de Morena fue por partida doble. Es más, la empresa Intélite, en un monitoreo del mes de julio de 2021, registra que los medios de información convencionales del país dedicaron a mi persona 657 menciones en contra y solo 55 opiniones a favor; es decir, 92% en contra y 8% a favor.[58]

Todo ello es explicable si se considera que ya no hay subvención, «chayote», o cualquier otro mecanismo para comprar lealtades y conciencias. No olvidemos que uno de los principales pilares del antiguo régimen fue el control de la información, reforzado con la censura a periodistas y aceitado con el pago de publicidad y otros servicios ofrecidos por los medios de comunicación. Los gobiernos neoliberales usaban el dinero de la publicidad oficial para pagar silencios, comprar conciencias y financiar la maquinaria de propaganda a su favor.

Entre 2001 y 2018, los medios de comunicación (televisión, radio e impresos) recibieron por publicidad del Ejecutivo Federal 110 782 millones de pesos (sin considerar otros contratos de servicios, construcción, ventas o prebendas). Casi la mitad del monto fue erogado por el gobierno de Enrique Peña Nieto (53 571 millones de pesos), seguido por Felipe Calderón, con 40 409 millones. Peña Nieto gastó en promedio 10 000 millones de pesos anuales en publicidad. Estos recursos consideran el presupuesto del Consejo de Promoción Turística de México, que contrató a medios de comunicación para diversas campañas y a los que les pagó a través de agencias de publicidad como Starcom Worldwide, una compañía con sede en Chicago y filial de la corporación transnacional francesa Publicis.

Las televisoras fueron sin duda las más beneficiadas por ese gasto en propaganda oficial. Televisa es la empresa que más dinero recibió en los sexenios de Fox, Calderón y Peña Nieto (cerca de 15 000 millones de pesos), seguida por TV Azteca (9 000 millones). Por su parte, Grupo Imagen cosechó 1 142 millones de pesos. En todos esos casos, Peña Nieto les aportó más de la mitad de esos ingresos.

Entre los medios impresos, *Reforma* fue el periódico favorito de los gobiernos panistas de Fox y Calderón (el primero le dio 292 000 000 y el segundo, 404 000 000), seguido por *El Universal* (Fox le dio 274 000 000 y Calderón, 368 000 000). *Milenio* también fue consentido de Fox (173 000 000) y de Calderón (380 000 000), pero en el periodo que más recibió fue en el de Peña: más de 423 000 000 de pesos.

En el sexenio pasado se privilegió al periódico *El Universal,* que recibió 1450 millones en seis años, seguido por *Excélsior,* con 1140 millones, y por *La Jornada,* con 542 000 000.

Recapitulando: en 18 años, *El Universal* cobró 2 093 millones de pesos por publicidad oficial; *Excélsior,* 1 203 millones; *La Jornada,* 1 101 millones; *Reforma,* 987 000 000 y *Milenio,* 977 000 000. Enumero únicamente a los periódicos que más recibieron.

Entre los concesionarios de radio hay varios grupos que acapararon la publicidad en ese sector. Por ejemplo, en los tres sexenios de referencia, Grupo Fórmula obtuvo 2 459 millones de pesos, en tanto que Grupo ACIR recibió 726 000 000 y MVS, 529 000 000.

Con Enrique Peña Nieto se oficializa el pago directo a periodistas y columnistas por su trabajo en los medios, además de financiar sus portales personales. Se tiene una lista de 36 comunicadores que recibieron entre todos 1 029 millones de pesos entre 2013 y 2018. El que más destaca por sus ingresos en los tres sexenios es Joaquín López Dóriga, quien obtuvo en ese periodo más de 446 000 000 de pesos en contratos con el Gobierno, siendo el de Peña al que más dinero facturó (249 000 000) a través de cuatro empresas. En segundo lugar está el escritor Enrique Krauze, con 370 858 000 (como dueño y principal accionista de *Letras Libres, Vuelta* y Clío). En tercer lugar está el escritor Héctor Aguilar Camín al frente del Grupo Nexos, quien cobró 166 000 000 de pesos (casi 100 millones de ellos, con Peña Nieto). En cuarto lugar está el empresario y periodista Federico Arreola, propietario de SDP Noticias que recibió 154 000 000 (el 99% de Peña Nieto). Le siguen Beatriz Pagés (*Revista Siempre,* 106 000 000), Oscar Mario Beteta (Radio Fórmula, 74 500 000), Callo de Hacha (59 000 000), Raymundo Riva Palacio (*El Financiero,* 43 000 000), Ricardo Alemán (*La Razón,* 32 000 000), Jorge Fernández Menéndez (*El Financiero,* 25 000 000), Adela Micha (24 000 000), Roberto Rock (*El Universal,* 23 900 000), Pablo Hiriart (*El Financiero,* 22 000 000), Rafael Cardona (16 000 000), José Cárdenas (Radio Fórmula, 13 500 000), Daniel Moreno (*Animal Político,* 10 000 000), Eunice Ortega (10 000 000), Paola Rojas (Radio Fórmula, 6 000 000), Ramón Alberto Garza (*Reporte Índigo-Código Magenta,* 4 900 000), Salvador García Soto (*El Universal,* 4 500 000), Eduardo Ruiz Healy (Radio Fórmula, 4 200 000).[59]

Hoy ya no se les paga ni un peso a dichos escritores, columnistas y «opinadores» profesionales, y todos, sin excepción, lanzan críticas feroces contra el Gobierno y contra el presidente de México. Gozan, en cambio, de plena libertad para cuestionar, denostar, desinformar, mentir y hasta insultar. El actual Gobierno mantiene un debate abierto con los medios informativos y con los comunicadores por la información tendenciosa o viles infundios que publican, pero nunca ha censurado ni perseguido a ningún periodista, editor ni dueño de medio de comunicación. Hay más libertad de expresión que nunca, a pesar de que empresarios, líderes opositores y hasta el INE continúen con viejas prácticas y presionen a diversos medios para que modifiquen su línea editorial o incluso censuren a periodistas, colaboradores o eliminen temas de su agenda.

Los intelectuales del antiguo régimen

El caso de los intelectuales orgánicos es lamentable. Sus dos principales líderes, Héctor Aguilar Camín y Enrique Krauze, han exhibido que las motivaciones reales de su trabajo y de sus emprendimientos no son culturales, éticas, literarias o históricas sino meramente mercantiles. Aunque carezcan de la estatura intelectual de Justo Sierra o Francisco Bulnes, o de la de Antonio Caso, Alfonso Reyes, José Vasconcelos, Octavio Paz, Carlos Fuentes, Carlos Monsiváis y José Emilio Pacheco, entre otros, han sabido colocarse entre los más afortunados escritores en la historia del país. Aguilar Camín comenzó como ideólogo y defensor de Carlos Salinas; luego lo traicionó y se puso al servicio de Zedillo; con Fox y Calderón se adaptó al panismo y con Peña siguió siendo oficioso y comedido, y en todos los casos resultó muy bien recompensado.

El otro caso emblemático de la intelectualidad reclutada por el régimen oligárquico es Enrique Krauze, cuyo innegable talento no es el de historiar sino el de hacer excelentes negocios al amparo del poder público, aun a costa de sacrificar la honestidad intelectual. En una ocasión el entonces secretario de Gobernación Santiago Creel, descendiente del político, empresario y terrateniente chihuahuense Luis Terrazas, le encargó a Krauze que editara una semblanza elogiosa de ese personaje, tan representativo del porfirismo y de su modo de operar en los estados de la República. Como por arte de magia, y sin el menor respeto por el rigor histórico, Krauze convirtió a Terrazas en un prócer, un héroe local merecedor de gratitud eterna por las generaciones posteriores.

También recuerdo que, en un artículo publicado en el periódico *Reforma* («Vindicación de Porfirio Díaz»), Krauze sostuvo:

> Por lo que hace a su saldo de sangre, Porfirio Díaz no fue, ni remotamente, el mayor asesino de nuestra historia. Los crímenes que refieren J. K. Turner y otros críticos (Valle Nacional, «Mátalos en caliente», Río Bravo, Tomóchic) son ciertos y deplorables, pero la medalla de oro en esa práctica no la tiene Porfirio Díaz sino el otro Díaz de nuestra historia reciente (Ordaz), varios caudillos de la Revolución y los presidentes sonorenses. Frente a la matanza de chinos en Torreón, las barbaridades de Villa, los fusilamientos de todas las facciones, la Cristiada, Topilejo y Tlatelolco, Porfirio Díaz fue, casi, un alma de la caridad.

En ese tiempo, a través de un mensaje de Twitter, le contesté:

> Es lamentable que un historiador como Krauze olvide (porque ni lo menciona) el exterminio de yaquis y mayas durante el Porfiriato, con el infame y descarado propósito de arrebatarles sus tierras y sus aguas. El gobernador de Sonora de aquel entonces, Luis E. Torres, reconoció que habían muerto en la guerra contra los yaquis 15 000 indígenas, sin considerar a las miles de familias deportadas para trabajar como esclavos en las haciendas azucareras, tabacaleras y henequeneras del sureste. Krauze es inteligente, pero se obnubila porque tiene demasiada vocación conservadora.

Por otro lado, el empresario nunca protestó por los fraudes electorales que se cometieron en los tiempos del PRIAN y, por el contrario, los solapó. Krauze ha sido el preferido para contar la historia electoral de México, mediante contratos con el INE; de hecho, el más reciente documental que elaboró para la autoridad electoral, en marzo de 2018, se llama *Historia de los procesos electorales en México,* por el que cobró 2 320 000 pesos. Ese mismo año produjo con Televisa la serie *La democracia en México.* En ambos casos, como ejemplo de su congruencia «democrática», al abordar las elecciones presidenciales de 2006, no menciona la guerra sucia en contra de mi candidatura. Por el contrario, afirma que no hubo pruebas del fraude electoral que benefició a Calderón.

• • •

Pues bien, estos dos personajes han dominado por décadas la escena intelectual oficial. A estos dos grupos pertenecen decenas o hasta cientos de escritores, músicos, poetas, actores, historiadores, antropólogos, arqueólogos, periodistas y demás hombres y mujeres de ciencia, letras, arte y cultura; la mayoría se fue adhiriendo a estos dos grupos por convicción o por interés, pues de estas dos facciones dependía la posibilidad de ser tomado en cuenta, publicar, exponer, poseer reconocimientos y asegurar un ingreso. Por lo general, estos dos grupos, que en esencia son uno solo cuando se trata de defender al antiguo régimen —una especie de PRIAN de la intelectualidad—, han aportado muy poco al desarrollo de las ciencias puras o aplicadas, las ciencias sociales, el arte o la cultura. Por el contrario, son una prueba irrefutable de la degradación progresiva que sufrió México durante el periodo neoliberal.

Es evidente que el neoporfirismo sometió hasta a la inteligencia. Por ejemplo, hoy escasean los nuevos escritores destacados, y ciertamente no me refiero a militantes sino a buenos literatos o prosistas; en los hechos, se cuentan con los dedos de una mano. Se extraña a José María Pérez Gay, Arnaldo Córdova, Luis Javier Garrido, Carlos Monsiváis, Bolívar Echeverría, Hugo Gutiérrez Vega, Sergio Pitol, Fernando del Paso, Julio Scherer García, Jaime Avilés y otros que ya partieron. La mayoría de la intelectualidad, de quienes se sienten personas de letras, de ciencia y de la academia, ha aportado muy poco en nuestro tiempo y más bien ha ayudado con sus ambiciones personales a mantener mediatizada e inhibida la fecunda creatividad de los jóvenes mexicanos. Pero tengo la convicción de que la transformación nacional en curso muy pronto dará paso a una nueva época de esplendor cultural.

Cuánta razón hay en la frase de Belinski dirigida a Nikolái Gógol, el gran escritor ruso, quien cuando se volvió conservador se le esfumó hasta el buen estilo literario; el crítico argumentaba: «No cabe duda de que, cuando un hombre se entrega por entero a la mentira, pierde hasta la imaginación y el talento». Lo acontecido en nuestro país en la llamada república de las letras es aún más penoso. El enojo de los intelectuales contra la Cuarta Transformación es por el dinero que dejaron de recibir del Gobierno; aunque están vigentes las becas a sus allegados —porque no hay el propósito de quitarles nada—, ya no son mandones ni tienen las influencias de antes y, sobre todo, ya no tienen el erario federal a su disposición.

Krauze y Aguilar Camín, reitero, son casos excepcionales del control y la manipulación que se ejerce en los círculos cerrados de la élite intelectual; ambos han encabezado sendos grupos de escritores, artistas y académicos que por más de cuarenta años han monopolizado premios literarios, becas y apoyos oficiales de los gobiernos en turno, además de acaparar espacios en medios de comunicación y de recibir financiamiento de empresas, personajes de la oligarquía mexicana y organismos empresariales como el Consejo Mexicano de Negocios, Coparmex, Coca-Cola FEMSA, Bimbo, Jumex, TV Azteca y Televisa, entre otros.

Los gobiernos del periodo neoliberal fueron muy obsequiosos con ambos grupos, a cambio de lo cual recibieron apoyo ideológico y político casi ilimitado. Tan solo en lo que va del siglo, el Grupo Nexos, de Aguilar Camín, y el Grupo Letras Libres (antes Vuelta) y Editorial Clío, de Krauze, recibieron 537 305 389 pesos del presupuesto público en los gobiernos de Vicente Fox, Felipe Calderón y Enrique Peña Nieto. Los contratos y pagos se hicieron por concepto de publicidad, compra de libros, elaboración de documentales y otros servicios como cursos a funcionarios. El Gobierno de Peña Nieto fue el que más dinero entregó a ambos.

Las dos empresas editoriales de Krauze, Clío y Vuelta —que edita la revista *Letras Libres* de la que es gerente y director—, recibieron de esos gobiernos más de 370 000 000 de pesos por publicidad, venta de revistas y libros, así como por otros servicios.

Krauze comenzó su relación económica y política con gobiernos del PRI y del PAN durante la administración de Carlos Salinas de Gortari, quien le pagó más de 2 000 millones de viejos pesos por los 12 volúmenes y videos de su obra *Biografía del poder*. Incluso en un artículo publicado en *Reforma*, Krauze defendió las reformas neoliberales impulsadas por Salinas y cuestionadas tras la rebelión indígena en Chiapas: «La privatización, el Tratado de Libre Comercio, la disciplina monetaria, etcétera, fueron medidas coherentes en el mundo que vivimos... el sentido de esas reformas era el único posible a fines del siglo XX» («Neoconservadores», *Reforma,* 21 de abril de 1996).

No obstante, hay algunos datos de escándalo de sus vínculos económicos con el poder: el Gobierno de Peña Nieto compró 540 000 ejemplares de *Letras Libres* para la Dirección de Bibliotecas (a razón de 7 500 revistas cada mes, de un tiraje de 14 000 ejemplares). Además, entre 2013 y 2018, Clío recibió 114 000 000 de pesos por la impresión de libros, producción de documentales históricos, reedición de programas de televisión y retransmisión de la serie *México, Siglo XX*. Llama la atención que en 2004 esa empresa cobró 6 000 000 a la Secretaría de Educación Pública (SEP) por los derechos de las canciones de Francisco Gabilondo Soler, mejor conocido como Cri-Cri, otorgados a la Comisión Nacional de Libros de Texto Gratuito; para esa Comisión, Clío elaboró en 2006 varios libros de texto.

Durante el gobierno de Felipe Calderón, Clío hizo la serie documental *Episodios diplomáticos de México* para la Secretaría de Relaciones Exteriores (2009) y le dio el servicio de copiado de cápsulas a la Secretaría de Agricultura, Ganadería, Desarrollo Rural, Pesca y Alimentación (Sagarpa). En 2011, cobró por la compra de tiempo aire e inserciones en la revista *LL* de España para el Consejo de Promoción Turística de México. Clío produjo dos programas históricos para la televisión abierta que fueron pagados por el Gobierno de Peña Nieto. En 2014 la Secretaría de Cultura contrató sus servicios por la obra *Las Revueltas de José* y al año siguiente la misma dependencia financió su documental *Porfirio Díaz: el centenario*, en el que por enésima vez reivindica la figura del dictador. En 2016 Clío produjo para la Secretaría de Cultura el documental *Generaciones de la literatura mexicana (1950-2000)* y al año siguiente hizo otro documental sobre el 85° aniversario de Banobras. En tanto, para la Secretaría de Cultura realizó el documental *Literatura mexicana (1900-1950)*. En 2018, le pagaron por el video *Generaciones de la literatura mexicana. Del México prehispánico al siglo* XIX y otros más.

En la actualidad, las empresas de Krauze ya no reciben contratos del Gobierno de la Cuarta Transformación, no se le compra por miles su revista *Letras Libres* ni tiene publicidad oficial, por lo que ahora la empresa Vuelta recibe ingresos del Gobierno de Jalisco (765 000 pesos) y de entidades privadas como Cemex (2 200 000), TV Azteca (2 000 000), Fomento Cultural Grupo Salinas (2 000 000), Jumex (1 900 000) y Grupo Coppel (600 000 pesos). Además, su otra empresa, Clío, es financiada por el Consejo Mexicano de Negocios (6 600 000), Coparmex (4 200 000), Cámara de la Industria de la Transformación de Nuevo León (2 900 000), Cemex (4 900 000), BBVA Bancomer (2 500 000), Cámara Nacional del Autotransporte de Carga (2 100 000), Bimbo (2 000 000),

Coca-Cola FEMSA (2 000 000) y Starcom Worldwide (2 800 000), además de recibir aportes del empresario Fernando Senderos Mestre y del Gobierno de Jalisco (3 700 000).

En vísperas de las elecciones de 2018, Krauze fue señalado como el cerebro de la llamada Operación Berlín, una estrategia mediática y electoral realizada entre 2017 y 2018 con el fin de desprestigiarme como candidato presidencial. Aunque el mismo Krauze se deslindó de esa maniobra de guerra sucia, hay testimonios que confirman su participación y de directivos de *Letras Libres,* así como el patrocinio de empresarios como Agustín Coppel Lukken (Grupo Coppel), Alejandro Ramírez (Cinépolis) y Germán Larrea (Grupo México).

El otro agrupamiento intelectual que ha monopolizado la vida cultural de México es el Grupo Nexos, dirigido y animado por Héctor Aguilar Camín, quien fue el intelectual orgánico de Carlos Salinas, en cuyo gobierno recibió varios miles de millones de viejos pesos en contratos y prebendas, como lo reveló el periodista Miguel Badillo.

Entre 2001 y 2018, el Grupo Editorial Nexos Ciencia, Sociedad y Literatura, S. A. de C. V., de Aguilar Camín —que incluye la Editorial Cal y Arena, así como las revistas *Nexos* y *Política Digital*— recibió 166 447 016 pesos por publicidad, venta de revistas y otros servicios (como cursos a funcionarios). Fox le dio 30 400 000; Calderón, 36 900 000, y Peña Nieto, 99 100 000.

El Grupo Nexos —del que Aguilar es presidente, gerente general y director general— recibió 112 787 177 pesos por publicidad, además de 53 000 000 por otros servicios, desde la compra de miles de revistas y libros hasta el pago de cursos a servidores públicos.

En los seis años de Peña Nieto, la Secretaría de Cultura compró 462 000 revistas *Nexos* —de la que Aguilar Camín es gerente general y director general—; cada mes la empresa vendió al Gobierno 7 000 ejemplares (de un tiraje declarado de 12 000). En los tres sexenios, Nexos vendió más de un millón de revistas a la Dirección General Nacional de Bibliotecas de la SEP y más de 100 000 libros.

En ese periodo, el Grupo Nexos también vendió al Gobierno Federal más de 150 000 libros de su editorial, buena parte de ellos escritos por colaboradores de *Nexos*. Por ejemplo, en 2011, durante el gobierno de Calderón, Nexos vendió 10 000 libros como «material bibliográfico» a la Dirección General de Educación Continua de Maestros en Servicio de la SEP. Entre los autores figuran José Woldenberg, Pedro Salazar, Raúl Trejo Delarbre y Luis de la Barreda, entre otros que también son articulistas de *Nexos*.

En 2016 Nexos vendió a la SEP 45 600 ejemplares de su colección Cívica y Ética y otros 36 000 libros de su otra colección, Los Imprescindibles. Un año después, la empresa vendió otros 65 600 ejemplares de las mismas colecciones a la Secretaría de Cultura.

Como ejemplo de los servicios que Nexos ofrecía a la SEP, está un diplomado de Formación Cívica y Ética coordinado por Rafael Pérez Gay. Por este curso a 1 000 maestros, el Grupo Nexos recibió 4 000 000 de pesos en mayo de 2011, en el gobierno de Felipe Calderón. Pérez Gay es director de la editorial del Grupo y escribió en 2012 que esos cursos «son una línea de negocios de Cal y Arena que incorporé a la editorial como una forma de allegarnos recursos para publicar libros» (y venderlos). A partir de 2019, los ingresos del Grupo Nexos tuvieron que diversificarse debido a que la presente administración federal ya no le da dinero por publicidad, no le compra los tirajes de las revistas que imprimía ni los libros que publica su editorial.

El financiamiento privado de Nexos es similar al de las empresas de Krauze. Entre 2018 y 2020, recibió recursos del Consejo Mexicano de Negocios por 11 500 000 pesos; además, firmó contratos con los gobiernos de Jalisco (9 000 000), Estado de México (2 000 000) y del municipio de Mérida, Yucatán (3 400 000). También recibió recursos del Tribunal Electoral del Poder Judicial de la Federación (2 400 000) y de la Asociación Nacional de Universidades e Instituciones de Educación Superior (4 900 000). De manera personal, Héctor Aguilar Camín cobró 585 000 pesos al ayuntamiento de Mérida en ese periodo.[60] En fin, la súbita pérdida de contratos y recursos de la federación explica por qué Aguilar me tildó de «pendejo y arrogante» y Krauze, con mayor elegancia, me apodó «el Mesías Tropical».

El conservadurismo en las clases medias

Debo reconocer que la labor de zapa de potentados, medios de información, columnistas e intelectuales que medraron al amparo del viejo régimen ha atraído la atención y ha influenciado en contra nuestra a un amplio sector de las clases medias. Debe tenerse presente que en México y en el mundo, las clases medias han sido históricamente las más susceptibles de manipulación; lo fueron en la Alemania de Hitler y en Chile, cuando se les instrumentó en contra del presidente Salvador Allende. En nuestro país se manifestaron, como hemos visto, a favor de Huerta y en contra de Madero, al que llegaron a tratar como traidor a su clase. Durante el cardenismo, un sector de la clase media también se entregó a la reacción e incluso al fascismo. Existía en ese entonces una agrupación llamada Confederación de la Clase Media que distribuía volantes con propaganda anticomunista, como se muestra en estos dos panfletos:

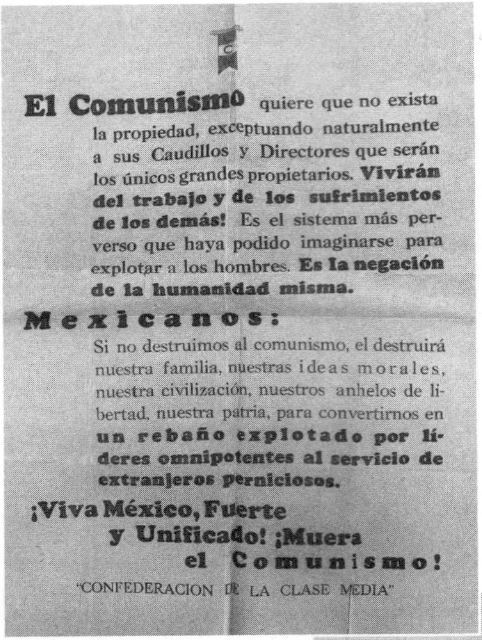
El Comunismo quiere que no exista la propiedad, exceptuando naturalmente a sus Caudillos y Directores que serán los únicos grandes propietarios. Vivirán del trabajo y de los sufrimientos de los demás! Es el sistema más perverso que haya podido imaginarse para explotar a los hombres. Es la negación de la humanidad misma.
Mexicanos:
Si no destruimos al comunismo, el destruirá nuestra familia, nuestras ideas morales, nuestra civilización, nuestros anhelos de libertad, nuestra patria, para convertirnos en un rebaño explotado por líderes omnipotentes al servicio de extranjeros perniciosos.
¡Viva México, Fuerte y Unificado! ¡Muera el Comunismo!
"CONFEDERACION DE LA CLASE MEDIA"

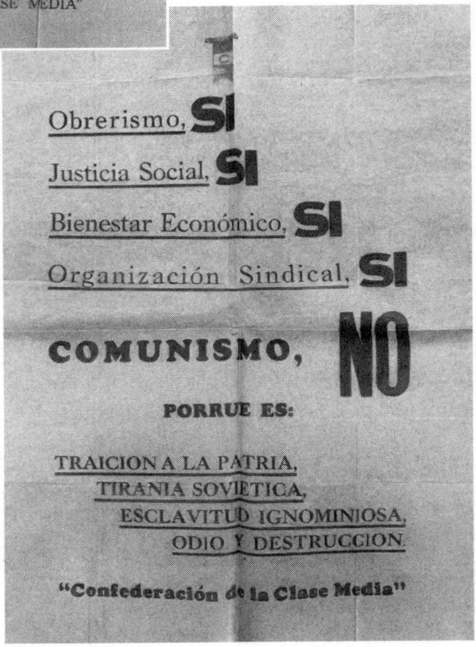
Obrerismo, SI
Justicia Social, SI
Bienestar Económico, SI
Organización Sindical, SI
COMUNISMO, NO
PORRUE ES:
TRAICION A LA PATRIA,
TIRANIA SOVIETICA,
ESCLAVITUD IGNOMINIOSA,
ODIO Y DESTRUCCION.
"Confederación de la Clase Media"

Fuente: Archivio Storico del Ministerio degli Affari Estesi d'Italia, Affari Transoceanici, Rapporti Politici, Messico, 1936, Busta 4, Fasc. 1.

La degradación de las clases medias se agudizó en nuestro país a lo largo del periodo neoliberal. En estos últimos tiempos el individualismo se extendió como forma de vida y, aunque no pudo eclipsarlo todo, sí dañó la gran reserva de valores culturales, morales y espirituales que ha sido heredada de nuestras civilizaciones ancestrales y que han conservado nuestras familias y pueblos a través de los siglos; antes del neoliberalismo había menos desintegración familiar y se aplicaba más el sencillo pero profundo principio de hacer el bien sin mirar a quién; era malo robar o aprovecharse del pobre. Sin embargo, todo eso fue cediendo terreno ante la idea de triunfar como fuere, «haiga sido como haiga sido», y lo importante era sobresalir, no para satisfacción personal sino para satisfacer impulsos de posesión; «ser alguien» en la vida, no por ayudar a los semejantes sino para saciar la sed de la arrogancia; todo ello reforzado por el mal ejemplo de las élites del poder político y económico, cuyas líneas de conducta eran que «si no transas, no avanzas», que «la moral es un árbol que da moras», que «un político pobre es un pobre político», el «¿y la Cheyenne apá?», el «no seas naco», el «hay que mejorar la raza», el «como te ven, te tratan» y un largo etcétera.

Para ilustrar cómo se expresa el predominio de lo material sobre lo espiritual, conviene contar algunas breves historias de lo acontecido en los tiempos del neoliberalismo. Empecemos por narrar cómo Felipe Calderón, al final de su sexenio, le dejó comprado un lujoso avión al entonces presidente electo Enrique Peña Nieto. Este absurdo se puede resumir en un dato: la aeronave, que según el último avalúo vale 125 000 000 de dólares, es tan exclusiva y extravagante que no se ha podido vender. En una plática, la señora Kamala Harris, vicepresidenta de Estados Unidos, en plan de broma, me sugirió que lo ofreciera a uno de esos multimillonarios que ahora están organizando viajes al espacio y cobran 250 000 dólares por persona. Aunque se mantiene en tierra y pagamos su mantenimiento, de todas formas ahorramos, porque si lo usáramos, dado que está hecho para viajes de duración mínima de cinco horas de vuelo, prácticamente internacionales, los costos de traslado resultarían elevadísimos; la última vez que el presidente Peña lo ocupó, para ir a Argentina, solo por servicios de internet se gastaron 7 000 000 de pesos. Pero lo fundamental de esta historia estriba en desentrañar, entre todos, el porqué de semejantes acciones y reflexionar si esto que algunos consideran normal es o no correcto en lo económico, político, social y moral.

Otro caso es el del exsecretario de Gobernación, Miguel Ángel Osorio Chong, quien proviene de una familia humilde de Pachuca, Hidalgo, estudió en escuelas públicas, llegó a ser gobernador y en esa condición consumó el cierre de la Escuela Normal Rural de El Mexe, donde estudiaban hijos de familias pobres para formarse como maestros; poco después ocupó el cargo de secretario de Gobernación y se mudó a una mansión en las Lomas de Chapultepec de la Ciudad de México. No nos metamos en honduras, solo imaginemos lo que este ascenso significó, y no se trata de un hecho aislado, sino del comportamiento de la llamada clase política del país.

Más triste e impactante aún es la historia de Alfonso Isaac Gamboa Lozano, extitular de la Unidad de Política y Control Presupuestario de la Secretaría de Hacienda del sexenio pasado; este funcionario, muy cercano al titular de la dependencia, acumuló una considerable riqueza y su esposa y su guardaespaldas —un almirante— decidieron matarlo para quedarse con su fortuna. Pero como la herencia podía ser reclamada por la madre y los hermanos del funcionario, la señora invitó a toda la familia a una comida a su casa, un comando irrumpió en ese hogar y asesinó al funcionario y a su familia, con excepción de la esposa, que ahora está en la cárcel, y del almirante, que está prófugo. Imaginen cuánta locura y crueldad puede desatar la ambición de dinero. Cuando le pregunté a un alto mando de la Secretaría de la Marina sobre el comportamiento desalmado del oficial de la Armada, me explicó que era gente echada a perder, a partir de que en el gobierno de Felipe Calderón los habían entrenado y les dieron la encomienda de combatir a narcotraficantes y que existía la regla no escrita de que por esas tareas se les recompensaba con el reparto del botín confiscado a los delincuentes.

También en pleno periodo neoliberal había un contratista de Pemex que tanto en el sexenio de Fox como en el de Calderón recibió 160 contratos mediante adjudicación directa por cerca de 3 000 millones de dólares. Este famoso empresario que estuvo algún tiempo en la cárcel solía regalar a funcionarios o políticos relojes exclusivos que costaban 1 000 000 de dólares.

Un dato más sobre la descomposición que nos trajo como rémora el periodo neoliberal. Según Knight Frank Global Cities Survey, la Ciudad de México aparece en el lugar 32 entre las cuarenta urbes elegidas por los más ricos del mundo para realizar sus compras, por encima de Berlín, Washington, D. C., Boston, Ciudad del Cabo, Auckland, Buenos Aires, Río de Janeiro y Tel Aviv.

Todo esto es lo que hemos tenido que enfrentar: estilos de vida pervertidos, ambiciones desmedidas, traficantes de influencias, políticos corruptos, medios de información tendenciosos y defensores de intereses creados, periodistas e intelectuales vendidos o alquilados y un sector aspiracionista y muy reaccionario de la clase media, acostumbrado a beneficiarse de la corrupción.

Por el agrupamiento de todos estos intereses económicos, las elecciones de junio de este año terminaron siendo una medición de fuerza entre el bloque conservador y nuestro proyecto de nación en marcha, al que pensaban detener a como diera lugar. Eran muchas y muy importantes las posiciones de poder que estaban en juego, pero lo que más interesaba a los reaccionarios era quitarnos la mayoría en la Cámara de Diputados para frenar nuestra política de desarrollo y, en particular, eliminar los Programas de Bienestar. No olvidemos que la Cámara de Diputados tiene como facultad exclusiva la aprobación del presupuesto federal y que para ello se necesita de la mitad más uno de los votos, o mayoría absoluta; es decir, de los quinientos legisladores distritales y de representación proporcional, es indispensable contar con 251 sufragios a favor. El resultado fue bastante favorable para nosotros, pues de trescientos distritos de mayoría, la alianza Juntos Hacemos Historia integrada por Morena, el Partido Verde y el del Trabajo obtuvo 186, mientras que el bloque conservador PRI-PAN-PRD apenas alcanzó 107, y el Partido Movimiento Ciudadano, siete escaños. Como a estos resultados se suman los diputados plurinominales, la alianza en favor de la Cuarta Transformación alcanzó 281 legisladores, lo cual nos permite una cómoda mayoría; aunque para reformar la Constitución se necesitan dos terceras partes, es decir, mayoría calificada, para lo cual faltarían 53 diputados de cualquiera de los otros partidos. Sin embargo, ya las reformas constitucionales fundamentales están aprobadas: la que establece el Estado de bienestar; la que considera a la corrupción como delito grave, que no estaba tipificado de esa manera; la prohibición de la condonación de impuestos; la revocación del mandato; la consulta popular; la creación de la Guardia Nacional y otras.

En realidad solo nos haría falta tres reformas constitucionales: la destinada a fortalecer la CFE, a la que pretendían desaparecer con las privatizaciones en beneficio de empresas particulares, sobre todo, extranjeras; una nueva reforma electoral para contar con consejeros y magistrados verdaderamente autónomos y no dependientes de la oligarquía, y la reforma para dejar integrada la Guardia Nacional a la Sedena y garantizar a futuro su buen funcionamiento: disciplinado, profesional, eficaz, honesto y a la vez, respetuoso de los derechos humanos.

En cuanto a los congresos locales, la alianza en favor de nuestro proyecto cuenta con la mayoría en 18 de las 32 entidades federativas. Cabe decir que una reforma a la Constitución requiere no solo la mayoría calificada en las Cámaras de Diputados y Senadores sino también la aprobación de la mitad más uno de los congresos estatales, una condición que ya se consiguió.

En cuanto a las elecciones para los gobiernos estatales, téngase presente que en 15 de los 32 estados fueron renovados los titulares de los poderes ejecutivos y que la alianza Juntos Hacemos Historia triunfó en 11, el Partido Verde en uno, el Movimiento Ciudadano en otro y el PAN en dos. Esto significa que ahora en 17 de las 32 entidades se gobernará con el proyecto de transformación que postulamos y llevamos a la práctica. Históricamente, esto significa, en comparación con el PAN, lo siguiente: en 2017 el PAN alcanzó 12 gubernaturas, el máximo de las que ha tenido; en 2016, ese mismo partido ganó siete de 12 gubernaturas, con lo que alcanzó 11. Mientras que, en 2017, ganó Nayarit, con lo que llegó a 12 gobiernos estatales, su máximo histórico. Es decir, al PAN le tomó

78 años llegar a gobernar 12 estados y nunca ha logrado tener la mayoría de ellos. En 2021 Morena triunfa en 11 de 15 estados en disputa electoral, con lo que alcanza 17 gubernaturas, considerando las que obtuvo entre 2018 y 2019; a Morena le tomó siete años llegar a gobernar 17 entidades federativas; es decir, la mayoría absoluta de los gobiernos locales. En suma, los conservadores no pudieron avanzar para operar la regresión que anhelaban.

Sin embargo, aunque se demostró, como decía Juárez, que el triunfo de la reacción es moralmente imposible, es necesario reconocer que donde más éxito tuvo la guerra sucia fue en las clases medias y altas, muchos de cuyos sectores, por conveniencia o por ignorancia, compraron sin chistar los cuentos del populismo y del comunismo. Hay personas en esos sectores, afortunadamente no muchas, obnubiladas por su clasismo, su racismo, su clericalismo o sus afanes aspiracionales, y no entienden razones ni les interesa saber nada de nosotros y de nuestras propuestas. Suelen confundir los grados académicos con la inteligencia y desprecian, sin darse cuenta, el sentido común o el juicio práctico. Piensan que es preferible la educación a la cultura y, sobre todo, son muy conservadores, incongruentes e hipócritas. Pongo el énfasis en la descripción de la clase media, no en la de los más ricos, los cuales pueden simpatizar más con el PRI que con el PAN. Los más reacios al cambio verdadero son los sectores de la clase media —media o media alta— poco ilustrada en los que no se lee ni siquiera a Krauze o a Aguilar Camín, sino a Loret de Mola o a Luis Pazos, y en los que causa fascinación Francisco Martín Moreno, un escritor muy menor y ultrarreaccionario. Debemos distinguir también las diferencias que existen entre quienes viven en la colonia Del Valle, en la alcaldía Benito Juárez, y quienes habitan en las Lomas de Chapultepec, en la alcaldía Miguel Hidalgo; aunque estos tienen mucho más dinero que aquellos, los menos afortunados son más refractarios al cambio. En la alcaldía Benito Juárez el postulado por el bloque conservador ganó el distrito federal electoral con el 73% de los votos y en un distrito que incluye las Lomas, en la Miguel Hidalgo, Margarita Zavala, siendo más famosa, solo se impuso con el 56% de los votos, 17% menos que el candidato Luis Mendoza Acevedo del PAN en Benito Juárez, prácticamente, un desconocido, porque en esa alcaldía la mayor parte del electorado no vota por los candidatos sino por el partido y sobre todo por el proyecto y entre más conservador lo sientan, mucho mejor.

Recuerdo una anécdota al respecto: en una de tantas campañas que dirigimos, y estando nuestro movimiento muy bien posicionado, pensamos que podíamos ganar la delegación Benito Juárez, en la que nunca hemos gobernado. En esa ocasión escogimos al mejor candidato imaginable: el maestro Bernardo Bátiz, expanista, varias veces legislador, exprocurador en la Ciudad de México, preparado, honesto, vecino de la delegación de toda la vida, católico que asiste a misa todos los domingos, esposo y padre ejemplar. Pero perdimos; ganó, en cambio, un personaje desconocido. Y no fue porque los representantes o las autoridades del PAN hayan actuado en esa demarcación con integridad y honradez; la mayoría de ellos se ha comportado con frivolidad o se ha enriquecido cínicamente con la recepción de *moches* o sobornos.

El asunto es, pues, más profundo, y posiblemente no podría desentrañarse ni siquiera sabiendo que la colonia Del Valle fue creada por una familia adinerada y católica del Bajío después del fin de la Guerra Cristera, o sabiendo que sus calles llevan el nombre de Félix Cuevas y otros destacados porfiristas, incluso el nombre del mismo dictador.

Nada de eso permite entender el porqué de tanto conservadurismo en familias de clase media de esta demarcación; aunque en todos estos casos sigue pesando mucho la tradición o la historia de cada pueblo, municipio, ciudad, región o estado, como en el caso de Guanajuato, que a pesar de ser cuna del movimiento de Independencia (¿o tal vez como reacción a ello?) es en la actualidad uno de los estados más conservadores y panistas del país.

Pero esto no viene de la Guerra Cristera. El pensamiento reaccionario se fragua mucho antes: en la Reforma, las sociedades de Guanajuato y de Querétaro fueron las que más se opusieron a la reforma liberal juarista; otro hecho histórico es que en todo el Bajío y en Jalisco ganó como candidato a la vicepresidencia de la República Francisco León de la Barra, postulado por el partido católico, aunque se trataba de un personaje siniestro y traidor a Madero, quien por ello apoyó a José María Pino Suárez, el cual ganó en el país, pero perdió en esa región tan conservadora.

Debe tenerse en cuenta también que en el propio Guanajuato hay excepciones; por ejemplo, es menos conservadora su capital que la ciudad de León; o destaca también por su progresismo el municipio de Salamanca, y esto se debe a que por la refinería ha llegado a vivir y trabajar gente de otras partes de la República. Esto último ha influido mucho en el proceder político de los habitantes de las ciudades de México; casi siempre en donde se ha registrado más movilidad por la migración, hay una actitud más liberal o progresista. Es el caso del contraste entre Chihuahua capital y Ciudad Juárez, entre Mexicali y Tijuana, entre Hermosillo y Obregón o entre Yucatán y Quintana Roo.

Por otro lado, existen entidades de tradición liberal, como Guerrero y Tabasco, los estados menos conservadores del país; no es para presumir pero en mi tierra, en mi agua, hace tres décadas que el PAN no pasa del 3% en las votaciones; en los más recientes comicios para diputados locales solo obtuvo 1.5% de los votos totales emitidos y no alcanzó ninguna diputación plurinominal y perdió su registro como partido estatal, tal y como lo estipula la ley electoral.

Si describo esta forma de ser y de pensar de ninguna manera odio o desprecio a nadie. Como decía Juárez, «los reaccionarios también son mexicanos». La democracia no es pensamiento único sino pluralidad y, fundamentalmente, justicia y libertad. En 1930 mi maestro Carlos Pellicer Cámara afirmaba: «El anhelo de la libertad es el más noble fruto que ha cuajado el corazón humano, porque solo siendo libres, porque solo no siendo esclavos, podemos no odiar, no tener rencores y hacer de nuestra vida sin rencor y sin odio, el acto de justicia y de amor que Dios nos ha ordenado. Para ser justos es necesario ser libres. Los sentimientos de justicia son hijos de la libertad, pues nunca siendo esclavos podremos ser justos».[61]

No es únicamente un asunto de convicciones: mi cargo me obliga a gobernar para todos y a garantizar el derecho a disentir. Si abordo el tema con ruda franqueza es porque está de por medio la transformación de México y considero, aunque otros piensen con plena libertad lo contrario, que el conservadurismo corrupto e hipócrita que encubrió la llamada política neoliberal ha propiciado la miseria pública y la pobreza y constituye un obstáculo para alcanzar el bello ideal de que nuestro pueblo sea enteramente feliz y México, con la laboriosidad de su pueblo, sus vastos recursos naturales y su extraordinaria grandeza cultural, ocupe el sitio de prosperidad y honor que le corresponde en el concierto de las naciones.

La lección de la elección

La lección de la elección es que debe seguirse atendiendo a los pobres, quienes por muchas razones son y serán los predilectos de nuestro Gobierno. Sin dejar de gobernar para todos, escuchar a todos y respetar a todos, debemos entregarnos en cuerpo y alma a proteger a los humildes, a los olvidados, a los más necesitados de nuestra ayuda y seguir aplicando el criterio de que «por el bien de todos, primero los pobres», porque ello significa combatir la marginación, la discriminación y el racismo, pero también para no despertar odios, rencores o alimentar resentimientos que nos impidan vivir libres de temores y con seguridad; no debemos olvidar nunca, pues, que la paz es fruto de la justicia. Ayudar a los pobres es ser profundamente humanos; es no darle la espalda al que sufre, al que nos necesita. Tampoco omitamos el aspecto económico de esta apuesta: si el pobre tiene ingresos para adquirir lo necesario para su subsistencia, e incluso más que eso, se fortalecen todas las ramas productivas; hay crecimiento, empleos y se ayuda a todos. Y en el terreno político, nunca olvidemos que los pobres son los más agradecidos, aunque sepan, con la misma claridad que otros, que las obras y los Programas de Bienestar se financian con sus impuestos, su nobleza es tan grande que siempre habrán de corresponder a quienes les extienden la mano, los abrazan y los aman de verdad.

Debe buscarse el bienestar material de toda la población y sacar a la gente de la pobreza, sí, pero evitando que el ascenso en la escala social los vuelva egoístas, renegados de su origen y cultura, y aspiracionistas que no piensan más que en seguir ascendiendo en la escala social, pasando por encima de sus iguales y sin ningún respeto a preceptos morales o humanitarios. Debemos aspirar a la formación de una nueva clase media con mejores condiciones de vida y de trabajo, y a la vez, libertaria y fraterna. Para ello es indispensable la reforma en los contenidos de la educación pública; no olvidemos que la imposición del modelo económico neoliberal o neoporfirista pasó por un plan de privatización de la educación que no solo consistió en poner al mercado el derecho a la enseñanza, sino también en hacer de lado las ciencias sociales y las humanidades. Se llegó a hablar hasta del fin de la historia, se cancelaron las materias de Ética y Civismo, se falsificó la historia nacional para cuestionar y ridiculizar a dirigentes del movimiento social y hasta a los padres de nuestra patria. Esta campaña de manipulación de los hechos históricos, de desprestigio de la educación pública y el cambio de sus objetivos fue acompañada de un gran aliento a lo que podríamos llamar la educación no formal, pero devastadora, promovida por los medios masivos de información que se ejemplifica con la expresión de un comentarista de televisión, quien con mucha franqueza puso en su Twitter: «Una disculpa por la ignorancia, que alguien me diga quién es Felipe Ángeles. Así le pusieron al aeropuerto nuevo».

De ahí la necesidad de cambiar los contenidos de los libros de texto a fin de hacerlos más científicos e históricos, cívicos y culturales; con el propósito de formar alumnos solventes en matemáticas, física, química y economía y al mismo tiempo, solidarios y buenos ciudadanos. Esto hay que hacerlo, aunque se opongan los conservadores como lo hicieron los del PAN, cuando el presidente Adolfo López Mateos decidió que el Estado elaborara los libros de texto y los entregara de manera gratuita; no olvidemos que así llegaron masivamente los primeros libros a los pueblos y que en ellos se basaban las maestras y los maestros para enseñarnos. Asimismo, para auspiciar un pensamiento nuevo que equilibre lo material con lo humano, es necesario también continuar promoviendo con textos y discursos, por todos los medios convencionales, en redes sociales, espacios públicos y hogares, una visión del mundo y de la vida contraria a la concepción conservadora y corrupta encubierta como neoliberalismo. El propósito debe ser que todos ayudemos a la formación de mujeres y hombres buenos y felices, con la premisa de que ser bueno es el único modo de ser dichoso. Quien tiene la conciencia tranquila duerme bien y vive contento. Debemos insistir en que hacer el bien es el principal de nuestros deberes morales. El bien es una cuestión de amor y de respeto a lo que es bueno para todos. Además, la felicidad no se logra acumulando riquezas, títulos o fama, sino estando bien con nuestra conciencia, con nosotros mismos y con el prójimo.

Capítulo IV

EL PORVENIR

Este último capítulo lo dedicaré a explicar cómo imagino el porvenir de México y cuáles serán las acciones para consolidar el proceso de transformación que hemos iniciado en la primera etapa de nuestro gobierno.

En vísperas de la campaña presidencial, a finales de 2017, escribí un libro que titulé *2018 La salida. Decadencia y renacimiento de México*, en el que expuse las propuestas para enfrentar la crisis nacional; allí se encuentran los lineamientos básicos de la política que hoy estamos aplicando y es notorio que hemos mantenido inalterable el compromiso que hicimos, en ese y en otros textos y alocuciones, de purificar la vida pública, básicamente desterrando la corrupción que caracterizó a los gobiernos neoliberales.

Debo decir que al final del libro, a manera de epílogo, expresé con sencillez y claridad cómo imaginaba a

México al final de 2024. En ese texto afirmaba que íbamos a crecer, en promedio, 4% anual durante nuestro mandato. Sin querer excusarme con la pandemia, lo cierto es que la COVID-19 afectó la economía de todos los países del mundo; en nuestro caso, en 2020 decrecimos en 8.5%, algo que no se había padecido en México desde 1933, cuando la Gran Depresión que estalló en el país vecino del norte perjudicó gravemente nuestro desempeño económico.

Ahora, también por un factor llegado del exterior, la economía del país se hundió y es muy difícil cumplir el compromiso de crecer al 4% anual. Sin embargo, no tengo duda de que, gracias a nuestra estrategia para enfrentar la crisis, sin deuda y ayudando más a los pobres, creceremos no a la tasa que proyectamos antes de la pandemia, pero sí al 2% anual en promedio durante el sexenio. En plena crisis sanitaria y económica, sostuvimos que la recuperación se lograría en forma de «V», no de «L» como pronosticaban algunos expertos. Afortunadamente, así está sucediendo. Caímos 8.5% el año pasado, pero en este creceremos en 6% como lo indican los resultados del primer semestre y con ese impulso considero que de 2022 a 2024 estaremos cuando menos en 5%, lo cual, en promedio, nos permitirá cumplir con la nueva meta de 2% anual en el sexenio.

¿En qué baso mi optimismo? Primero, en que no nos endeudamos como otros países y estamos recuperándonos pronto; segundo, en que no se nos cayó la recaudación o el ingreso en la Hacienda Pública, lo cual nos permitirá seguir impulsando el crecimiento y la creación de empleos con la construcción de obras como el Tren Maya, la extracción de petróleo, las refinerías, la industria eléctrica, el desarrollo del istmo, los aeropuertos, las carreteras, las presas y otras acciones financiadas con el presupuesto; el tercer elemento favorable es el gran potencial que representa el crecimiento del sector agropecuario, el aumento de la afluencia turística que se avecina y la excepcional ventaja que significa el tratado comercial con Estados Unidos y Canadá para atraer inversión extranjera, generar empleos y fomentar el desarrollo industrial del país.

Explicaré qué esperar de cada una de esas circunstancias favorables para el desarrollo futuro de México, empezando por el sector agropecuario: si en producción de maíz, sorgo, frijol, arroz y trigo hemos pasado de 36 123 861 toneladas en 2018 a 36 466 327 toneladas en 2020, es posible que al final del sexenio, aunque no alcancemos la autosuficiencia, sí reduzcamos considerablemente las importaciones. Esto mismo sucederá con la producción de leche, carne, pollo y huevo. Aumentará la captura de pescados y mariscos. Ahora bien, precisamente por el tratado, lo que más crecerá serán las exportaciones de hortalizas, aguacate, azúcar, cítricos, plátano, cacao, café y otros productos del campo que serán decisivos para mantener, como ahora, una balanza comercial superavitaria de productos agropecuarios; es decir, con más valor por las exportaciones que por las importaciones de alimentos y materias primas del extranjero.

Hay tres factores que ayudarán mucho a seguir produciendo alimentos y a terminar de revertir el abandono del campo por falta de apoyos, rentabilidad y bienestar. Uno de ellos será continuar impulsando a los pequeños productores, comuneros, ejidatarios y pequeños propietarios con los precios de garantía, la entrega de fertilizantes gratuitos y los programas de producción para el bienestar, Crédito a la Palabra, Bienpesca y Sembrando Vida.

Sobre este último, espero que al terminar mi mandato se esté cosechando en parcelas mayor cantidad de maíz y frijol, que ya empiecen a producir los cítricos, el café, el cacao, que los árboles maderables tengan la altura y el grosor suficientes para que en ninguna circunstancia los talen y esperen a que estén de corte, y sembrar otros para seguir aprendiendo y optando por cultivar la selva y no por echarla abajo, como en las llamadas «monterías» del Porfiriato o como ahora, cuando se destruye la naturaleza ya no por medio del hacha sino de la moderna sierra. Otro factor que ayudará a terminar el sexenio con mayor producción será la incorporación de 100 000 hectáreas de canales de riego que estarán terminados en 2024 y que estamos construyendo en el norte de Nayarit y en las presas de Santa María y Picachos, en Sinaloa.

Por último, es fundamental mantener buenas relaciones con el Gobierno de Estados Unidos y cuidar el cumplimiento del tratado para evitar embargos, supuestas o reales violaciones ecológicas, laborales, sanitarias, aumentos de aranceles, reducción de compras o todo lo que pueda afectar el libre comercio que hasta ahora ha venido funcionando bastante bien, sin problemas, como puede constatarse con el aumento de la exportación del azúcar, aguacate y hortalizas.

Autosuficiencia energética

En el sector energético espero lograr el objetivo de dejar de comprar en el extranjero gasolina y diésel y de producir y vender estos combustibles en el mercado interno. Esto implicará no exportar petróleo crudo y procesar en México toda la materia prima; para ello, a finales de 2023 deberemos estar procesando 1 200 000 barriles en las seis refinerías que estamos rehabilitando; 340 000 barriles en la refinería que compramos a Shell y la misma cantidad en la nueva refinería de Dos Bocas. En general tendremos capacidad para refinar alrededor de 1 880 000 barriles diarios, que es un poco más que nuestra producción actual de crudo (1 760 000 barriles diarios) para obtener 1 380 000 barriles diarios de gasolinas, diésel y turbosina (770 000 barriles de gasolina, 522 000 barriles de diésel y 88 000 barriles de turbosina) que equivale a garantizar nuestro consumo nacional.

En electricidad, con la nueva reforma constitucional que enviaré este mes de septiembre se establecerá el compromiso de que la CFE pueda generar como mínimo el 54% de la energía que se consume en México, en tanto que la iniciativa privada podrá producir hasta el 46%. Esta fórmula no excluye a los particulares y permite recuperar el equilibrio perdido con la llamada reforma energética que, contraria al interés público y de manera perversa, buscaba arruinar a la industria eléctrica nacional y dejar el dominio del mercado en manos de empresas privadas, principalmente extranjeras. Para garantizar la generación suficiente de electricidad se ha iniciado un programa de modernización de turbinas y otros equipos complementarios en 12 hidroeléctricas; asimismo, se están licitando para su construcción cinco plantas termoeléctricas y está por comenzar el parque de generación de energía solar en Sonora, más otras acciones que, sumadas, harán posible que en 2024 estemos produciendo lo que se requiera para el consumo doméstico y empresarial, evitando fallas o apagones, con un mejor control en el manejo de las líneas de transmisión que antes eran recargadas con «diablitos» o con despachos irregulares de las grandes empresas particulares a las que no les preocupa el interés público sino el lucro.

El sur también existe

Algo estratégico que cambiará el perfil del desarrollo en nuestro país es la atención especial al sur-sureste de

México. Durante décadas se impulsó el crecimiento hacia el centro, el Bajío y el norte del país; la gran paradoja es que este modelo de desarrollo descansó en los ingresos que se obtenían por la extracción del petróleo de Veracruz, Chiapas, Campeche y Tabasco, de 1988 hasta 2012; durante cuatro sexenios o 24 años, el 33% del presupuesto se sustentó en los ingresos por la venta de petróleo al extranjero. Sin embargo, el sur y el sureste padecieron el más injusto abandono. Solo creció la actividad turística de Cancún y la Riviera Maya, en el norte de Quintana Roo; en el resto del sur y del sureste solo hubo por mucho tiempo decrecimiento y marginación. Durante todo el periodo neoliberal la inversión pública destinada al sur y al sureste fue mínima. Cuando se sostiene que en ese periodo se creció a una tasa promedio anual del 2%, debe decirse que esa es la media nacional, pero si se analiza por regiones, no hay duda de que, en el sur y el sureste, en más de tres décadas, el crecimiento no pasó de cero.

De ahí la importancia de las obras públicas y de las actividades productivas promovidas con recursos del presupuesto destinadas al sur-sureste del país. Por ejemplo, el Tren Maya implicará una inversión del orden de 150 000 millones de pesos para la construcción de 1 500 kilómetros de vías férreas y de trenes rápidos y modernos que buscarán introducir a turistas que llegan a Cancún, Playa del Carmen y Tulum hacia el sur de Quintana Roo, Yucatán, Campeche, Chiapas y Tabasco. Dispondrá de 42 trenes con 210 vagones, los cuales ya están siendo fabricados por las empresas Bombardier y Alstom en Ciudad Sahagún, Hidalgo, mediante un contrato de adquisición de 36 000 millones de pesos del presupuesto público.

La operación de este sistema de transporte quedará a cargo de la Sedena, la cual creará una empresa pública para administrar también el nuevo aeropuerto de Tulum, los aeropuertos existentes de Chetumal y Palenque, así como el Felipe Ángeles de la Ciudad de México. Las ganancias de esta empresa se destinarán en un 75% para garantizar las pensiones del personal de las Fuerzas Armadas y el 25% restante, a cubrir las prestaciones sociales de los servidores públicos pertenecientes al ISSSTE. Pero la razón fundamental para poner el Tren Maya bajo la administración de las Fuerzas Armadas es evitar la privatización en el futuro de estas obras y bienes públicos, encomendándoselos a una institución fuerte, popular y nacionalista como las Fuerzas Armadas y, en específico, la Sedena. Se facilitaría la tarea a los fanáticos de la «desincorporación» de bienes públicos si se dejara estas obras en dependencias como la Secretaría de Comunicaciones y Transportes o el Fondo Nacional del Fomento al Turismo (Fonatur). Recordemos que durante el gobierno de Vicente Fox esa dependencia vendió terrenos en Cancún a cinco minutos del aeropuerto en setenta pesos el metro cuadrado, más barato que un pedazo de alfombra de esas dimensiones. Además, la administración por parte de la Sedena del Tren Maya y de los aeropuertos garantizará que el pasaje para los pobladores del sureste y del país cueste menos que para el turista; con el añadido de que se ofrecerá seguridad en toda la ruta, tanto a los visitantes foráneos como a los pobladores de las antiguas y nuevas ciudades del mundo maya.

El aeropuerto Felipe Ángeles de la Ciudad de México sería inaugurado el 21 de marzo de 2022. El reporte que me presentaron los ingenieros militares al momento de escribir este texto es el siguiente:

El Aeropuerto Internacional Felipe Ángeles es un complejo aeronáutico con capacidad de desarrollo en todos los ámbitos de negocios como son: la aviación general, el mantenimiento aeronáutico y plataformas de helicópteros, entre otros, materializado conjuntamente en una red de transporte multimodal que garantiza la conectividad y movilidad eficiente y segura desde y hacia el aeropuerto con los principales núcleos urbanos y complejos aeroportuarios del valle de México.

Su construcción surge de la urgencia de aliviar la congestión del actual Aeropuerto Internacional de la Ciudad de México (AICM), obligando a actuar con rapidez y precisión de ejecución, constituyendo una obra de seguridad nacional cuya materialización debe mantenerse bajo la rectoría del Estado, respetando la normatividad que establecen las leyes en la materia, teniendo como directivas construir un aeropuerto funcional, austero, vistoso y en el menor tiempo posible, alejando de actos de corrupción y evitando el dispendio de recursos.

En este escenario, la Sedena genera confianza y da certidumbre al Gobierno de México para convertir una decisión de Estado en un proyecto funcional, sustentable y rentable, para beneficio del pueblo de México, proyectando la buena imagen de esta dependencia a nivel nacional e internacional.

Esta obra de vanguardia es viable técnica, legal, social y financieramente segura en sus operaciones aéreas en forma conjunta con los aeropuertos de la zona metropolitana de la Ciudad de México, atractiva y rentable en su concepción comercial para empresas nacionales e internacionales, responsable en el sostenimiento de su entorno ambiental, eficiente energéticamente, con alta sostenibilidad y fortaleza, incluyente en su responsabilidad de ordenamiento urbano y cercana por su conectividad a través de medios masivos de transporte.

En su primera fase, el AIFA tendrá una capacidad para atender una demanda de 19 500 000 pasajeros y 470 000 toneladas de carga aérea anuales; podrá competir contra aeropuertos clasificados en menos de 20 000 000 de pasajeros que se encuentran en las ciudades de Hamburgo, Alemania; Houston, Estados Unidos; Oporto, Portugal; Quito, Ecuador; Toronto y Vancouver, Canadá, entre otros; tendrá un papel clave en la logística de la carga aérea panamericana como lo hacen los aeropuertos internacionales de Miami, Los Ángeles y Dallas en

Estados Unidos, toda vez que se podrá ahorrar de tres a 24 horas en tiempo de traslado hacia el continente asiático.

En el mes de agosto de 2021 tiene un avance del 65% en su construcción, habiendo generado más de 100 400 empleos directos; cuenta con 30 000 trabajadores activos, de los cuales más de 4500 son mujeres.

Se ha construido y está en operación una pista de aterrizaje para operaciones visuales de 3 500 metros de longitud para la base aérea militar, que forma parte de la infraestructura del sistema de pistas, plataformas y calles de rodaje del aeropuerto internacional.

Adicionalmente, se encuentra en construcción un Edificio Terminal de Pasajeros, Torre de Control de Tráfico Aéreo, Estación Intermodal de Transporte Terrestre, estacionamientos, terminal de carga, terminal de combustibles, así como una ciudad aeroportuaria con una superficie de 18.5 hectáreas y se trabaja en el equipamiento tecnológico de la Torre de Control de Tráfico Aéreo, radioayudas a la navegación que son de última generación, de lo mejor de Latinoamérica y equiparables con los más modernos del mundo, luces y señalización horizontal de las pistas de aterrizaje y calles de rodaje; en las fachadas, acabados y tecnologías de información del Edificio Terminal de Pasajeros.

En este contexto, la Secretaría de Comunicaciones y Transportes y el Gobierno del Estado de México trabajan en la construcción, ampliación y mejoramiento de vialidades de acceso, así como en la construcción de distribuidores viales para pasajeros y carga.

En una segunda fase se contempla la construcción de terminales de carga internacional y doméstica, aviación general, bases de mantenimiento y la construcción de diversas instalaciones de apoyo terrestre necesarias para la operación aérea.

Este aeropuerto internacional constará de dos pistas principales para aviación comercial, cada una de 4500 metros de longitud por 45 metros de ancho, con dobles rodajes paralelos y salidas de alta velocidad conforme a la normatividad internacional, construidas con concreto hidráulico de alta resistencia, con una separación de 1600 metros para garantizar operaciones simultáneas aun en condiciones adversas de visibilidad.

Conforme al plan maestro y cuando se alcance su tercera fase de construcción en el año 2050, se contempla una tercera pista comercial que tendrá 3500 metros de longitud por 45 metros de ancho, ubicada a cuatrocientos metros de la pista norte.

El principal beneficio de esta obra se reflejará en la disminución de la alta saturación del Aeropuerto Internacional de la Ciudad de México; mejorará la conectividad del sistema aeroportuario nacional contando con diversas vías y calidad de servicios, fortalecerá la competitividad de la economía regional y nacional y brindará atención a mediano y largo plazos a los servicios aeroportuarios en el valle de México, constituyéndose de esta manera como la nueva puerta de entrada al país.

El Aeropuerto Internacional Felipe Ángeles será un aeropuerto de clase mundial construido por ingenieros militares, detonador de la economía nacional que otorgará a la industria aérea una nueva plataforma para atender el creciente mercado doméstico e internacional de pasajeros de México y entre México y el mundo.

A partir del 21 de marzo de 2022, el AIFA iniciará operaciones y tendrá una capacidad para atender una demanda de 19 500 000 de pasajeros y 470 000 toneladas de carga aérea anuales; se emplazarán hoteles, restaurantes, centros comerciales, hospitales y demás instalaciones comerciales y de servicios, que impulsarán la economía regional.

De conformidad al plan maestro y de acuerdo a la demanda de pasajeros y carga, este aeropuerto, en su última fase de construcción proyectada para el año 2050, estará en posibilidad de mover 85 000 000 de pasajeros y 3 000 000 de toneladas de carga aérea anuales; todo este proyecto en su conjunto con las nuevas instalaciones de la Base Aérea Militar de Santa Lucía, Estado de México, servirá como infraestructura de apoyo y despliegue para casos de desastres naturales en todo el territorio nacional y arribo de ayuda humanitaria internacional.

Para la Sedena, su construcción impulsará la imagen del Ejército Mexicano y contribuirá a su posicionamiento ante otras Fuerzas Armadas del mundo, constituyéndose como un ejemplo de capacidad técnica, eficiencia y eficacia para el desarrollo de obras de esta magnitud y un pleno reconocimiento al Sistema Educativo Militar de nuestro país. De esta manera, el AIFA será un ejemplo de modernidad y funcionalidad en beneficio de los pasajeros nacionales, extranjeros y la carga aérea que utilicen este tipo de transporte, destacándose entre los mejores aeropuertos del mundo por sus altos estándares de eficiencia y calidad en el servicio, motivo de orgullo para todos los mexicanos.

Agrego que desde la inauguración se podrá ir al aeropuerto desde cualquier lugar de la Ciudad de México por carreteras que se están modernizando con ese propósito; pero, además, a finales de 2022 estará terminado el tramo del tren del aeropuerto a Lechería, lo cual permitirá llegar por la vía ya existente hasta la estación de Buena Vista, en el centro de la ciudad, en un tiempo de 45 minutos.

En cuanto al nuevo aeropuerto de Tulum, ya se cuenta con el terreno (1 200 hectáreas) y se ha iniciado el proyecto técnico para empezar la obra a finales de este año y terminarla en diciembre de 2023.

• • •

Otro proyecto importante para el desarrollo del sur-sureste es el tren del istmo de Tehuantepec para unir en esta estrecha franja de nuestro territorio (trescientos kilómetros) a los países del Pacífico con la costa este de

Estados Unidos. El istmo es como un canal de Panamá por tierra; el puerto de Salina Cruz está siendo modernizado con muelles, vías férreas, patios de contenedores y almacenes, con la construcción de un rompeolas de un kilómetro y medio mar adentro por treinta metros de ancho, que está demandando 9 100 000 de toneladas de piedra; esta obra la terminaremos también en 2023, y nos permitirá recibir barcos del Pacífico de hasta 22 000 contenedores y embarcaciones con capacidad de 2 000 000 de barriles de petróleo, en lo que será el puerto más profundo de América. La capacidad del puerto permitirá mover más de 1 000 000 de contenedores por año y combustibles para los mercados nacional e internacional. Además de este nuevo puerto, estamos modernizando el antiguo, construido a principios del siglo XX.

Lo mismo estamos haciendo con la ampliación del puerto de Coatzacoalcos en el golfo de México, en el cual se terminó de ampliar un muelle de 130 metros, se realizó el dragado de 650 000 metros cúbicos en la laguna de Pajaritos, se terminó el acceso carretero y están en proceso obras ferroviarias hacia la terminal de contenedores. Es importante señalar que la comunicación de estos dos puertos se llevará a cabo por una línea de ferrocarril, de carga y de pasajeros, que se está reconstruyendo con una nueva vía mediante la sustitución de durmientes, rieles, balasto, reforzamiento y construcción de puentes que permitirá trasladar carga de un océano a otro en seis horas.

Debido a la ubicación estratégica del istmo y a su proximidad al mercado de consumo de Estados Unidos, el mayor del mundo, los usuarios que utilicen el puente terrestre del istmo obtendrán ahorros en costos de transportación y de hasta cinco días en tiempo de tránsito a sus destinos finales en las rutas de Asia a Estados Unidos.

El proyecto contempla también la creación a lo largo del trayecto de puerto a puerto de diez parques industriales, de los cuales ya contamos con ocho de quinientas hectáreas en promedio cada uno; allí las empresas de autopartes, ensambladoras, de la industria manufacturera o grandes sedes o centrales de abasto y comercialización contarán con estímulos fiscales en IVA e ISR y tendrán acceso a combustibles y electricidad subsidiada; con el propósito de que se creen empleos y esta zona se convierta en una cortina de oportunidades para quienes emigran del sur a la frontera norte en busca de mejores condiciones de vida y de trabajo.

Este proyecto, además de los puertos de Salina Cruz y Coatzacoalcos, el ferrocarril de istmo y los diez parques industriales, incluye la rehabilitación de 310 kilómetros de vías férreas de Coatzacoalcos a Palenque, con conexión al Tren Maya, más un ramal de estación Chontalpa a la refinería de Dos Bocas, así como 472 kilómetros de vías férreas, también para carga y pasajeros, de Ixtepec, Oaxaca, a Ciudad Hidalgo, Chiapas; es decir, hacia la frontera con la hermana República de Guatemala. Asimismo, el plan general contempla el manejo de la terminal marítima de Dos Bocas, Paraíso, Tabasco y Puerto Chiapas.

Todo este proyecto integral demandará una inversión total de 26 385 millones de pesos, de los cuales ya hemos ejercido y comprometido para este año 5 150 millones y esperamos concluirlo a finales de 2023; todos los bienes de la nación que forman parte de este plan serán entregados por la federación a una empresa pública que será administrada por la Semar, la cual participará como accionista y tendrá como socios a los gobiernos de Chiapas, Tabasco, Veracruz y Oaxaca. Al igual que en el caso de la empresa que se creará para el Tren Maya y los aeropuertos, esta es otra forma de proteger, administrar y manejar los bienes públicos comprendidos en el plan integral de desarrollo del istmo de Tehuantepec; la empresa no tendrá fines de lucro, pues todas las utilidades, descontando los costos de operación, serán destinadas a beneficiar a los pueblos y a financiar los fondos de pensiones de las Fuerzas Armadas y de los trabajadores al servicio del Estado, y de las entidades federativas.

El turismo cultural

El turismo, como ya dijimos, es una importante fuente de ingresos para el país. La potencialidad turística que tenemos es cuantiosa por la grandeza cultural de México. En todo el territorio nacional hay bellezas naturales incomparables, playas, selvas, bosques, fauna, cerros, barrancas, ríos, lagunas, caídas de agua (cascadas), pueblos mágicos, ciudades coloniales y algo único, excepcional: la gran diversidad cultural que conforma nuestro país, el cual es un mosaico cultural habitado por 62 etnias con costumbres, tradiciones, lenguas y organización social comunitaria que forman parte del México profundo, heredero de las grandes civilizaciones que hace miles de años habitaron nuestro territorio: la olmeca, la teotihuacana, la maya y la mexica, entre otras muchas, cuya majestuosidad todavía se advierte en los extraordinarios y abundantes sitios arqueológicos que se conservan en todo el territorio y de manera impactante, en el centro, sur y sureste del país.

Durante la construcción del nuevo aeropuerto en Santa Lucía, municipio de Zumpango, Estado de México, tuvo lugar un hallazgo paleontológico formidable.

Hasta donde vamos, las actividades de salvamento han permitido el descubrimiento de 434 yacimientos de materiales paleontológicos asociados al Pleistoceno tardío, con una antigüedad estimada entre 35 000 a 10 000 años antes de la presente época, constituyéndose como la mayor colección paleontológica de dicho periodo en México y América Latina. Hasta el momento se han recuperado más de 38 000 piezas óseas de las siguientes especies: 488 mamuts, 185 camellos, 37 caballos, diez peces, seis perezosos terrestres, dos bisontes, dos dientes de sable, dos gliptodontes y 91 no identificados.

La existencia de caballos en América del Norte es un dato conocido de antaño por los paleontólogos. Se considera que estos animales vivieron en la región hasta hace unos 10 000 años, cuando se extinguieron, acaso por cambios climáticos o tal vez por la depredación de los primeros humanos que poblaron la zona. Lo cierto es que el hallazgo de restos de equinos en Santa Lucía puede robustecer la hipótesis de que, antes de establecer culturas sedentarias, los primeros habitantes nómadas del territorio conocido como Mesoamérica convivieron con estos animales.

La colección de mamuts es tan interesante y singular que los arqueólogos del INAH y los militares especialistas en la recuperación y conservación de estos restos decidieron crear un centro de investigación en el mismo aeropuerto, un sitio para el estudio de estas piezas y un museo que se llamará Tierra de Gigantes.

Estos hallazgos confirman la casi infinita riqueza del territorio mexicano, que no es solo geológica, paleontológica, de biodiversidad y recursos naturales, sino también de testimonios de grandes civilizaciones. Es un inmenso placer amanecer en la zona arqueológica de Paquimé, en Casas Grandes, Chihuahua; visitar Las Trincheras, en Sonora; La Quemada, en Zacatecas; Tamtoc, en San Luis Potosí; El Tajín, en Papantla, Veracruz; Cacaxtla, en Tlaxcala; Cholula y Cantona, en Puebla; Tula, en Hidalgo; la monumental y legendaria Teotihuacan, en el Estado de México, en donde también se sitúa Malinalco; el Templo

Mayor de Tenochtitlan, en la capital de la República; Cuicuilco, en Tlalpan; Xochicalco, en Morelos; los sitios del golfo de Veracruz y Tabasco, donde se encuentran las colosales cabezas olmecas. Las antiguas metrópolis mayas del sureste mexicano, Guatemala y Honduras son un tesoro de arquitectura, arte e historia. Baste con mencionar Palenque, a quien el heroico guerrillero Ernesto *Che* Guevara, cuando estuvo de visita en noviembre de 1955, antes de embarcarse en el *Granma* hacia Cuba, llamó «el joyal de América» y dedicó estos versos:

> ...Y tú no mueres todavía.
> ¿Qué fuerza te mantiene,
> más allá de los siglos,
> viva y palpitante como en la juventud?
> ¿Qué dios sopla al final de la jornada
> el hálito vital en tus estelas?
> ¿Será el sol jocundo de los trópicos?
> ¿Por qué no lo hace en Chichén Itzá?
> ¿Será el abrazo jovial de la floresta
> o el canto melodioso de los pájaros?

También son bellas las ciudades mayas de Comalcalco, Pomoná, Reforma, Santa Elena, El Tigre, Edzná, Uxmal, Chichén Itzá, Ek Balam, Cobá, Tulum, Tikal, Copán, Piedras Negras, Yaxchilán, Bonampak, Kohunlich, Calakmul, entre otras muchas de gran valor cultural, histórico y artístico. Visitar, por ejemplo, Calakmul, ubicada en medio de la selva de Campeche, entre enormes árboles y una fauna de venados, armadillos, tepezcuintles, pavorreales y muchas otras variedades de aves, es un agasajo, no solo por los vestigios de una urbe monumental (en los setenta kilómetros cuadrados del actual sitio arqueológico se han descubierto más de 6 000 estructuras) y por sus elevados y majestuosos monumentos, sino porque hay algo más, un tesoro que esconde en sus antiguas construcciones delicadamente cubierto o tapado por las «nuevas pirámides». Adentro de una de ellas se conserva un friso con mascarones que data del año 400 a. de C. que se considera emblemático de la transición entre las culturas olmeca y maya y fundacional de la segunda. Hay además pinturas murales en tan buen estado que no ha sido necesario restaurarlas y que son una suerte de ventana para asomarse al pasado para ver cómo funcionaba un mercado maya y observar, entre otras muchas cosas espléndidas, a una mujer con vestido casi transparente, en cuya figura se advierte el virtuosismo y el conocimiento anatómico del artista.

De estas culturas y de los aportes de las nuevas civilizaciones está hecho nuestro país. Por eso no es extraño que se cuente con un pueblo de todos los caracteres, desde el hombre o la mujer seria y respetuosa hasta quienes nunca dejan de reírse y son «deslenguados» y «mal hablados». Es tanta la diversidad cultural que México es de los países del mundo con más variedad de comida; solo de maíz, esta planta bendita, originaria de aquí, se calcula que se pueden elaborar seiscientos platillos; el número de vegetales es cuantioso; lo mismo puede decirse de las especies nativas de pescados, mariscos o carnes de monte; y ni hablar de los caldos, como el de piedra, el guacho, el de hormiga brava y el rompe catre, por mencionar solo cuatro, aunque existan cientos de guisos originales y suculentos. Termino este tema del potencial turístico de México mencionando que estamos promoviendo el sureste y el istmo con la construcción de aeropuertos, buenas carreteras y trenes modernos; lo mismo estamos haciendo en la costa de Jalisco, Nayarit y Sinaloa, incluyendo el rescate de las islas Marías, que antes fueron un temido penal y ahora se están convirtiendo en una gran escuela para el cuidado del medio ambiente y el turismo cultural e histórico. También vamos a terminar la moderna carretera de Oaxaca hasta las playas rústicas y bellas de Puerto Escondido y de las Bahías de Huatulco. En 2022 vamos a inaugurar esta carretera; un año después, la de Oaxaca al istmo de Tehuantepec; la del istmo hasta Acayucan, Veracruz, así como unos trescientos caminos de concreto y piedra, construidos por las mujeres y los hombres de los pueblos de Oaxaca, caminos que son, entre otras cosas, verdaderas obras de arte.

Cuando finalice el sexenio estará inaugurado el parque del Bosque de Chapultepec con una nueva sección, la cuarta, que incluye desde la antigua residencia oficial de Los Pinos hasta la Ermita de Vasco de Quiroga y el pueblo de Santa Fe, que fundó en el siglo XVI ese gran obispo.

La oportunidad del Tratado

Pero regresando a lo material o económico, porque también de pan vive el hombre, hablemos de cómo nos ayudará la integración económica con Estados Unidos y Canadá, y en particular, el T-MEC. Empiezo por lo evidente: no es poca cosa tener de vecino a una nación como Estados Unidos. Desde luego, nuestra cercanía nos obliga a buscar acuerdos y sería un grave error ponernos con Sansón a las patadas, pero siempre hay poderosas razones para hacer valer nuestra soberanía y demostrar con argumentos y sin balandronadas que no somos un protectorado, una colonia o su patio trasero. Además, con el paso del tiempo, poco a poco, se ha ido aceptando una circunstancia favorable a nuestro país: el crecimiento desmesurado de China ha fortalecido en Estados Unidos la tendencia a vernos como aliados y no como vecinos distantes o como extranjeros peligrosos. El proceso de integración se ha venido dando desde 1994, cuando se firmó el primer Tratado, que aun incompleto, porque no abordó lo laboral como el de ahora, permitió que se fueran instalando plantas de autopartes del sector automotriz y de otras ramas y se han creado cadenas productivas que nos hacen indispensables mutuamente.

Puede decirse que hasta la industria militar de Estados Unidos depende de autopartes que se fabrican en México. Esto no lo digo con orgullo, sino para subrayar la interdependencia existente. Pero hablando de este asunto —y así se lo comenté al presidente Joe Biden—, estoy a favor de la integración económica, con dimensión soberana, con Estados Unidos y Canadá, a fin de recuperar lo perdido en relación con la producción y el comercio con China, y lo considero preferible a seguirnos debilitando como región y tener como vecino a una potencia bélica; para decirlo en otras palabras, nos conviene que Estados Unidos sea fuerte en lo económico y no solo en lo militar. Lograr este equilibrio y no la hegemonía de ningún país es lo más responsable y lo más conveniente para mantener la paz en bien de las generaciones futuras y de la humanidad.

¿Y cómo fortalecemos económica y comercialmente no solo al norte, sino a todo el continente americano? Pues primero hay que ser realista y aceptar, como lo planteé en el discurso que pronuncié el año pasado en la Casa Blanca, que mientras China domina el 12.2% del mercado mundial, Estados Unidos solo lo hace en el 9.5%; este desnivel viene de hace apenas treinta años, pues en 1990 la participación de China era de 1.3% y la de Estados Unidos de 12.4%. En ese mismo lapso, China pasó de representar el 1.6% del valor de la producción mundial, contra 26.4% de Estados Unidos, para llegar en 2020 a 17.4% contra 24.9% de Estados Unidos, aun cuando este último frenó su pérdida progresiva de participación desde 2016 por el aumento en su producción de energía y ciertas medidas de protección a sus productores industriales.

Si esta tendencia de las últimas tres décadas se mantiene —y no hay nada que legal o legítimamente pueda impedirlo—, en otros treinta años, para 2051, China tendría el dominio del 64.8% del mercado mundial y Estados Unidos solo entre el 4 y el 10%, lo cual, insisto, además de una desproporción inaceptable en el terreno económico, mantendría viva la tentación de apostar a resolver esta disparidad con el uso de la fuerza, lo que sería un peligro para todo el mundo. La otra interrogante es qué hacer.

Podría suponerse de manera simplista que corresponde a cada nación asumir su responsabilidad, pero tratándose de un asunto tan delicado y entrañable, pienso que lo mejor sería fortalecernos económica y comercialmente en América del Norte y en todo el continente, con respeto al derecho ajeno y a la independencia de cada país, por supuesto. Además, no veo otra salida. No podemos cerrar nuestras economías ni apostar a la aplicación de aranceles a países exportadores del mundo y mucho menos declarar la guerra comercial a nadie. Pienso, insisto, en que lo mejor es ser eficientes, creativos, fortalecer nuestro mercado regional y competir con cualquier país o región del mundo. Desde luego, esto pasa por planear nuestro desarrollo; nada del dejar hacer o dejar pasar; deben definirse de manera conjunta objetivos muy precisos; por ejemplo, dejar de rechazar a migrantes, la mayoría jóvenes, cuando para crecer se necesita fuerza de trabajo que en realidad no se tiene ni en Estados Unidos ni en Canadá. ¿Por qué no se estudia la demanda de mano de obra y se abre ordenadamente el flujo migratorio? Y en el marco de este nuevo plan de desarrollo conjunto, debe verse la política de inversión, lo laboral, la protección al medio ambiente y otros temas de mutuo interés para nuestras naciones.

Es obvio que esto implica cooperación para el desarrollo y bienestar de todos los pueblos de América Latina; no se trata de aplicar en nuestra América la misma política de los últimos siglos, caracterizada por invasiones para poner o quitar gobernantes al antojo de la gran nación; es decir, deben quedar atrás las exclusiones, los bloqueos, las invasiones y la pretensión de dominio hegemónico y actuar con apego a los principios de no intervención y autodeterminación de los pueblos y de solución pacífica de las controversias. Es iniciar en nuestro continente una relación del todo nueva con la premisa de George Washington: «Las naciones no deben aprovecharse del infortunio de otros pueblos».

Estoy consciente de que se trata de un asunto complejo que requiere de una nueva visión política y económica: la propuesta es, ni más ni menos, construir algo semejante a la Unión Europea, pero apegado a nuestra historia, a nuestra realidad y a nuestras identidades. En ese espíritu, no debe descartarse la sustitución de la OEA por un organismo verdaderamente autónomo, no lacayo de nadie, sino mediador a petición y aceptación de las partes en conflicto, en asuntos de derechos humanos y democracia. Aunque lo aquí planteado pueda parecer un sueño o una utopía, debe considerarse que sin el horizonte de los ideales no se llega a ningún lado y que, en consecuencia, vale la pena intentarlo. Es una gran tarea para buenos diplomáticos y políticos como los que, afortunadamente, existen en todos los países de nuestro continente.

Por nuestra parte, creemos que la integración, con respeto a las soberanías y la buena aplicación de un Tratado para el desarrollo económico y comercial, nos conviene a todos y que en ello nadie pierde; sería, por el contrario, la salida más eficaz y responsable frente a la fuerte competencia que existe, que se acrecentará con el tiempo y que, si no hacemos nada para unirnos, fortalecernos y salir victoriosos en buena lid, llevará de manera inevitable al declive de todas las Américas.

• • •

Mientras tanto, aun sin la planeación necesaria y solo por la lógica del mercado, nuestro país está recibiendo inversión extranjera como nunca; en el primer semestre de 2021 han llegado 18 433 millones de dólares, lo cual indica que este año será el de mayor inversión foránea en la historia reciente del país. Otro tanto ocurre con la instalación de nuevas empresas de exportación: en seis meses se han establecido 1 061 más y para abril de 2021 las empresas maquiladoras han generado 3 165 762 nuevos empleos. Agréguese que de las 188 industrias maquiladoras que existían antes de la pandemia, ahora se cuenta con 398, es decir, 112% más; lo mismo puede decirse en cuanto al empleo, antes de la crisis sanitaria, este tipo de empresas ocupaban a 2 900 000 personas y ahora están dándole trabajo a 3 100 000; por lo tanto, el empleo en las industrias manufactureras sobrepasó sus niveles prepandemia. Y un dato adicional: el salario mínimo en la frontera ha crecido al doble durante nuestro gobierno y en la industria maquiladora. En el primer semestre del año se reportó un aumento de salario medio real de 4.1% en comparación con el mismo periodo de 2020, siendo los salarios pagados a obreros y técnicos los que más han crecido en términos reales (8.8%).

Estado de bienestar

No solo es lo económico lo que nos importa; para nosotros lo principal es el bienestar del pueblo; es cierto que, si hay crecimiento, hay empleos, y si hay empleos hay bienestar, y si hay bienestar hay paz y tranquilidad. Pero este proceso virtuoso no se da tan fácilmente si no se cuenta con un estado de dimensión social y se auspicia una economía moral. Repito lo dicho en otras ocasiones: nuestra política no comparte la obsesión tecnocrática de medirlo todo en función del mero crecimiento. Nosotros consideramos que lo fundamental no es cuantitativo sino cualitativo: la distribución equitativa del ingreso y de la riqueza. El fin último de un Estado es crear las condiciones para que la gente pueda construir su felicidad; el crecimiento económico y los incrementos en la productividad y la competitividad no tienen sentido como objetivos en sí mismos sino como medios para lograr un objetivo superior: el bienestar general de la población. Para precisar aún más, buscamos el bienestar material y el bienestar del alma. De allí la importancia de terminar de consolidar los Programas de Bienestar.

Creo que el programa de apoyos a adultos mayores quedará completamente establecido en este gobierno y que será muy difícil cancelarlo, no solo porque ya se elevó a rango constitucional, sino sobre todo porque la gente lo defenderá como una conquista de todas y todos. El escenario que deseo con toda mi alma es que para enero de 2024 una pareja de adultos mayores esté recibiendo doscientos pesos diarios en su hogar. Aunque todavía será poco para lo que merecen, ya no les faltará para su comida diaria.

Asimismo, continuará la pensión para niños y niñas con discapacidad. En este caso el aumento será conforme a la inflación anual y es posible que firmemos acuerdos con los gobiernos estatales para garantizar el derecho a recibirla hasta los 64 años; es decir, ahora es para todos desde el nacimiento hasta los 29 años y habría que aumentar la edad hasta los 65, a partir de la cual empezarán a recibir la de adultos mayores, que es universal. Adicionalmente, está por firmarse un convenio con el Teletón, que tiene instalaciones y personal especializado en terapias, pero no cuenta con recursos suficientes para la operación de sus centros, los cuales permanecen subutilizados. Aquí quiero explicar que si bien la pensión es de mucha ayuda porque hay tanta pobreza que las familias no tiene ni para lo básico que necesitan las niñas y los niños con discapacidad, también es un hecho que, por la misma pobreza, para quienes nacen con una discapacidad menor que podría corregirse con un tratamiento oportuno, la falta de recursos hace que esa discapacidad se convierta en un padecimiento de mayor gravedad de por vida.

El Gobierno, tanto en el Sistema Nacional para el Desarrollo Integral de las Familias (DIF) federal como en los estados, cuenta con buenos centros de rehabilitación, pero es mucha la población que necesita de estos tratamientos y no se puede atender a todos, por lo cual garantizar terapias gratuitas para 20 000 discapacitados en los centros Teletón es una opción indiscutible y una labor fraterna insoslayable.

En cuanto a las becas a estudiantes de familias pobres de preescolar hasta nivel superior, también estamos trabajando para dejar avanzada esta acción educativa, como lo establece el recién reformado artículo cuarto de nuestra Constitución. A partir de enero del año próximo aumentará el monto de las becas que otorgamos desde el inicio del gobierno, de modo que cuando menos en los últimos tres años de mi gobierno se les incorporará el porcentaje de la inflación; también es posible que aumente el número de beneficiarios; eso va a depender de la disponibilidad de recursos que tenga la Hacienda Pública; hoy 128 528 niños de preescolar de madres solteras reciben 1 600 pesos bimestrales; 6 300 000 niñas y niños de primaria y secundaria obtienen una beca de 1 600 pesos bimestrales; 4 053 000 estudiantes de nivel medio superior, todos los que estudian en escuelas públicas, se benefician con una beca de 1 600 pesos bimestrales; 410 000 estudiantes universitarios de familias de escasos recursos obtienen 2 400 pesos mensuales; 1 800 000 muchachos y muchachas del programa Jóvenes Construyendo el Futuro, antes llamados despectivamente *ninis,* han trabajado como aprendices en empresas familiares, privadas o públicas, con una beca equivalente a un salario mínimo, es decir, 4 310 pesos mensuales. Asimismo, el Conacyt y otras instituciones académicas del Estado otorgan becas a 125 816 estudiantes de posgrado. En general, se beneficia a 11 000 000 de estudiantes de escasos recursos económicos y se invierten —porque es una inversión, no un gasto— 75 000 millones de pesos anuales en este programa sin precedente en la historia de la educación en México.

El tema de salud pública es todo un desafío. Desde antes de la pandemia, casi llegando al Gobierno, me dediqué a atender cuatro cuestiones básicas: el mejoramiento de la infraestructura de salud, el abasto de medicamentos y la contratación de enfermeras, médicos y especialistas, así como a dar respuesta a la demanda de basificación de 80 000 trabajadores de la salud que llevan años laborando como eventuales o por honorarios.

Desde el principio sabía del grave error que significó descentralizar el sistema público de salud y luego inventar el mal llamado Seguro Popular; desde que se tomó esa decisión, la Secretaría de Salud se convirtió en un cascarón que solo atiende diez hospitales en el país, incluidos los institutos de la más alta especialidad. Esta dependencia se dedicó básicamente a lo normativo y a transferir los fondos para la salud a los gobiernos estatales, lo cual llevó a que, en no pocos casos, esos recursos se malversaran o se destinaran a construir hospitales a precios elevadísimos y a establecer contratos de servicios onerosos con empresas de influyentes; para colmo, muchos de esos hospitales quedaron inconclusos, con litigios o fueron inaugurados sin equipos o sin personal médico. La corrupción en este sector llegó al extremo, como ya hemos visto, de que un pequeño grupo de proveedores, entre los que se encontraban políticos del viejo régimen, vendían medicinas no solo a precios exagerados, sino incluso adulteradas o de bajísima calidad.

Además, y solo con este dato bastaría para condenar a los promotores de la política neoliberal, fue tanto el abandono de la educación pública, que no contamos con los médicos especialistas que necesita el país; el déficit de profesionales de la salud es de 50%, porque deberíamos tener tres médicos por cada 1 000 habitantes y solo tenemos 1.2.

Frente a este panorama decidimos llevar a cabo una nueva política de salud; recorrí los ochenta hospitales del IMSS-Bienestar y se estableció en la Constitución el derecho a la salud, se desapareció el Seguro Popular y el llamado cuadro básico de medicamentos, todo lo cual se sustituyó con el compromiso de otorgar atención médica y medicamentos suficientes, de calidad y gratuitos a todos los mexicanos.

Para ello se creó el Insabi, pero lo más importante fue volver a federalizar el sistema de salud y apoyarnos para atender a la población abierta, sin seguridad social, en el IMSS, recogiendo la buena experiencia del sistema IMSS-Coplamar, que se fue transformando en IMSS-Solidaridad, en IMSS-Oportunidades y en IMSS-Progresa, y que ahora es IMSS-Bienestar; caso excepcional, en cuatro décadas —que coinciden con el ciclo neoliberal— ese modelo no desapareció ni se arruinó, como los otros servicios de salud pública, y con ese mismo esquema estamos en proceso de atender a la población sin seguridad social. En otras palabras, el propósito es que en 2024 los hospitales de salud a cargo de los gobiernos de los estados se conviertan en hospitales del IMSS-Bienestar, operados y administrados por una institución de más estabilidad y fortaleza como lo es el IMSS.

El tener controlada la pandemia nos está permitiendo regresar a nuestro plan original de los cuatro puntos para mejorar los servicios de salud; los reitero: médicos, medicamentos, buenas instalaciones y basificación a los trabajadores del sector salud. En cuanto a los médicos, todos los trabajadores de la salud que fueron contratados para atender la crisis sanitaria serán conservados para mejorar la atención del sistema de salud pública, incluyendo el IMSS, el ISSSTE, Pemex y los servicios de salud de las Fuerzas Armadas.

Aquí reitero que hemos echado a andar el programa de formación de médicos generales y hemos ampliado las plazas para residentes o especialistas. La creación de nuevas escuelas de medicina del sector público, como la nueva escuela médica del Gobierno de la Ciudad de México y las sesenta de medicina y enfermería del sistema de educación gratuita Benito Juárez, nos ha permitido tener más espacios para terminar con la absurda política de rechazar a quienes desean estudiar, algo que vale también para todas las universidades públicas del país.

En 2024, el déficit de médicos generales se reducirá en 38%; lo mismo en especialidades al abrirse nuevos espacios en Hospitales Escuela de la Secretaría de Salud, el ISSSTE, el IMSS, Pemex, la Sedena y Marina; esta nueva estrategia de salud pública nos ha permitido pasar de 8 000 médicos que se admitieron en 2018 a 18 000 en 2021; este plan se irá extendiendo y junto con becas que otorgaremos para hacer la especialización en el extranjero, en 2024, el déficit de especialistas se reducirá en 25 por ciento.

En cuanto a los medicamentos, continuaremos con las compras consolidadas en México y en el extranjero para perfeccionar el sistema de abasto y distribución sin intermediarios ni corrupción. Por último, expreso que cumpliremos con basificar a los 80 000 trabajadores de la salud como fue nuestro compromiso original. En síntesis, el sueño que quiero convertir en realidad es que al final del gobierno el sistema de salud pública permita que cualquier persona, sin importar su condición económica, social o cultural, sea atendida como lo merece y que la salud deje de ser, en definitiva, un privilegio y se convierta en un derecho de todas y todos.

• • •

Como es sabido, la pandemia también causó estragos en el ámbito educativo; aun cuando de inmediato y con eficacia iniciamos un amplio y profesional programa de educación a distancia, nada puede sustituir la educación presencial, no solo por la calidad de la transmisión de conocimientos, sino sobre todo por la convivencia social que implica la escuela, el sitio de encuentro de maestras, maestros, trabajadores de la educación, alumnos, padres y madres de familia. La escuela es para los estudiantes como un segundo hogar; en ella se recibe y comparte el conocimiento y la educación se construye entre todos;

no es un acto individual sino colectivo y de ayuda mutua. Inclusive un alumno, hombre o mujer, puede enfrentar problemas serios en la familia, pero en la escuela el maestro, la maestra o los compañeros de clase siempre serán un alivio, ofrecerán un consejo o brindarán solidaridad para evitar la tristeza, la frustración e impedir que se tomen acciones irracionales o se caiga en el pozo de las conductas antisociales.

Por eso ya hemos iniciado los preparativos para el regreso a clases presenciales con el inicio del nuevo ciclo escolar; es decir, a finales de agosto volverán a las aulas 24 500 000 estudiantes de nivel básico con el apoyo de 1 900 000 maestras, maestros y trabajadores de la educación. Con este propósito vamos a entregar 186 000 000 de libros de texto, algunos de ellos ya con los nuevos contenidos, inspirados en un pensamiento humanista, libertario y científico.

Obviamente, continuará el programa de becas a estudiantes de familias pobres; se ampliará el programa La Escuela es Nuestra y a finales de este año se habrán terminado de entregar de manera directa a las sociedades de madres y padres de familia apoyos para el mantenimiento de 60 000 planteles educativos, el 30% de todas las escuelas de educación pública del país, con el compromiso de cubrir las 140 000 restantes en 2024.

En el proceso educativo y en lo laboral daremos siempre un trato digno al magisterio de México. Nunca más se les faltará al respeto, mucho menos se les castigará o reprimirá por defender sus derechos sociales y laborales. Así como Juárez decía que con el pueblo todo y sin el pueblo nada, nosotros sostenemos que sin la participación consciente y voluntaria de las maestras y los maestros no podríamos consolidarnos en lo educativo, lo cual es indispensable para el bienestar del pueblo y el desarrollo de la nación.

Como es sabido, cancelamos la mal llamada reforma educativa que se quiso imponer sin el acuerdo ni el respaldo de maestras y maestros, que son los que transmiten el conocimiento en las aulas. Enmendar este absurdo y otros más, pero sobre todo tratar con respeto a los educadores, escucharlos y resolver sus justas demandas nos ha permitido evitar conflictos y contar con ellos y con los padres de familia para ampliar la cobertura y mejorar la calidad de la enseñanza. Durante todo 2019 y hasta antes de la pandemia no hubo ningún paro ni se dejaron de impartir clases en el país.

Por eso tengo confianza en que una vez reiniciadas las labores escolares en todos los niveles vamos a recuperar lo perdido y llegaremos al final del sexenio con mayor fortaleza en materia educativa. Lo mismo espero en el terreno de las diversas manifestaciones culturales y artísticas en todas sus disciplinas. Estoy seguro de que para 2024 habrá más y mejores músicos, cantantes, bailarines y bailarinas, pintores, escultores, poetas y escritores, y que se expresará con mayor exquisitez y belleza la creatividad que surge de la imaginación, las manos y el corazón de artistas y artesanos. Entonces sí podremos afirmar que la Cuarta Transformación es también una bella realidad y que se forjó con el pueblo, su talento y sus culturas.

Espero también que en 2024 tengamos más investigadores y científicos que hagan aportaciones como la que significó la creación de los ventiladores para tratar a enfermos graves de COVID-19; que para entonces dispongamos ya de la vacuna Patria y de nuevas fórmulas para elaborar productos naturales alternativos y podamos así suprimir gradualmente el uso de fertilizantes, herbicidas, pesticidas y otros productos químicos que dañan nuestra salud y la del ambiente. Es oportuno recordar que mientras estemos en el Gobierno no se permitirá el maíz transgénico, no se usará *fracking* para la extracción de crudo, no se otorgarán concesiones para la explotación minera, no se sobreexplotarán los mantos acuíferos, no se permitirá la tala de selvas y bosques, no se autorizará la instalación de basureros de desechos tóxicos o peligrosos ni se permitirá operar a ninguna empresa sin planta de tratamiento de aguas negras ni se violará la norma de calidad del aire ni nada que dañe la salud, destruya el territorio o afecte el medio ambiente.

Paz y felicidad

Estoy consciente de que al final del gobierno no solo me reconocerán o juzgarán por mi labor en beneficio de los pobres, del crecimiento económico y del avance democrático por garantizar plenas libertades, sino también por la imperiosa necesidad de reducir la violencia y vivir en paz.

Aminorar la violencia y conseguir la tranquilidad en el país es un gran desafío, un enorme reto que estamos empeñados en superar. No es un asunto fácil, pero contamos con los elementos indispensables para salir adelante. La dificultad radica en lo enraizadas que están las bandas o cárteles de la delincuencia organizada. Es un mal que viene de lejos, un proceso de descomposición que se toleró y alentó por gobiernos corruptos, que se alimentó y nutrió con el abandono del pueblo y de los jóvenes y que se exacerbó con la pretensión de que podía resolverse mediante el uso de la más disparatada violencia del Estado.

Las bandas de ahora y los principales jefes vienen del periodo neoliberal o neoporfirista, es decir, de las últimas cuatro décadas; aunque el Cártel de Sinaloa es de mucho antes, su auge mayor lo tuvo en los tiempos de Joaquín Guzmán Loera; el Cártel Jalisco Nueva Generación creció en el gobierno de Felipe Calderón; el Cártel de Santa Rosa de Lima surgió y se desarrolló bajo el dominio del PAN en Guanajuato; el grupo delictivo del golfo también nace en el periodo neoliberal, así como su escisión denominada Los Zetas. De entonces son los Rojos, los Ardillos de Guerrero y un sinfín de pequeños grupos que actúan en estados o regiones del país. Todo lo cual, como es obvio, ya existía y nos tocó de herencia, como si se tratara de calarnos y ver si somos capaces de enfrentar uno de los grandes y graves problemas nacionales de nuestro tiempo.

Aun con la complejidad del asunto, no deja de representar una gran oportunidad para acreditar con hechos la efectividad de nuestra convicción humanista de no responder a la violencia con la violencia ni combatir el mal con el mal; debemos demostrar en la práctica que el mal debe enfrentarse haciendo el bien, que la paz es fruto de la justicia, que el ser humano no es malo por naturaleza y que son las circunstancias las que llevan a algunos a las filas de la delincuencia. Ortega y Gasset decía: «Yo soy yo y mi circunstancia. Si no se salva mi circunstancia no me salvo yo» o, en otras palabras, como afirmamos desde el principio en nuestro plan de desarrollo: ante la vieja discusión entre la parte que señala la maldad innata de los individuos y la que considera las conductas sociales como producto de las circunstancias, el Gobierno que represento ha tomado partido por la segunda y se actúa con base en la premisa de que la reinserción social es posible.

Con esta nueva concepción estamos respondiendo a la justificada exigencia social de pacificar el país. Siempre se había apostado a la coerción, y nosotros, en cambio, estamos convencidos de que, como sostenía John Kenneth Galbraith:

> La delincuencia y la convulsión social de nuestras grandes ciudades son producto de la pobreza y de una estructura de

> clases corrupta… que ignora o menosprecia a los pobres. La solución actualmente aceptada son las medidas policiales, el confinamiento de los individuos de tendencias criminales y la lucha, cara y fútil, contra el narcotráfico. A un plazo más largo o más allá de cualquier plazo, la solución más humanitaria y muy probablemente la menos cara es acabar con la pobreza que induce al desorden social.[62]

Sin embargo, los paisanos de este gran economista se extrañaron mucho y hasta se burlaron y lo siguen haciendo cuando dije y repito: «Abrazos, no balazos».

Podrá llevarnos tiempo pacificar el país pero la fórmula más segura es atender el fondo; por ejemplo, no olvidar a los jóvenes, no dejarlos sin opciones de estudio y trabajo para evitar que sean enganchados por la delincuencia a cambio de dinero, fama o lujo barato. Como es sabido, la búsqueda de esos placeres momentáneos y fugaces casi siempre termina en mayor tristeza e infelicidad. De modo que la verdadera confrontación con los jefes de las bandas, la real, la profunda, la importante, es evitar que se lleven a los jóvenes, y dejarlos solos, sin un ejército de reserva para delinquir.

Todavía recuerdo cuando de manera sincera el presidente Peña, cuando yo ya era presidente electo y estaba a punto de reemplazarlo, me comentó que no había podido resolver el problema de la violencia: la Marina le había cumplido deteniendo a Joaquín Guzmán Loera, pero el ejército no había podido aprehender a Nemesio Oseguera

Cervantes, jefe del Cártel Jalisco Nueva Generación. Ante esta confesión guardé silencio, pero me quedé pensando que no debía ser esa nuestra estrategia principal; desde luego, si se podía capturar a capos, se haría, pero no serviría de mucho porque si no se atendía el origen del problema, pronto surgirían otros y otros. De modo que, bajo el principio de que la paz es fruto de la justicia, estamos atendiendo a los jóvenes, creando empleos, haciendo realidad el derecho a la educación, combatiendo la pobreza, fortaleciendo valores culturales, morales y espirituales y también, desde luego, actuando con profesionalismo, perseverancia, coordinación y respeto a los derechos humanos para garantizar la seguridad pública.

Fruto de este trabajo conjunto de todos los días son los siguientes resultados: en el tiempo que llevamos en el Gobierno se redujo el robo de combustibles, el llamado huachicol, en 95%; los homicidios, en 0.5%; el robo de vehículos, en 28%; el secuestro, en 18%, y así en casi todos los delitos del fuero común y federal. En suma, de 11 delitos considerados como de mayor impacto, solo tres han presentado aumentos: el feminicidio, que creció en 14% y que posiblemente antes no se clasificaba como ahora; la extorsión, que aumentó en 28%, y el robo en transporte público individual en 11%. El 27 de julio, el Instituto Nacional de Estadística y Geografía (Inegi) dio a conocer el dato de homicidios registrados en 2020 que, como en 2019, refleja que ya se detuvo la tendencia ascendenteen este delito e inclusive se ha logrado una pequeña disminución.

Homicidios, 1990-2020p

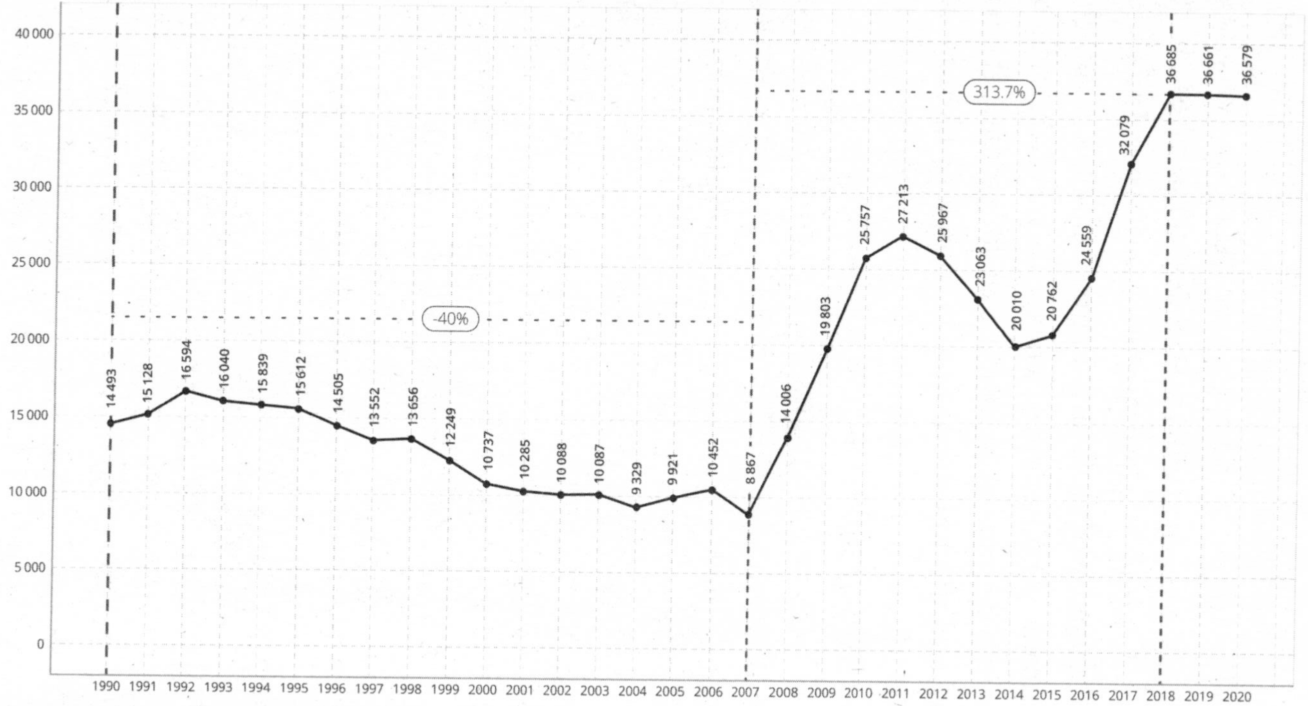

p Cifras preliminares con corte al 15 de julio de 2021. Fuente: Inegi. Estadísticas Vitales. Defunciones por homicidio, 1990-2020 preliminares.

Todo este esfuerzo para conseguir la paz se ha llevado a cabo sin violaciones a los derechos humanos, sin el involucramiento de las fuerzas federales en masacres, sin cometer tortura, sin perpetrar desapariciones forzadas y ejecuciones extrajudiciales, y sin criminalizar a sectores enteros de la población, como ocurría antes. Aquí destaco la importancia de la creación de la Guardia Nacional, que ya cuenta con 100 000 elementos, los cuales operan desde 182 cuarteles construidos por los ingenieros militares en casi todas las regiones del país.

Expreso mi reconocimiento sincero y fraterno a las Fuerzas Armadas. Sin la lealtad de las secretarías de Defensa y de Marina y sin su entrega al pueblo, no tendríamos los mismos resultados en seguridad, en desarrollo y en bienestar. Con las Fuerzas Armadas ayudamos a la población afectada por huracanes, inundaciones, temblores, incendios y otros siniestros, y con ellas contenemos a la delincuencia organizada e impulsamos la reconstrucción de la seguridad y de la paz en las regiones del país más afectadas por la violencia delictiva.

Con personal militar se cuidan las instalaciones estratégicas de la nación, se evita el robo de hidrocarburos, se enfrenta el contrabando, se persigue la corrupción en los puertos y se defiende la soberanía; se protege a migrantes y, por si fuera poco, las Fuerzas Armadas nos ayudan en la construcción de obras de infraestructura para el desarrollo del país; recordemos que sin los ingenieros militares y marinos no estarían en proceso o funcionando con éxito obras, servicios o acciones como el desazolve de ríos, la limpieza de playas, la construcción de canales, las sucursales del Banco de Bienestar, los cuarteles de la Guardia Nacional, los viveros para las plantas del programa Sembrando Vida o el manejo de la logística y la distribución de las vacunas contra la COVID-19; sin su ayuda no habríamos podido realizar la tarea de reconstrucción o terminación de hospitales que el régimen neoliberal dejó abandonados o a medio construir.

El apoyo del personal de salud de la Defensa y de la Marina ha sido fundamental para hacer frente a la pandemia, pero también para emprender la construcción del Tren Maya, el nuevo aeropuerto de Tulum y el aeropuerto Felipe Ángeles en Santa Lucía; adicionalmente, nuestros institutos castrenses han participado en la transformación de la antigua prisión de las islas Marías en centro cultural y ambiental; en fin, el apoyo de las Fuerzas Armadas en la transformación de México ha sido, repito, fundamental y estratégico. Sin duda, no habríamos podido enfrentar a la delincuencia y garantizar la seguridad de los ciudadanos con la extinta Policía Federal, que estaba podrida casi por entero, como lo prueba el hecho de que uno de los anteriores secretarios de Seguridad Pública permanece en la cárcel en Estados Unidos, acusado de asociación delictuosa y lavado de dinero. Habría sido imposible ejecutar las obras públicas en curso con las empresas constructoras acostumbradas, o mejor dicho mal acostumbradas al influyentismo, la irresponsabilidad y la corrupción, y con una Secretaría de Comunicaciones y Transportes que había quedado reducida a una mera oficina para la entrega por consigna de contratos a consorcios predilectos del país o del extranjero, como Repsol, OHL y Odebrecht.

Las acusaciones de que estamos militarizando al país carecen de toda lógica y, en su mayoría, de la más elemental buena fe. No se ha ordenado a las Fuerzas Armadas que hagan la guerra a nadie; no se les ha pedido que vigilen u opriman a la sociedad, que violen las leyes, que coarten las libertades y, mucho menos, que se involucren en acciones represivas o violatorias de los derechos humanos. Por el contrario, en esta nueva etapa, la generosa y decisiva participación de nuestros soldados y marinos en acciones de desarrollo, bienestar y paz es refrendo de su lealtad a las instituciones civiles. Esa participación, además, contribuye a dejar atrás la distancia y hasta la desconfianza entre civiles y militares que se generó por las decisiones erróneas y perversas de los anteriores gobernantes.

Por eso reitero mi reconocimiento a esas dos importantes instituciones del Estado mexicano; la Secretaría de Marina y la Secretaría de la Defensa Nacional. Gracias, almirante José Rafael Ojeda Durán; gracias, general Luis Cresencio Sandoval González; gracias por el respaldo de todos los miembros del gabinete y de las instituciones que se han comportado a la altura de las circunstancias; es un equipo de trabajo de mujeres y de hombres que han demostrado ser auténticos servidores públicos, trabajadores, honestos, y algo que es muy importante, con profundas convicciones sociales.

El Gobierno que represento está enfrentando varios desafíos. Así como nos hemos comprometido a reducir la violencia y garantizar la plena tranquilidad pública, también estamos empeñados en alcanzar mejores niveles de desarrollo y prestigio en el concierto de las naciones; pero, siendo más humildes y sin tantas pretensiones, lo que deseamos de todo corazón es que al final de nuestro gobierno haya menos desigualdad, más felicidad y se mantenga siempre encendida la llama de la esperanza; en lo personal, deseo concluir mi mandato a finales de septiembre de 2024 para retirarme en definitiva del ejercicio de la política y vivir en Palenque el resto de mi vida con salud y alegría, quedándome con el recuerdo y con la sublime satisfacción de haber servido al extraordinario pueblo de México y a nuestra gran Nación.

NOTAS

1 Denuncia entregada por Emilio Lozoya ante la FGR el 11 de agosto de 2020.
2 Junta Organizadora del Partido Liberal Mexicano, *Programa del Partido Liberal y Manifiesto a la Nación,* redactado y publicado en San Luis, Misuri, Estados Unidos de América, 25 de febrero de 1906.
3 *Constitución de los Estados Unidos Mexicanos,* artículo 89, Facultades y obligaciones del presidente, fracción X.
4 Traducción de la carta

LA CASA BLANCA
WASHINGTON
20 de julio de 2018

Sr. Andrés Manuel López Obrador
Presidente electo de los Estados Unidos Mexicanos

Estimado Sr. presidente electo:

Agradezco su amable carta y lo felicito de nuevo por su elección. Ambos alcanzamos el éxito electoral al proveer una visión clara para hacer a nuestros países más fuertes y mejores. Estoy deseoso de trabajar estrechamente con usted para construir una gran relación entre nuestras dos naciones.

Estoy de acuerdo con las cuatro prioridades que usted ha identificado: comercio, migración, desarrollo y seguridad. Mi equipo ha trabajado fuerte a lo largo de los últimos dieciocho meses para incrementar la cooperación con México en estas áreas. He indicado redoblar los esfuerzos en colaboración con su equipo entrante.

Nuestros dos países se benefician de una América del Norte económicamente próspera. Tras un año de nuestras reformas económicas, la economía de Estados Unidos nunca ha estado más fuerte. Esta renovación económica ha beneficiado a los ciudadanos tanto de Estados Unidos como de México. Sin embargo, podemos tener aún mejores resultados. Creo que una negociación exitosa del Tratado de Libre Comercio de América del Norte llevará a la creación de aún más trabajos y salarios más altos para los trabajadores estadounidenses y mexicanos, pero solo si avanza rápidamente, de lo contrario tendré que tomar una ruta muy diferente. Eso no es mi preferencia, pero sería mucho más lucrativo para Estados Unidos y sus contribuyentes.

Estados Unidos da la bienvenida a inmigrantes legales de alrededor del mundo, pero no podemos aceptar inmigración ilegal. Como usted, creo que enfrentar el problema de la migración ilegal involucra más que solo una fuerte seguridad fronteriza. Estamos preparados para continuar abordando el desarrollo económico y los problemas de seguridad que incentivan la migración desde Centroamérica, pero también debemos incrementar la cooperación para proteger el Estado de derecho y la soberanía de nuestros países, así como a los migrantes vulnerables victimizados por organizaciones criminales violentas.

Así mismo, apreciamos su enfoque en el combate a la corrupción. Mi Administración está lista para asistirlo en estos esfuerzos importantes.

Entiendo que algunos de sus asesores se reunirán con sus contrapartes en los meses próximos. Doy la bienvenida a dichas reuniones que ayudarán a establecer un entendimiento mutuo sobre diversos problemas críticos.

Una relación fuerte llevará a un México mucho más fuerte y más próspero, ¡que francamente me haría muy feliz!

Sinceramente,

5 *Milenio,* portada, 9 de julio de 2020.
6 Fidel Castro Ruz, «El gigante de las siete leguas (parte 2)», *La Jornada,* «Opinión», 13 de agosto de 2010.
7 Fidel Castro Ruz, «El gigante de las siete leguas (parte 1)», *La Jornada,* «Opinión», 12 de agosto de 2010.
8 Fidel Castro Ruz, «El gigante de las siete leguas (parte 2)», *La Jornada,* «Opinión», 13 de agosto de 2010.

9 Cuba Hoy (5 de diciembre 2013). *Nelson Mandela y Fidel Castro, dos líderes hermanos* [video]. YouTube. https://www.youtube.com/watch?v=YBBbRdCuFk8

10 Discurso pronunciado por el comandante en jefe Fidel Castro Ruz, primer secretario del Comité Central del Partido Comunista de Cuba y presidente de los Consejos de Estado y de Ministros, ante el Parlamento de Sudáfrica, en Ciudad del Cabo, 4 de septiembre de 1998. (Versiones taquigráficas-Consejo de Estado).

11 Extracto del discurso pronunciado en la visita del presidente de Bolivia, Luis Arce Catacora, Champotón, Campeche, 25 de marzo de 2021.

12 Melchor Ocampo, «Mis quince días de ministro». En Ocampo, Melchor, *Obras completas. Tomo II. Escritos políticos,* prólogo por Ángel Pola, México, F. Vázquez, editor, 1901, p. 85.

13 Manuel Márquez Sterling, *Los últimos días del presidente Madero,* México, Porrúa, 1975, p. 327.

14 Alfonso Taracena, *La verdadera revolución mexicana (1912-1914),* México, Porrúa, 2008, p. 196.

15 Daniel Cosío Villegas, *Historia moderna de México. El Porfiriato. Vida política interior. Parte primera*, México, Hermes, 1970, p. 429.

16 *Ibid.*, p. 435.

17 *Ibid.*, p. 432.

18 *Ibid.*, p. 436.

19 *Ibid.*, p. 79.

20 *Ibid.*, p. 674.

21 *Ibid.*, p. 736.
22 *Ibid.*, p. 737.
23 Frank Averill Knapp, *Sebastián Lerdo de Tejada*, Jalapa / México, UV / INEHRM, 2011, p. 345.
24 Justo Sierra, *Juárez, su obra y su tiempo*, México, Editorial del Valle de México, 1981, p. 538.
25 Daniel Cosío Villegas, *Historia moderna de México. El Porfiriato. Vida social*, México, Hermes, 1957, p. 531.
26 *Ibid.*, p. 533.
27 *Ibid.*, p. 537.
28 John Kenneth Turner, *México bárbaro*, México, Ediciones Gernika, 2006, p. 259.
29 Pepe Bulnes, *Gobernantes de Tabasco*, México, edición del autor, 1979, p. 351.
30 Daniel Cosío Villegas, *Historia moderna de México. El Porfiriato. Vida política interior. Parte primera, op. cit.*, p. 576. (La caricatura, p. 577).
31 Daniel Cosío Villegas, *Historia moderna de México. El Porfiriato. Vida política interior. Parte segunda*, México, Hermes, 1985, p. 292.
32 Alfonso Taracena, *La verdadera revolución mexicana (1912-1914)*, México, Porrúa, 2008, p. 464.
33 Alfonso Taracena, *La verdadera revolución mexicana (1901-1911)*, prólogo de José Vasconcelos, México, Porrúa, 2005, p. 425.
34 María Ramona Rey, *Díaz Mirón o la exploración de la rebeldía*, México, Ediciones Rueca, 1974, p. 87.
35 *Ibid.*, p. 102.

36 Salvador Díaz Mirón, *Poesías completas*, Colección de Escritores Mexicanos, México, Porrúa, 2008, pp. 259-261.
37 Silvia González Marín, *Heriberto Jara, luchador obrero en la revolución mexicana (1879-1917)*, México, El Día, 1984.
38 Federico González Garza, *La Revolución mexicana. Mi contribución político-literaria*, México, A. del Bosque, 1936, p. 264.
39 *Ibid.*, p. 267.
40 *Ibid.*, p. 268.
41 *Ibid.*, p. 283.
42 José Vasconcelos, *Ulises Criollo*, ed. crítica Claude Fell, México, Conaculta, 2000, p. 389.
43 *Ibid.*
44 *Ibid.*, p. 516.
45 *Idem.*
46 Alfonso Taracena, *La verdadera revolución mexicana (1901-1911), op. cit.*, p. 415.
47 Alfonso Taracena, *La verdadera revolución mexicana (1912-1914), op. cit.*, p. 29.
48 *Ibid.*, p. 44.
49 *Ibid.*, pp. 94-95.
50 *Ibid.*, p. 9.
51 José Martí, *Nuestra América*, México, UNAM, Coordinación de Humanidades, Centro de Estudios Latinoamericanos, Facultad de Filosofía y Letras, Unión de Universidades de América Latina, 1978, p. 10.

52 *En España lo mejor es el pueblo. Antonio Machado*, Poética Digital. Revista de poesía en la red, Arena Futura, S. L., España, 4 de marzo de 2014, o Antonio Machado, «Carta al escritor ruso David Vigodsky», publicación en *Hora de España*, núm. IV, España, abril de 1937.

53 José Agustín, *Tragicomedia mexicana 1. La vida en México de 1940 a 1970*, México, Penguin Random House Grupo Editorial, Debolsillo, 2019, p. 23.

54 «Encabeza excardenal Sandoval llamado de curas contra actual gobierno», *La Jornada*, «Política», 4 de junio de 2021.

55 *Informe sobre el comunismo en México*, fechado México 8 de mayo de 1936, Archivo Apostólico Vaticano, Serie Degli Affari Ecclesiastici Straordinari, Messico, Anno 1935-1939, Pos. 589, Fasc. 387.

56 Fuente: Secretaría de Hacienda y Crédito Público. Cifras en pesos constantes a junio de 2021.

57 *Idem.*

58 Intélite, Auditoria Mediática, 1 al 25 de julio de 2021.

59 Toda esta información puede verse en www.compranet.gob.mx

60 Toda esta información se puede encontrar en www.compranet.gob.mx

61 Carlos Pellicer Cámara, *Discurso con motivo de la Independencia de México*, Huixquilucan, Estado de México, 16 septiembre de 1930.

62 John Kenneth Galbraith, *Una sociedad mejor*, Editorial Crítica, México, pp. 42-43.